Zürich Zürichsee

Franz Wille

GPX-Daten zum Download

www.kompass.de/wanderfuehrer

Kostenloser Download der GPX-Daten der im Wanderführer enthaltenen Wandertouren.

AUTOR

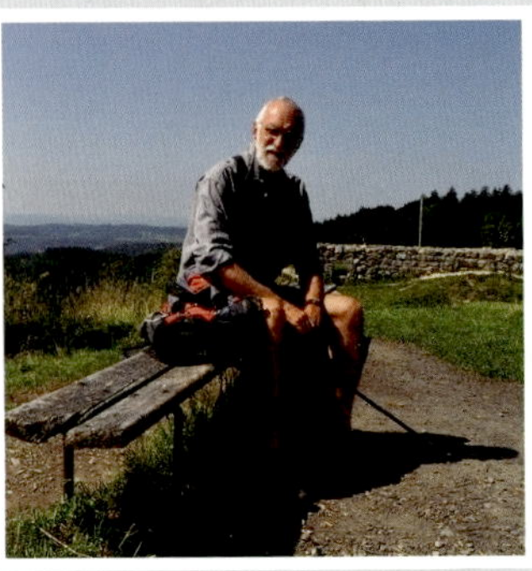

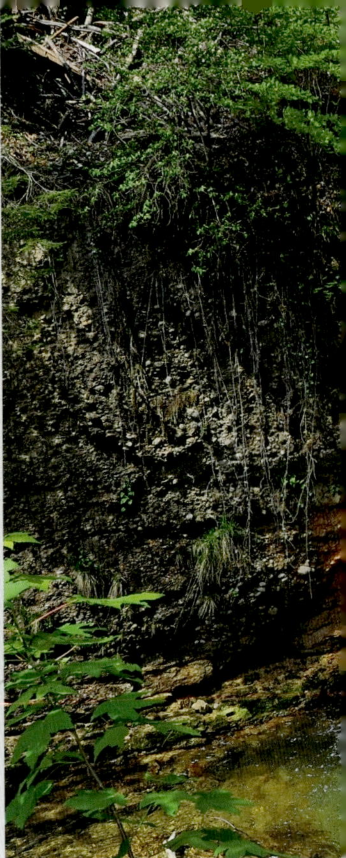

Franz Wille, gebürtiger Tiroler mit Schweizer Wurzeln, ist passionierter und erfahrener Wanderer. In Innsbruck studierte er Deutsch und Geografie und unterrichtete anschliessend am Gymnasium in Landeck. Seit seiner Pensionierung lebt er in Wien und schreibt mit Sachkenntnis und Engagement Wanderführer über seine liebsten Regionen. Im Kompassverlag sind erschienen „Sizilien und Liparische Inseln", „Vierwaldstättersee, Gotthard", „Ligurien mit Cinque Terre" und „Istrien mit Kvarner Bucht".
Kontakt: https://franzwille.jimdo.com

VORWORT

Wunderbare Au- und Flusslandschaften von Glatt, Töss, Thur und Rhein, von der Eiszeit geformte Hügellandschaften mit Seen, Moränen und Mooren, Talsenken, Weinhänge, bewaldete Höhenzüge, romantische Tobel und die voralpinen Bergregionen machen den Kanton Zürich zu einem attraktiven und abwechslungsreichen Wandergebiet, obwohl die Region zu den am dichtesten besiedelten Gebieten der Schweiz gehört. Zentralraum ist der links und rechts von Hügelzügen eingerahmte, gegen Süden hin offene Zürichsee mit Blick auf die Urner und Glarner Alpen. Über den ganzen Kanton verstreut liegen hervorragende Aussichtspunkte, auf denen früher Hochwachten zur militärischen Alarmierung eingerichtet wurden, heute sind sie beliebte Wanderziele. Die Wandermöglichkeiten reichen vom beschaulichen Uferweg über romantische

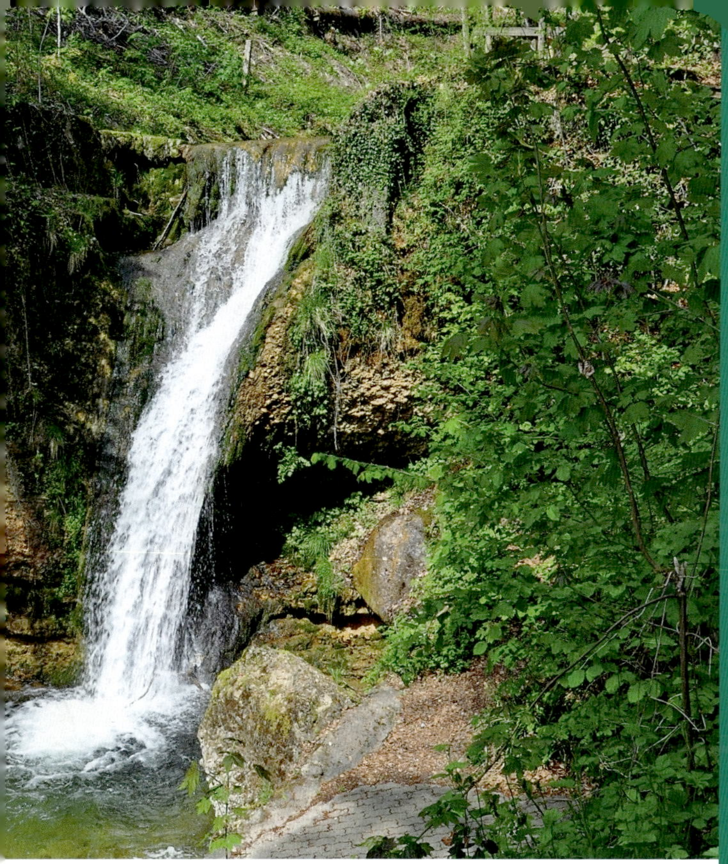

Tobelsteige bis zu aussichtsreichen Kammwegen und Gipfeltouren.

Auch ein Stadtrundgang durch Zürich mit seiner langen Geschichte und den sehenswerten Museen und Kulturstätten darf nicht fehlen, ausserdem ist die Kantonshauptstadt durch die hervorragenden Verkehrsverbindungen ein günstiger Standort für Touren in die nähere und weitere Umgebung. Die gut ausgebaute Infrastruktur – öffentlicher Verkehr, gepflegte Wege, Markierungen und Ausflugsgasthäuser – ermöglicht genussvolles Wandern, zu dem dieses Buch Sie animieren möchte.

Schöne Wandererlebnisse
wünscht Ihnen

Franz Wille

INHALT UND TOURENÜBERSICHT

AUFTAKT

ANHANG

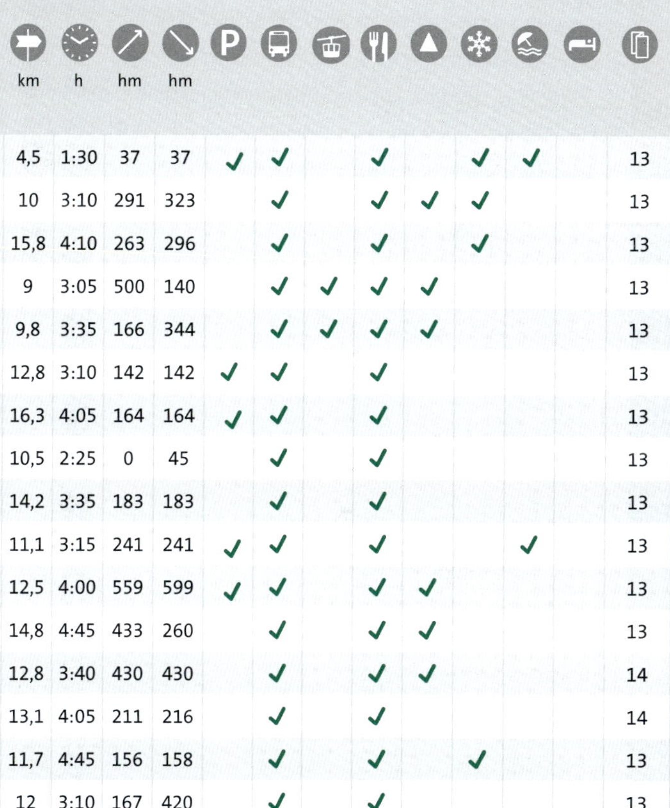

km	h	hm	hm									
4,5	1:30	37	37	✓	✓		✓		✓	✓		13
10	3:10	291	323		✓		✓	✓	✓			13
15,8	4:10	263	296		✓		✓		✓			13
9	3:05	500	140		✓	✓	✓	✓				13
9,8	3:35	166	344		✓	✓	✓	✓				13
12,8	3:10	142	142	✓	✓		✓					13
16,3	4:05	164	164	✓	✓		✓					13
10,5	2:25	0	45		✓		✓					13
14,2	3:35	183	183		✓		✓					13
11,1	3:15	241	241	✓	✓		✓			✓		13
12,5	4:00	559	599	✓	✓		✓	✓				13
14,8	4:45	433	260		✓		✓	✓				13
12,8	3:40	430	430		✓		✓	✓				14
13,1	4:05	211	216		✓		✓					14
11,7	4:45	156	158		✓		✓		✓			13
12	3:10	167	420		✓		✓					13

INHALT UND TOURENÜBERSICHT

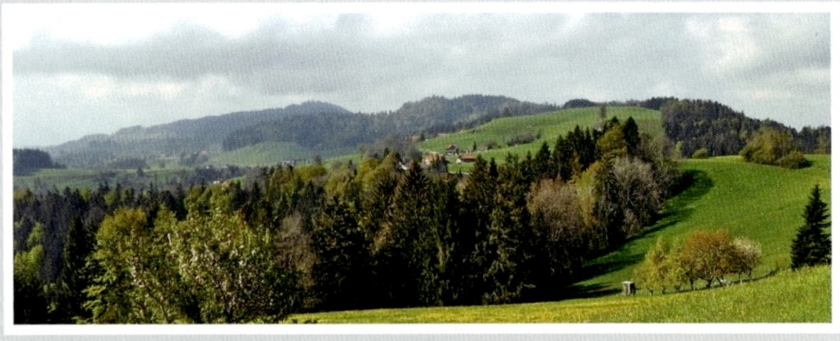

Blick über das Allmenplateau zum Bachtel (Tour 22)

km	h	hm	hm									
10,4	3:00	257	257	✓	✓							14
12	3:50	467	605		✓		✓	✓				14
13,5	3:40	498	617		✓		✓	✓				14
16,1	4:45	617	617	✓	✓		✓	✓				14
10,3	3:25	438	495		✓		✓	✓				14
13,5	3:35	358	347		✓		✓					14
10,5	3:15	322	322	✓	✓		✓					14
12,4	4:00	387	387	✓	✓							14
12	3:25	305	391				✓					14
20	5:00	15	15		✓		✓		✓	✓		13
10,6	2:30	53	53	✓	✓		✓		✓	✓		13
14,8	4:15	214	214	✓	✓		✓					13
10,5	3:35	378	337		✓		✓	✓				8
12,1	4:00	281	243		✓		✓					8
10,4	2:55	250	248		✓		✓					8
12,6	3:10	53	98				✓					8

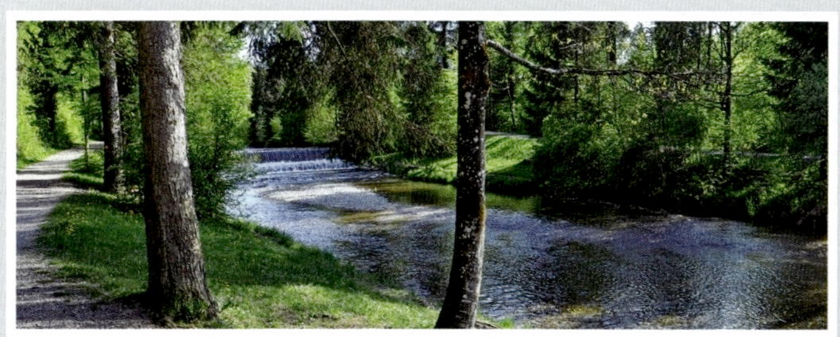

An der Töss (Tour 24)

INHALT UND TOURENÜBERSICHT

km	h	hm	hm									
12,9	3:45	111	158		✓		✓			✓		8
13,9	3:30	254	296		✓		✓					8
8,4	2:20	211	210		✓		✓					8
12,6	4:20	431	477		✓		✓					7
13,5	3:50	361	328		✓		✓					7
11,6	2:50	237	359		✓		✓					8
14,8	4:00	265	282		✓		✓					8
14,1	3:35	100	159		✓		✓					8
11	3:10	216	250		✓							8
17,4	5:30	334	334	✓	✓		✓					8
13,6	4:05	237	237	✓	✓		✓					8
9,3	2:50	109	77		✓							1

km	h	hm	hm									
13,4	3:50	150	143		✓		✓					8
8,2	2:30	67	67	✓	✓					✓		1
11,5	3:00	0	52		✓							8
8,6	2:45	18	0		✓		✓					1
12,6	3:15	83	74		✓							1
12,2	3:05	141	175		✓							1

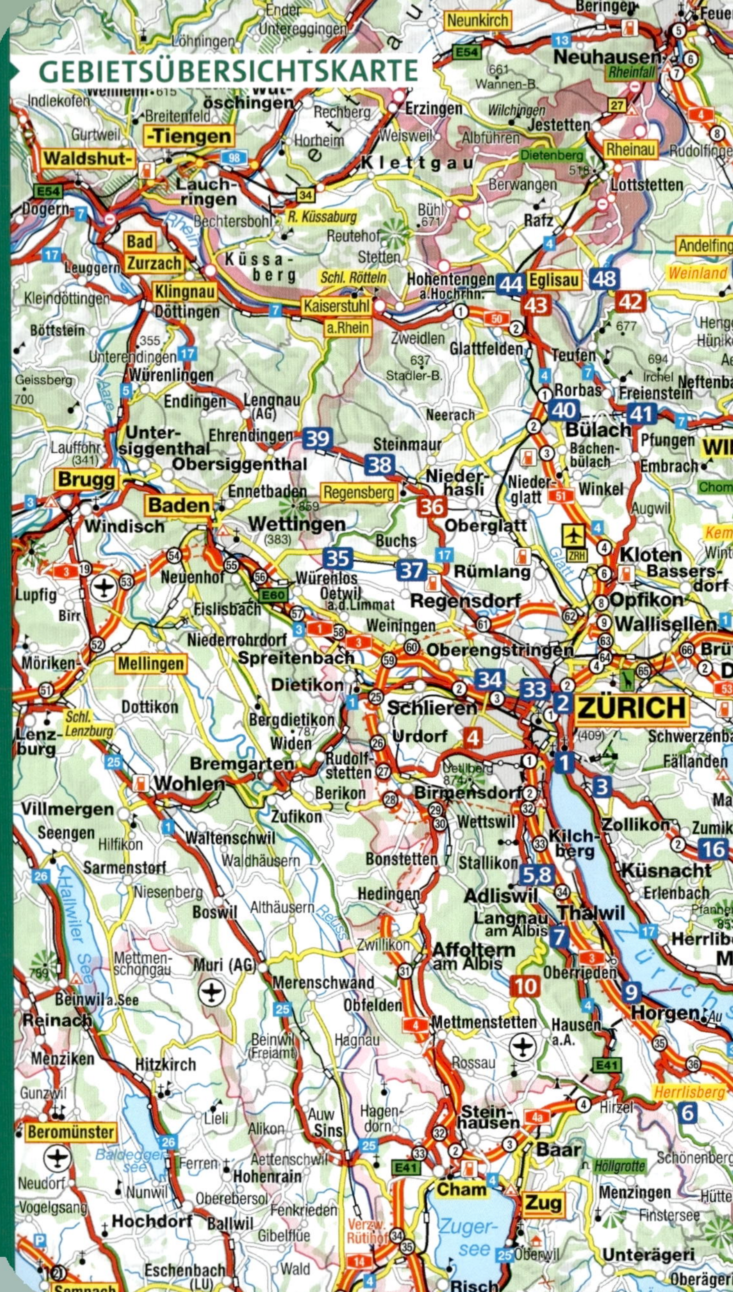
GEBIETSÜBERSICHTSKARTE
Neunkirch
Beringen
Neuhausen
Rheinfall
Löhningen
Untereggingen
Indlekofen
Breitenfeld
Wutöschingen
Rechberg
Erzingen
Wilchingen
Jestetten
Gurtweil
Tiengen
Horheim
Weisweil
Albführen
Rheinau
Waldshut-
Klettgau
Dietenberg
Lottstetten
Rudolfingen
Lauchringen
Berwangen
Dogern
Bechtersbohl
R. Küssaburg
Bühl
Rafz
Reutehof
Bad Zurzach
Küssaberg
Stetten
Andelfingen
Weinland
Leuggern
Schl. Röteln
Hohentengen a.Hochrhn.
Eglisau
Kleindöttingen
Klingnau
Döttingen
Kaiserstuhl a.Rhein
Böttstein
Zweidlen
Glattfelden
Teufen
Unterendingen
Würenlingen
Geissberg
Stadler-B.
Irchel
Freienstein
Neftenbach
Endingen
Lengnau (AG)
Rorbas
Neerach
Bülach
Unter-siggenthal
Ehrendingen
Steinmaur
Pfungen
Lauffohr
Bachenbülach
Embrach
Obersiggenthal
Niederhasli
Niederglatt
Brugg
Ennetbaden
Regensberg
Winkel
Baden
Augwil
Windisch
Wettingen
Oberglatt
Buchs
Kloten
Neuenhof
Würenlos
Rümlang
Bassersdorf
Lupfig
Oetwil a.d.Limmat
Regensdorf
Opfikon
Birr
Fislisbach
Wallisellen
Niederrohrdorf
Weiningen
Spreitenbach
Oberengstringen
Möriken
Mellingen
Dietikon
Dottikon
Schlieren
ZÜRICH
Schl. Lenzburg
Bergdietikon
Lenzburg
Widen
Urdorf
Schwerzenbach
Fällanden
Bremgarten
Rudolfstetten
Uetliberg
Wohlen
Berikon
Birmensdorf
Villmergen
Zufikon
Wettswil
Zollikon
Seengen
Hilfikon
Kilchberg
Waltenschwil
Sarmenstorf
Waldhäusern
Bonstetten
Stallikon
Küsnacht
Niesenberg
Hedingen
Adliswil
Erlenbach
Hallwiler See
Boswil
Althäusern
Langnau am Albis
Thalwil
Herrliberg
Reuss
Mettmenschongau
Muri (AG)
Zwillikon
Affoltern am Albis
Oberrieden
Merenschwand
Beinwil a.See
Obfelden
Zürichsee
Reinach
Horgen
Beinwil (Freiamt)
Hagnau
Mettmenstetten
Hausen a.A.
Menziken
Hitzkirch
Rossau
Gunzwil
Herrlisberg
Lieli
Auw
Hagendorn
Steinhausen
Hirzel
Beromünster
Alikon
Sins
Baar
Baldeggersee
Ferren
Aettenschwil
Höllgrotte
Schönenberg
Hohenrain
Neudorf
Nunwil
Oberebersol
Cham
Zug
Menzingen
Vogelgsang
Fenkrieden
Finstersee
Hochdorf
Ballwil
Gibelflüe
Verzw. Rütihof
Zugersee
Oberwil
Unterägeri
Eschenbach (LU)
Wald
Oberägeri
Sempach
Risch
Ägeri

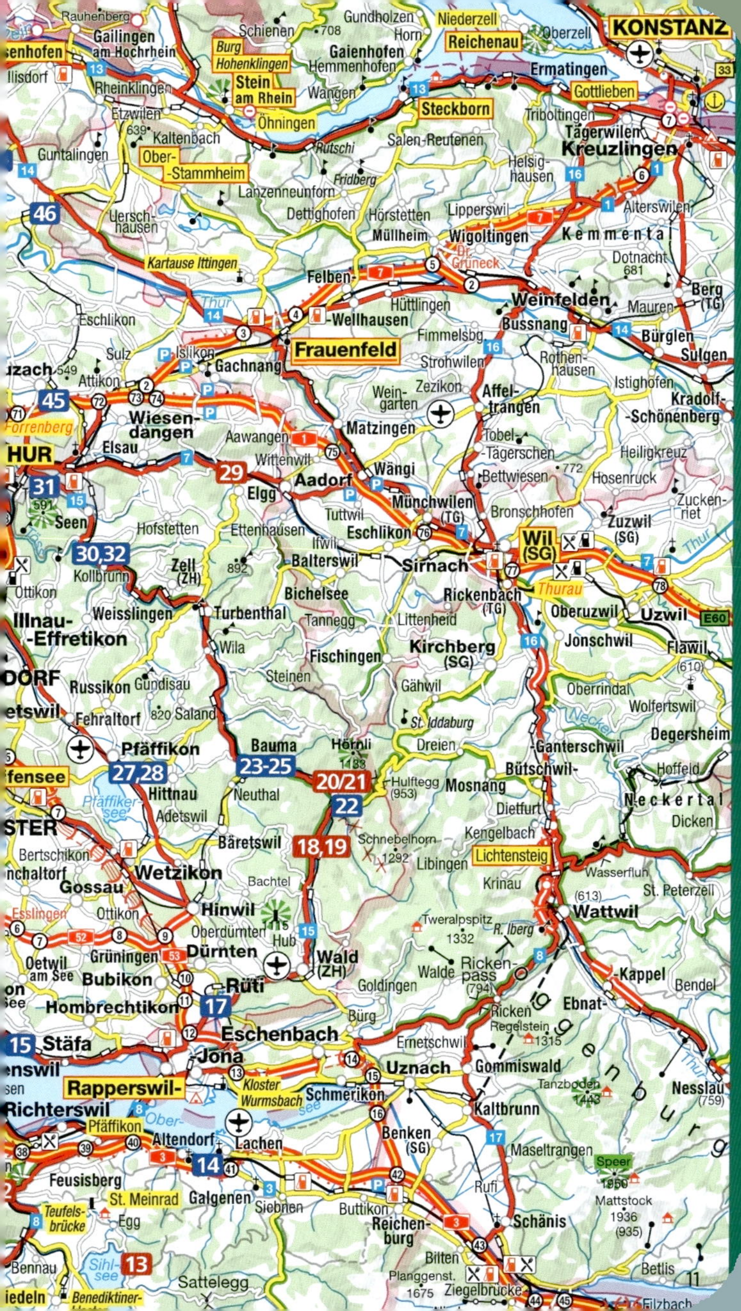

KONSTANZ
Reichenau
Steckborn
Gottlieben
Kreuzlingen
Stein am Rhein
Frauenfeld
Weinfelden
Wil (SG)
Aadorf
Elgg
Wiesendangen
Kirchberg (SG)
Wattwil
Lichtensteig
Bauma
Hinwil
Wetzikon
Pfäffikon
Rüti
Wald (ZH)
Eschenbach
Uznach
Jona
Rapperswil-
Kaltbrunn
Schänis
Reichenburg
Lachen
Altendorf
Stäfa
Hombrechtikon
Uzwil
Flawil
Degersheim
Toggenburg
Neckertal
11

DAS GEBIET

Das Wandergebiet umfasst im Wesentlichen den Kanton Zürich (1.729 km²) und die zum Kanton Schwyz gehörende Region Ausserschwyz am Oberen Zürichsee. Es ist ein vielfältiger, grösstenteils von den Eiszeiten geprägter Naturraum mit Fluss- und Seenlandschaften, Auen, Mooren, Wäldern und Berggebieten, der sich vom Hochrhein bis zu den Voralpen erstreckt.

Zentralraum ist der 39 km lange und bis 4 km breite **Zürichsee**, gegliedert in den 68 km² grossen Unteren Zürichsee und den 20 km² grossen Obersee zwischen Seedamm und Linthebene. Westlich und südlich des Sees leiten Albiskamm, Etzel und Stöcklichrüz (Ausserschwyz) zu den Alpen, im Osten liegt das **Zürcher Oberland**, grösstenteils ein Flach- und Hügelland, das mit dem Tössstock zu einer voralpinen Bergregion ansteigt.

Im Norden erstrecken sich **Zürcher Unterland** und **Weinland** bis zum Hochrhein mit Ebenen, den breiten Tälern von Rhein, Glatt und Töss und Bergrücken, deren Südhänge bevorzugte Lagen für den Weinbau sind.

Günstige Voraussetzungen für die Wirtschaft haben zu einem starken Bevölkerungszuzug geführt. Die Agglomeration Zürich, der Raum mit städtischem Charakter, umfasst heute 151 Gemeinden mit fast 1,4 Mio. Einwohnern vom Obersee und in Ausläufern bis zum Rhein. Im Zentrum liegt die Kernstadt Zürich mit rund 400.000 Einwohnern, das Bevölkerungswachstum findet fast ausschliesslich ausserhalb der Kernstadt statt. International bekannt ist die „Goldküste", das bevorzugte Wohngebiet der Reichen am rechten Zürichseeufer. Das Panorama mit See und Uetliberg ist besonders schön und während das gegenüberliegende linke Seeufer vor allem im Winter schon im Schatten liegt, glänzt die Goldküste noch in der Abendsonne. Dass das Gebiet nicht noch stärker verbaut ist, geht auf eine vorausschauende Initiative der Stadt Zürich zurück, die bereits ab 1899 das Ziel verfolgte, die Waldränder für alle freizuhalten und zu einer „grossen Anlage zu gestalten".

Im Wirtschaftskanton Zürich wurde die Natur zwar stärker als anderswo an den Rand gedrängt, das blieb aber nicht ohne Reaktion: Zürich war auch im Naturschutz ein Pionierkanton, der schon 1941 den Greifen- und Pfäffikersee unter Schutz stellte und so die Verbauung der Ufer verhinderte. Als erster Kanton gab er sich 1995 ein umfassendes Naturschutz-Gesamtkonzept, bereits 1989 wurde mit der Wiederbelebung der Fliessgewässer begonnen. So ist etwa die Thur heute, nach der Korrektur der früheren Flussverbauung, zum Teil wieder von ihrem Korsett befreit, die Thurauen sind die grösste Auenlandschaft im Schweizer Mittelland.

Von den 173.000 ha Kantonsfläche werden 72.000 ha landwirtschaftlich genutzt, 50.000 ha sind Wald, 2000 ha Gewässer. Über den ganzen Kanton verstreut finden sich heute Schutzgebiete, darunter die wilden Auen an der Thur, das Neeracherried, die Seenlandschaften am Greifen-, Pfäffiker-, Chatzen- oder Türlersee, die Drumlinlandschaft im Oberland oder das zerklüftete Tössbergtal.

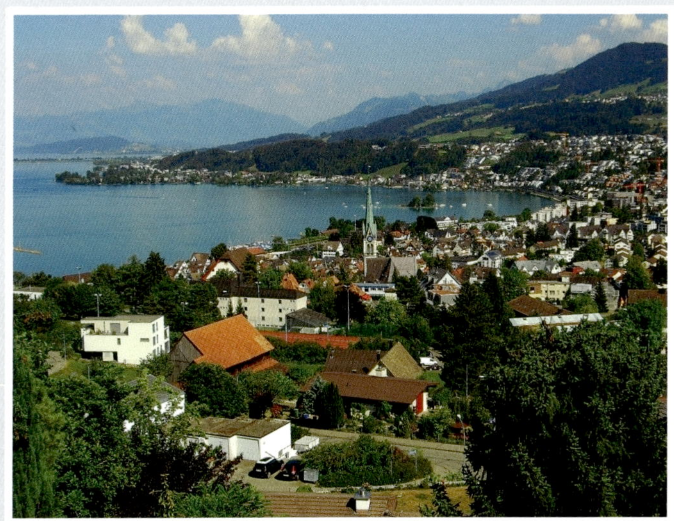

Der Zürichsee bei Richterswil

In Ausserschwyz ist die Moorlandschaft von Schwantenau besonders eindrücklich.

Klima und Reisezeit

Die Region hat gemässigtes Klima, die Wandersaison beginnt mit der Kirschenblüte im April und endet Ende Oktober, wenn die Blätter gefallen sind. Frühjahrs- und Herbstmonate sind wegen der angenehmen Temperaturen und der Farbenpracht am schönsten. Im Sommer kann es sehr heiss werden, die Monate Juni, Juli und August sind statistisch auch die niederschlagreichsten, im Winter liegt das Mittelland oft unter einer geschlossenen Nebeldecke. In den voralpinen Gebirgsregionen gibt es Föhn- und Staueffekte, der Zürichsee hingegen wirkt ausgleichend und gilt als Klimapuffer.

Zürichsee und Zürich

Im Tertiär, vor 50 Mio. Jahren, begannen sich die Alpen zu bilden, das Mittelland bedeckte ein weites Meer, in dem gewaltige Ströme Geschiebe ablagerten. So entstand die Molasse, was wörtlich „zerrieben" bedeutet, aus Mergel, Sandstein und Nagelfluh. Molasseschichten bilden die Felsunterlage im ganzen Zürichseegebiet, grösstenteils überlagert von einer Schuttdecke aus den späteren Eiszeiten. Die Modellierung des Zürichseetales mit dem lang gestreckten Seebecken und den gut erkennbaren Terrassen Pfannenstiel und Zimmerberg erfolgte in den Eiszeiten, als mächtige Gletscher aus den Alpen bis ins Mittelland vorstiessen, die seitlichen Höhenketten abschürften und die Flusstä-

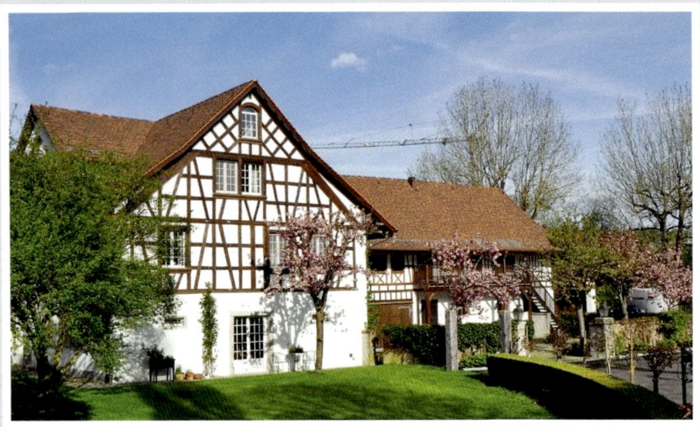

Riegelhäuser sind eine Augenweide im ganzen Kanton

ler ausweiteten. Bei ihrem Rückzug verfrachteten grosse Schmelzwasserströme mächtige Schotterfelder, die schwindenden Gletscher liessen Seitenmoränen zurück, eine Endmoräne staute den heutigen Zürichsee auf. Im Moränenschutt finden sich überall kleinere und grössere Steine aus fremdartigem Gestein, sogenannte Findlinge oder Irrsteine, erratische Blöcke (errare = irren). Diese Zeugen der Eiszeit waren lange Zeit ein begehrtes Baumaterial, heute stehen sie meist unter Schutz. In der Nacheiszeit entstanden durch Erosion die Tobel an den Hängen des Zürichsees, heute ebenfalls geschützte Landschaften.

Stadtentwicklung Zürich

Seit etwa 5.000 Jahren sind die Ufer des Zürichsees besiedelt. Im Jahr 15 v. Chr. gründeten die Römer auf einer keltischen Vorgängersiedlung am heutigen Lindenhof eine römische Zollstation mit dem Namen „Turicum", aus der sich im Lauf der Jahrhunderte das Wort „Zürich" und die Stadt entwickelten.

Nach den Römern kamen germanische Stämme, 746 wurde die Nordschweiz Teil des Fränkischen Reiches. 853 wurde die Fraumünsterabtei gegründet, die bald neben der Religion auch die Wirtschaft und Politik der Stadt massgeblich bestimmte. Das 13. und 14. Jh. brachte einen wirtschaftlichen Aufschwung, die Stadtmauer wurde errichtet, Grossmünster fertig gestellt, 1262 Zürich zur freien Reichsstadt erhoben, verschiedene Orden liessen sich in der Stadt nieder und gründeten Konvente.

Die aufstrebenden Bürger organisierten sich in Zünften und forderten neue politische Strukturen, eine Begrenzung der Macht von Kirche

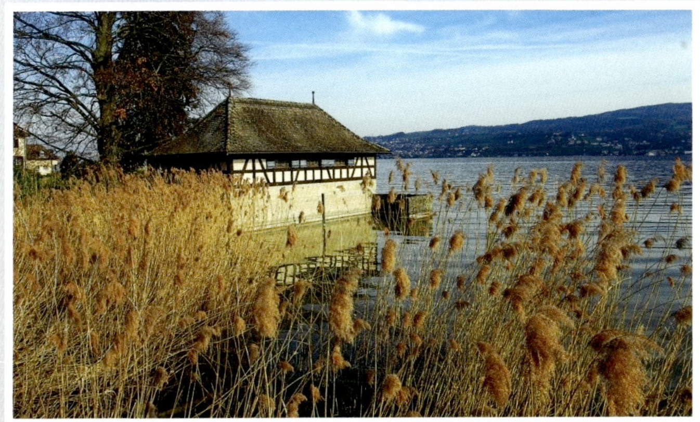

Am Zürichsee

und Adel. Angehörige der Zünfte stürmten 1336 das Rathaus und proklamierten eine neue Verfassung. Klerus und Habsburger versuchten die Bevölkerung aufzuwiegeln, in der „Mordnacht von Zürich“ 1350 wurde der Konflikt blutig zugunsten der Zünfte beendet, 1351 schloss sich Zürich der 1291 von den drei Waldstätten gegründeten Eidgenossenschaft an.

1522 begann in Zürich die Reformation: Pastor **Huldrych Zwingli**, Prediger am Grossmünster, verbreitete erfolgreich seine Ideale, beten und arbeiten seien die einzigen Möglichkeiten, das Seelenheil zu erlangen. Kirchen und Klöster wurden in Staatsbesitz überführt, in einem geordneten Bildersturm alle Bilder entfernt, Priester, Mönche und Nonnen durften heiraten. Heftiger Widerstand kam aus den katholischen Kantonen der Innerschweiz, die Auseinandersetzung mündete in die Religionskriege, Zwingli fiel im Zweiten Kappelerkrieg 1531 in der Schlacht am Albis. Zürich blieb protestantisch und wandelte sich allmählich zu einem puritanischen Gemeinwesen, in dem streng über Sitten und Tugenden gewacht wurde. Die Konzentration auf Arbeit und Leistung führte zu einem bedeutenden wirtschaftlichen Aufschwung, Zürich entwickelte sich zu einer reichen und selbstbewussten Stadt.

1755 wurde die erste Staatsbank gegründet, im Wiener Kongress wurde die Schweiz endgültig als unabhängiger und neutraler Staat anerkannt, der sich 1848 nach dem Sonderbundkrieg zum Bundesstaat mit neuer Bundesverfassung wandelte. Zollgrenzen wurden abgeschafft, Zürich wurde zwar nicht die Hauptstadt des neuen Bundesstaates, aber durch Universität, Technische Hochschule,

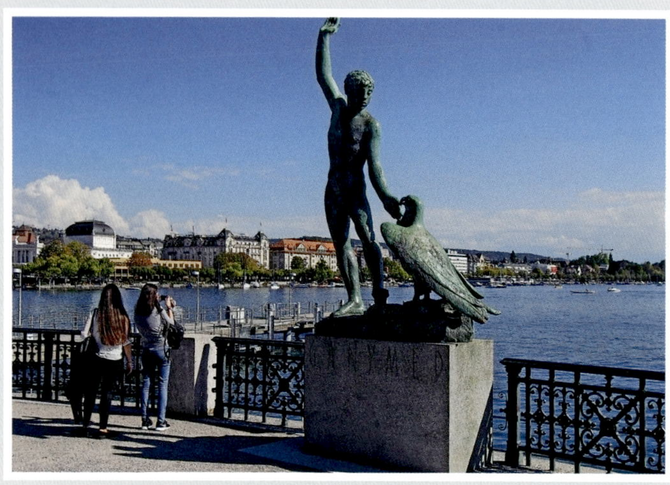

Zürich: Ganymed

Schweizerische Nationalbank und Börse das Wirtschafts-, Finanz- und Wissenschaftszentrum der Schweiz. Die Stadtbefestigung wurde geschleift, das Zentrum monumental umgestaltet, grosse Industriebetriebe (Textil- und Papierfabriken, Ziegeleien, Maschinenbau...) sorgten für einen starken Zuzug in die Umlandgemeinden.

Mit dem Bau des neuen Hauptbahnhofs wird Zürich zum Zentrum des Liniennetzes der Nordostschweiz, durch den Bau der Quais und Aufschüttungen wandelt sich die Stadt am Fluss zur Stadt am See, durch zwei grosse Eingemeindungen (1893 und 1934) wächst die Stadt rasant und wird zur grössten der Schweiz. Mit ihren gut 400.000 Einwohnern ist die heimliche Hauptstadt der Schweiz heute zwar keine Millionenstadt, aber dennoch eine Weltstadt: Der Hauptbahnhof und der Internationale Flughafen Zürich-Kloten machen sie zu einem wichtigen kontinentalen Verkehrsknotenpunkt, die Ansiedlung grosser Banken und Versicherungen zu einem der bedeutendsten Finanzplätze der Welt, die Börse gehört zu den wichtigsten weltweit, Universitäten und Hochschulen zu den besten.

Aber Zürich ist nicht nur eine Stadt der Banken und des Geldes, zugleich ist die Stadt seit Jahrhunderten ein wichtiges kulturelles Zentrum, von dem schon früh eine grosse Anziehungskraft ausging. Immer wieder war das liberale Zürich auch Zufluchtsstätte für Künstler und Flüchtlinge aus ganz Europa. Heute besuchen Millionen von Touristen jährlich die schöne Altstadt mit ihren hochkarätigen Museen und der gehobenen Lebensart. Die Stadt zählt jedoch auch zu den teuersten, und das schafft soziale Probleme: Viele können sich die hohen Mieten nicht mehr leisten, darin liegt Konfliktpotenzial, wie die Auseinandersetzungen um den öffentlichen Raum in der jüngsten Vergangenheit zeigen.

Zürcher Oberland

Das **Zürcher Oberland** nimmt den Südosten des Kantons Zürich ein und besteht aus zwei unterschiedlichen Teilen – dem eiszeitlich geformten **Flach- und Hügelland** und dem waldreichen, von Schluchten durchzogenen **Bergland** am Tössstock. In Mulden des welligen Flach- und Hügellandes liegen der Greifensee und der Pfäffikersee, südöstlich davon prägen Drumlins, eiszeitliche Moränenhügel, die Landschaft.

Ganz anders hingegen die Landschaft am Tössstock: Das **Tössbergland** nordöstlich des Bachtels blieb während der letzten Eiszeit eisfrei, Bäche haben sich hier tief in das Bergland aus Nagelfluh, Sandstein und Mergel eingeschnitten. Die tiefen, bewaldeten Schluchten mit Wasserfällen und Höhlen waren lange nur schwer zugänglich und wurden 1912 zum ersten Wald- und Pflanzenschutzgebiet des Kantons erklärt.

Die Region war bereits früh besiedelt, an den Ufern des Greifensees und Pfäffikersees wurden Reste neolithischer Pfahlbauten gefunden, ein Zeugnis aus der Römerzeit

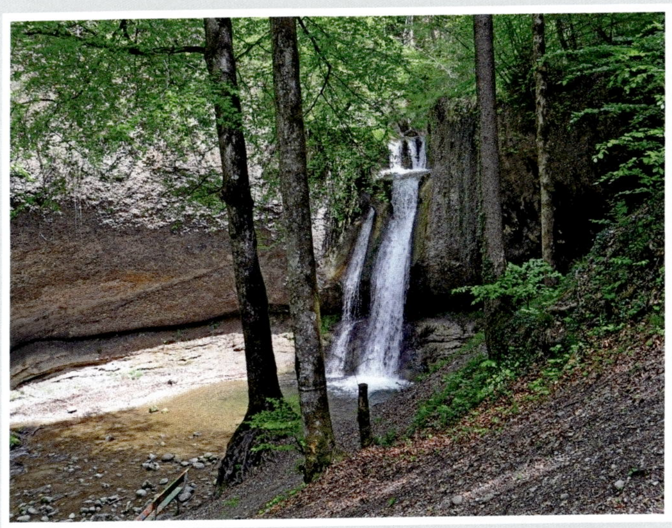

Wasserfall im Kemptertobel (Tour 25)

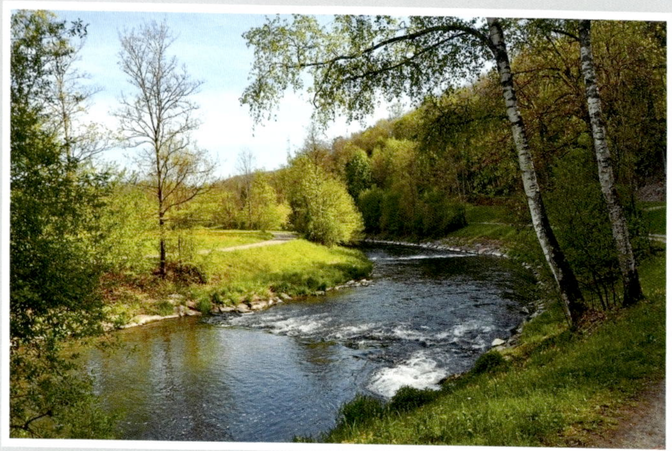

Am Ufer der Glatt (Tour 39)

ist die Kastellruine bei Irgenhausen, aus dem Mittelalter stammen die Schlösser Kyburg und Greifensee. Handwerk und Gewerbe hatten bereits früh eine grosse Bedeutung. An der Töss wurde eine ganze Kette von Mühlen errichtet, ab 1800 führte die Mechanisierung der Baumwollindustrie zu einer starken Industrialisierung des ganzen Tösstales, in den zahlreichen Spinnereien und Webereien arbeiteten auch Kleinbauern in Heimarbeit.

1856 wurde die Glatthalbahn eröffnet, heute ist das Zürcher Oberland eine beliebte Wohn- und Ausflugsregion, viele Bewohner pendeln zur Arbeit nach Zürich, viele Zürcher erholen sich hier. Beliebte Wanderziele sind u.a. voralpine Aussichtsgipfel wie Bachtel, Scheidegg, Schnebelhorn oder Hörnli. Eine Besonderheit stellen die Guyer-Zeller-Wege rund um Bauma dar, die der Textilindustrielle und Eisenbahnpionier Adolf Guyer-Zeller (1839 – 1899) durch romantische Tobel, zu Wasserfällen und Aussichtspunkten anlegen liess, um die Schönheit seiner Heimat allen zugänglich zu machen.

Zürcher Unterland und Rafzerfeld

Das **Zürcher Unterland** umfasst die Bezirke Bülach und Dielsdorf im Nordwesten des Kantons zwischen Winterthur, Zürich, Baden (Aargau) und dem Rhein sowie das Rafzerfeld nördlich des Rheins. Das stadtnahe Gebiet gehört zur Agglomeration Zürich, der Norden ist bis heute ländlich geprägt. Trotz der dichten Besiedlung haben sich auch im näheren Zürcher Umland noch Naturoasen wie die Chatzenseen mit ihren Riedflächen oder die Wälder und Rebhänge am Altberg erhalten.

In der Drei-Flüsse-Landschaft an Rhein, Glatt und Töss gibt es grosse Auwälder, das Neeracherried ist ein ausgedehntes Flachmoor und Vogelschutzreservat. Bergrücken wie Altberg und Irchel aus Molasse erheben sich aus der Ebene, vom Westen reicht mit dem Kalkriff Lägern noch ein Ausläufer des Jura herein. Die Bergrücken, Auwälder und Flusslandschaften sind bequem zu erwandern, alte Winzerdörfer und sehenswerte Städtchen wie Kaiserstuhl, Regensberg, Eglisau oder Bülach geben der Landschaft einen besonderen Reiz.

Die Wirtschaft wird seit den 1950er-Jahren zunehmend durch den internationalen Flughafen Zürich-Kloten geprägt, in dessen Umgebung sich viele Betriebe angesiedelt haben.

Das **Rafzerfeld** ist eine ausgedehnte Schotterebene nördlich des Rheins. Während der letzten Eiszeit ergossen sich Schmelzwasser des Rheingletschers in die Ebene und lagerten grosse Mengen Kies ab, der für die Bauindustrie abgebaut wird. Durch die Renaturierung aufgelassener Kiesgruben entstehen neue Lebensräume, Biotope mit Mager- und Trockenwiesen bieten wieder einer vielfältigen Pflanzen- und Tierwelt Platz, viele Vogelarten wie Feldlerche, Flussregenpfeifer oder Uferschwalben haben hier bereits ihren Lebensraum. Die sandig-kiesigen Böden sind mit einer dünnen Humusschicht bedeckt und eignen sich vorzüglich für den Getreideanbau, deshalb nannte man früher das Rafzerfeld auch die Kornkammer Zürichs. An den Hängen wird Wein angebaut, in den Winzerdörfern finden sich prächtige Riegelhäuser.

Die ungewöhnlichen Grenzverhältnisse, die Ausdehnung Zürichs über die natürliche Rheingrenze nach Norden, stammen aus historischer Zeit und sind ein seltener Fall des Verkaufs von Reichsboden an die Eidgenossenschaft: Die Grafen von Sulz, die hier die Landeshoheit hatten, konnten ihre Schulden bei der Stadt Zürich nicht zurückzahlen und

Informationstafeln

An vielen historischen und denkmalgeschützten Gebäuden in Zürich sind blaue Informationstafeln angebracht, die über die Geschichte des jeweiligen Hauses informieren. Die Besucher erhalten dadurch einen guten ersten Einblick in die Historie der Stadt.

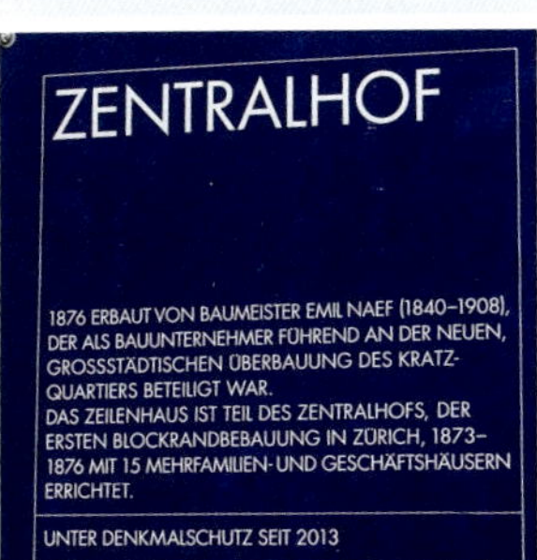

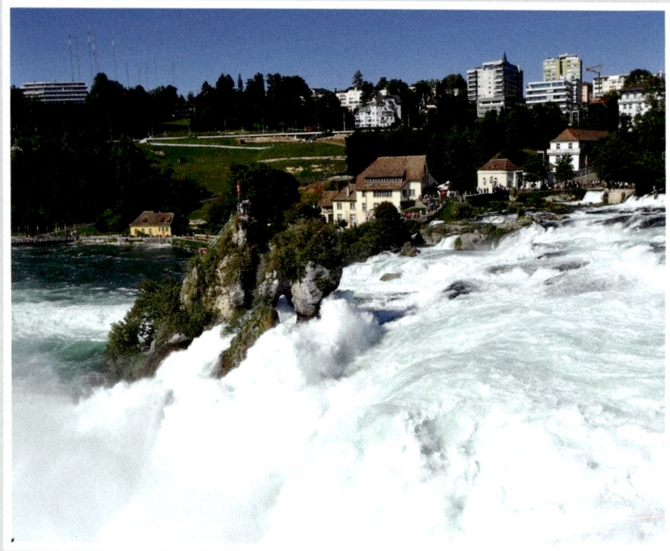

Der Rheinfall bei Laufen (Tour 49)

mussten deshalb 1463 Eglisau und 1651 Rafz, Wil, Hüntwangen und Wasterkingen an die aufstrebende Stadt abtreten.

Zürcher Weinland

Das Zürcher Weinland, grösstenteils identisch mit dem Bezirk Andelfingen, liegt im Norden des Kantons Zürich zwischen Winterthur und Rhein. Es ist noch überwiegend ländlich geprägt und gilt als eine der landschaftlich unversehrtesten Regionen des Kantons. Sein Landschaftsbild wurde in der Eiszeit geformt und zeigt die klassischen Gletscherspuren: Moränenzüge, Schotterebenen, ausgedehnte Riedlandschaften mit kleinen Hügeln, durch Meliorationen in fruchtbares Ackerland verwandelt. Das Klima ist vergleichsweise mild und sonnenscheinreich, die Mulde des Weinlandes gehört zu den trockensten und wärmsten Gegenden des Mittellandes. Hier finden sich weite Kornfelder, auch Tabak, Hopfen und Spargel sind typische Produkte der Region. Am bekanntesten ist jedoch der Wein, es ist das grösste Weinanbaugebiet des Kantons, die zahlreichen Weingärten auf den Südhängen haben der Region ja auch den Namen gegeben.

Unweit von Schaffhausen bietet der Rhein ein grossartiges Schauspiel: Über eine Breite von 150 m stürzen die Wassermassen 23 m in die Tiefe und bilden den grössten Wasserfall Europas.

Markierungen und Schwierigkeitsgrade

Die Schweiz ist ein Wanderland, Wandern ist ein Volkssport. Schon früh hat man auch das touristische Potenzial erkannt, zu Beginn des 20. Jhs. schossen in den verschiedensten Orten markierte Wanderrouten wie Pilze aus dem Boden. Das Markierungschaos rief nach Ordnung und 1934 entwickelte der Dachverband der Schweizer Wanderwege die gelben Tafeln mit schwarzer Schrift. Hergestellt werden die Reliefschilder bis heute im aufwendigen Sandgussverfahren in einer der letzten Giessereien der Schweiz von der turgibega AG in Kestenholz (SO), die Firma gewährt 50 Jahre Garantie auf die praktisch unzerstörbaren Schilder. Kaum angebracht, verschwanden die Schilder jedoch schon wieder, man wollte einem möglichen Feind während des Zweiten Weltkrieges keine Orientierungshilfe bieten. Nach dem Krieg wurden die Tafeln wieder aufgestellt, bald zeigte sich jedoch ein neues Problem: Viele Feld- und alte Verbindungswege wurden in den folgenden Jahren geteert. Deshalb wurde 1979 das Wanderwesen in der Bundesverfassung mittels Bundesgesetz geregelt, Gemeinden dürfen seither nicht mehr nach Gutdünken Wege asphaltieren – ein weltweit einzigartiger Vorgang.

Bei den Wanderwegen merkt man daher auch nichts vom sprichwörtlichen Kantönligeist: Alle Wege sind einheitlich markiert und klassifiziert, ein vorbildliches System:
Gelbe Markierung: Leicht, allgemein zugängliche Wanderwege ohne besondere Anforderungen.
Weiss-Rot-Weiss: Mittelschwere Bergwanderwege, sie sind anspruchsvoller, können schmal, uneben und steil sein, sie verlangen eine gute körperliche Verfassung.
Weiss-Blau-Weiss: Schwer, alpine Wege, sie kommen in diesem Wanderführer nicht vor.

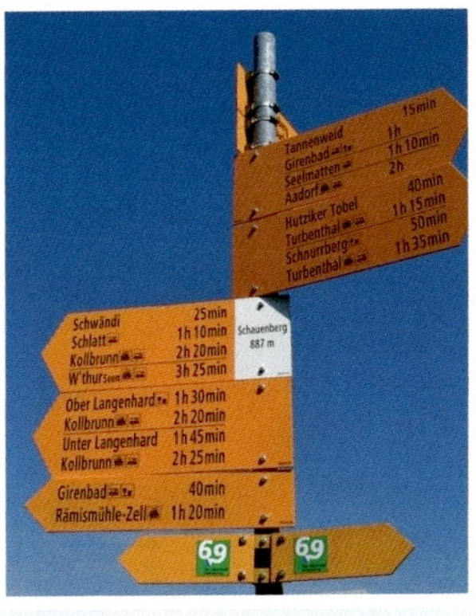

An wichtigen Punkten stehen Pfosten mit Name und Höhenangabe des Punktes sowie Wegweiser mit Orts- und Zeitangaben. Dazwischen ist der Weg farblich markiert (z. B. gelbe Raute). Wegweiser „Wanderweg" zeigen Abzweigungen an.

Die Angaben der Markierung im Text weisen somit auch auf die Wegart und den Schwierigkeitsgrad des Weges hin.

ALLGEMEINE TOURENHINWEISE

SCHWIERIGKEITSGRADE

Die Einstufung der Schwierigkeit der Tour berücksichtigt darüber hinaus auch noch die Dauer und die Höhenmeter und folgt dem gebräuchlichen Schema:

■ LEICHT

In der Regel gut angelegte und gut markierte Wege ohne echte Gefahrenstellen, die jedermann begehen kann. Das schliesst aber kurze, kräftige Steigungen nicht aus.

■ MITTEL

Wege und Steige auch in steilem Gelände, ein Mindestmass an Wandererfahrung, Trittsicherheit und festes Schuhwerk sollten nicht fehlen.

■ SCHWER

Anspruchsvolle, z.T. auch recht lange Touren mit teils ausgesetzten und gefährlichen Stellen, die Schwindelfreiheit und gute Kondition verlangen, kommen in diesem Wanderführer nicht vor.

Gehzeiten und Schwierigkeitsgrade können nur Richtwerte sein. Angegeben ist die reine Gehzeit ohne Pausen. Diese Schwierigkeitsgrade gelten für günstige Verhältnisse, Nässe oder Nebel erhöhen den Schwierigkeitsgrad.

HINWEISE

Kinder

Wegtechnisch sind alle Touren für gehtüchtige Kinder ab 10 Jahren geeignet. Besonders attraktiv sind die Tobelwege der Touren 2, 3, 16, 23, 25, die Gipfel Bachtel Nr. 18, Scheidegg (Tour 19), Schnebelhorn (Tour 20), Hörnli (Tour 21) und Schauenberg (Tour 29), die Kyburg (Tour 31), die Naturschutzgebiete Thurauen (Tour 47) und Alter Rhein (Tour 48) sowie der Gratweg über die Lägern (Tour 36). Nur diese Touren sind daher mit dem Kindersymbol versehen.

Einkehr und Übernachtung

Das Einkehrsymbol auf der Seitenleiste bezieht sich auf die Einkehrmöglichkeiten unterwegs. Die Öffnungszeiten können saisonal variieren, deshalb sollten Sie sich vorab darüber informieren.

Schreibung der Namen

Viele Ortsnamen stammen aus dem Dialekt ohne einheitliche Schreibung. Verwendet wurde die gebräuchlichste Form, die jedoch oft nicht die einzige ist.

Karten

Wanderkarten 1:40.000
Verlag Kümmerly+Frey:
Nr. 1 Schaffhausen
Nr. 7 Aargau Ost
Nr. 8 Zürcher Unterland
Nr. 13 Zürichsee
Nr. 14 Rapperswil-Jona

Häufig verwendete regionale Begriffe

Alp, Alpen: Alm, Almen
Beizli: einfaches Lokal, Kneippe
Büel: Hügel
Flue: Felsen
Kulm: Gipfel
Planggen: steile Bergwiesen
Riegelhäuser: Fachwerkhäuser
Tobel: Bewaldete Schlucht

Richtiges Verhalten bei weidenden Kuhherden

Wenn Touren durch Weiden mit Kühen führen, beachten Sie dabei bitte Folgendes:
- Gatter immer schliessen.
- Herde nicht stören, Hunde an die Leine nehmen.
- Mutterkühe (Kühe mit kleinen Kälbern) meiden, sie könnten aggressiv reagieren, wenn möglich sollte man sie umgehen.
- Langsam gehen, nicht laufen, ein Stock ist nützlich, aber nicht damit herumfuchteln.

MEINE LIEBLINGSTOUR

Am Schauenberg: Romantische Tobelwege, attraktive Einkehrgasthäuser und die herrliche Rundsicht vom Gipfel machen die Wanderung zum Schauenberg zu meiner Lieblingstour. Tour 29, Seite 132.

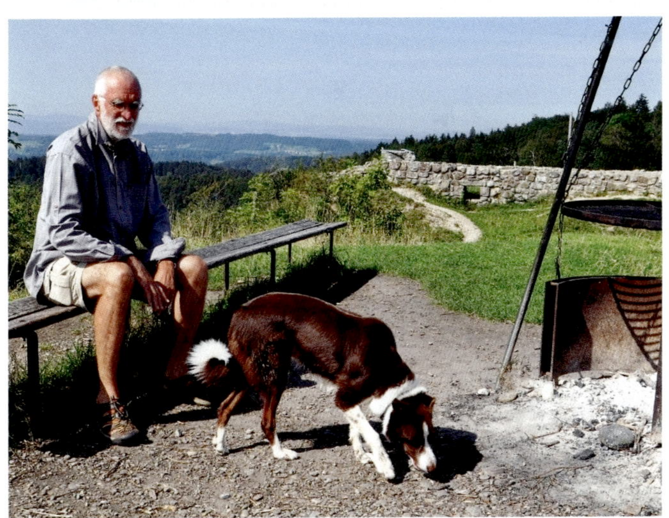

MEINE HIGHLIGHTS

1: Bei der Wanderung auf den Uetliberg, dem anschliessenden Panoramaweg der Albiskette und von den Terrassen der Restaurants am Uetliberg und Felsenegg geniessen Sie weite Aussichten auf den Zürichsee und die Stadt.
→ Tour 4, Seite 42

2: Die Tour zum Scheidegg bietet vieles – schöne Passagen über einen Wiesengrat im Anstieg, herrliche Aussichten, eine Einkehr im Berggasthaus und eine romantische Schlussetappe durch den Sagenraintobel.
→ Tour 19, Seite 96

3: Die Wanderung über den Juraausläufer Lägern ist eine Besonderheit im sonst sanft-welligen Zürcher Unterland. Der aussichtsreiche Kalkgrat erinnert an alpine Wege, das kleine Regensberg am Beginn und die alte Kurstadt Baden am Ende sind sehenswert, die Gastgartenterrasse des Restaurants Schrattenfels ideal für die Einkehr.
→ Tour 36, Seite 158

4: Die Tour am Rhein entlang zum Kloster Rheinau führt auf schönen Uferwegen u. a. durch die Altläufe des Rheins, stimmungsvolle Gasthäuser laden zur Einkehr und die sehenswerte Klosterkirche am Ende der Wanderung zum Besuch.
→ Tour 48, Seite 204

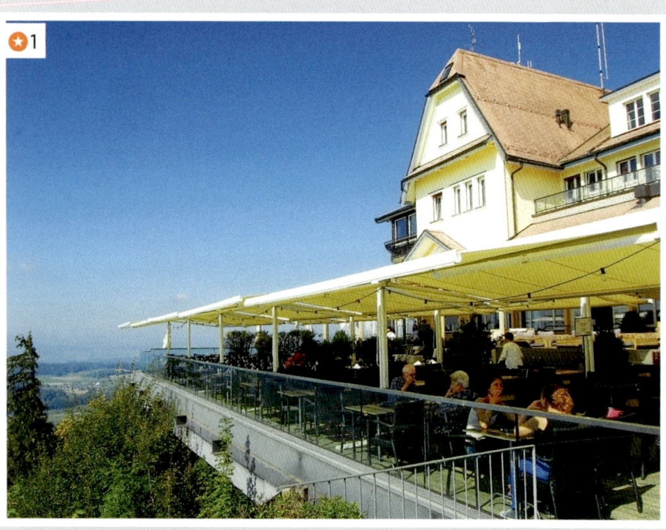

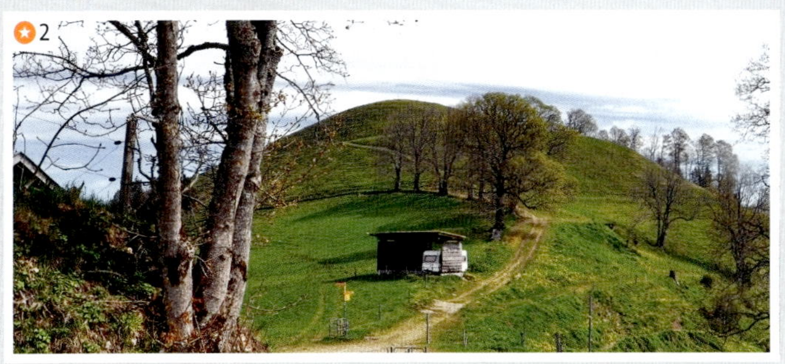
2

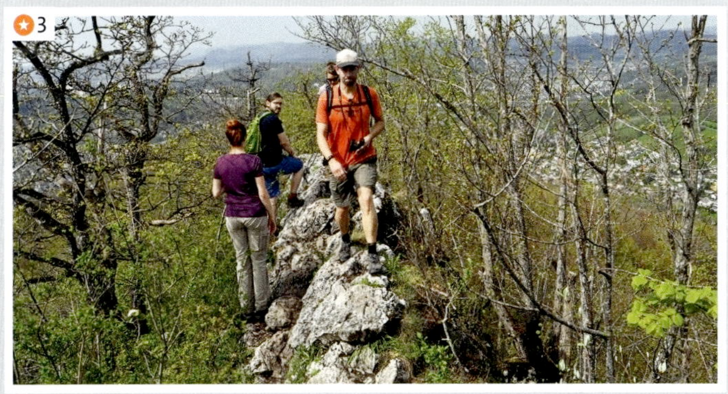
3

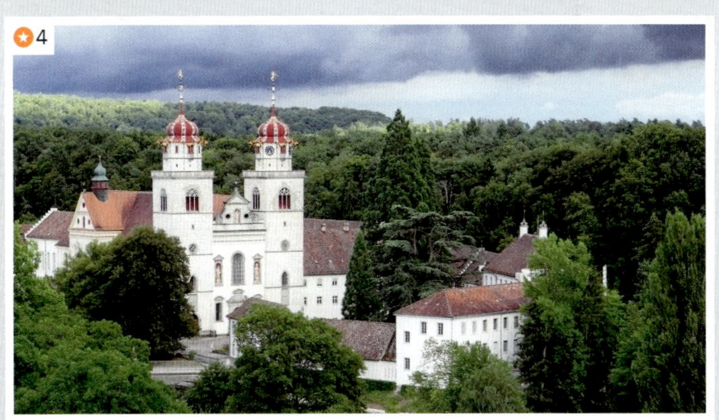
4

1

STADTRUNDGANG ZÜRICH

Durch die heimliche Hauptstadt der Schweiz

 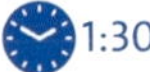 4,5 km 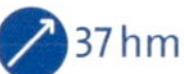 1:30 h 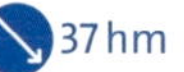 37 hm  37 hm 13

START | Zürich, Hauptbahnhof
[GPS: UTM Zone 32 x: 465.364 m y: 5.246.789m].
CHARAKTER | Stadtrundgang mit vielen Besichtigungs- und Einkehrmöglichkeiten.

Die Zürcher Innenstadt gliedert sich – getrennt durch die Limmat – in zwei Teile.

Früher hiess das Zürich rechts der Limmat „Mehrere Stadt" – Grosse Stadt, das links der Limmat „Mindere Stadt – Kleine Stadt. Das durch keinen Krieg beeinträchtigte Zentrum bietet eine Fülle von Sehenswürdigkeiten – gotische Kirchen spiegeln in ihrer reformatorischen Umgestaltung die Stadtgeschichte, klassizistische Prunkbauten zeugen ebenso wie die Zunfthäuser vom Reichtum der Stadt, Denkmäler im öffentlichen Raum stammen von bekannten Künstlern. Die malerischen und geschichtsträchtigen Gassen und Plätze der Zürcher Altstadt rechts der Limmat bilden einen Kontrapunkt zur extravaganten Bahnhofstrasse links der Limmat – und die Lage am Fluss und See bezaubert immer wieder aufs Neue.

▶ Sie starten Ihren Rundgang am Hauptbahnhof **links der Limmat**:

Hauptbahnhof 01
1847 begann mit der Eröffnung der Spanischbrötlibahn, die Zürich mit der Kurstadt Baden verband und mit der auch die spanischen Brötli, das beliebte Badener Hefegebäck, angeliefert wurde, das Bahnzeitalter in Zürich. Der Bahn-

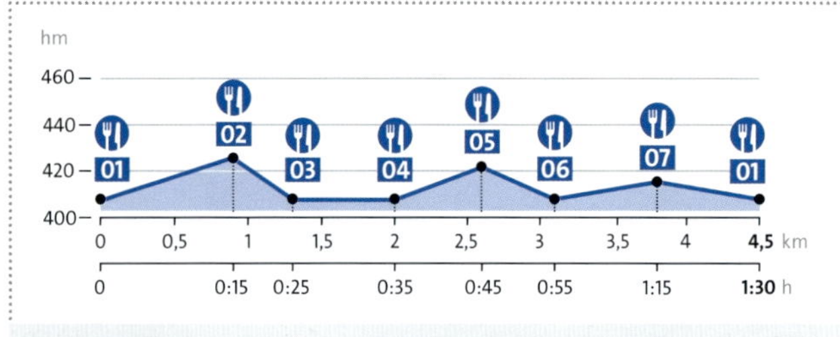

01 Zürich, Hauptbahnhof, 409 m; 02 Lindenhof, 427 m; 03 Fraumünster, 409 m; 04 Quaibrücke, 409 m; 05 Kunsthaus, 422 m; 06 Grossmünster, 409 m; 07 Altstadt, 415 m

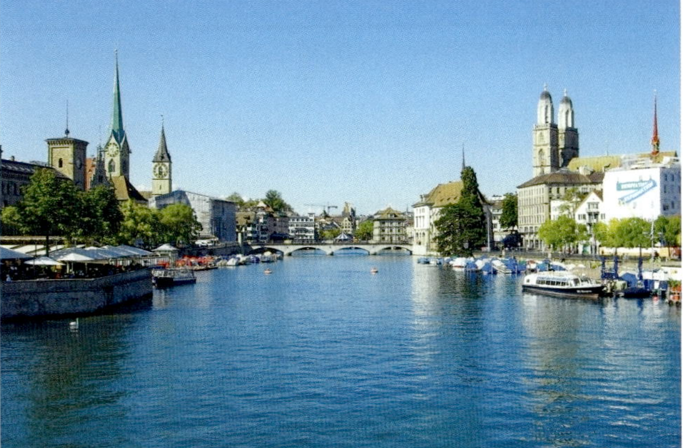
Zürich – Limmat

hof von 1871 war neben der ETH und der Kreditanstalt eine der von Alfred Escher initiierten Zürcher Prunkbauten, errichtet von Jakob Friedrich Wanner unter Verwendung eines Entwurfes von Gottfried Semper.

Die 43 x 169 m prunkvolle neoklassizistische Bahnhofshalle ist die grösste der Schweiz, in ihr finden regelmässig unterschiedliche Veranstaltungen statt. Parallel zur Stadtentwicklung gewann auch der Bahnhof an Bedeutung, mit der ersten Eingemeindung von 1893 wurde der Bahnhof Zürich zum Hauptbahnhof. Da die Halle seit 1976 unter Denkmalschutz steht, wuchs der Bahnhof in den vergangenen Jahrzehnten vor allem in die Tiefe, in den unteren Etagen befinden sich Durchgangsbahnhöfe und die Railcity. Der Zürcher Hauptbahnhof zählt nicht nur zu den schönsten Bahnhöfen Europas, mit fast einer halben Million Passagieren täglich gehört er auch zu den meistfrequentierten Bahnhöfen der Welt.

Landesmuseum Zürich

Neben dem Hauptbahnhof liegt das Landesmuseum. Die Nationalbewegungen des 19. Jhs. erfassten auch die Schweiz und führten zur Einrichtung eines Ortes der nationalen Erinnerung, nach zähem Ringen konnte sich Zürich als Standort gegenüber Luzern, Basel und Bern durchsetzen. Das nach Plänen von Gustav Gull im Stil des Historismus erbaute Landesmuseum gilt seit seiner Eröffnung im Jahr 1898 als „Speicher der Nation". Der Bau gleicht einer Burganlage, 2015 wurde ein Erweiterungstrakt der Architekten Christ und Gantenbein mit hohen Betonwänden als expressives Gegenüber zum verspielten Märchenschloss errichtet. In den grossen Ausstellungsräumen werden zahlreiche Objekte der Kunst, des Kunsthandwerks und Gebrauchsgegenstände zur Geschichte, Religion, Politik und Wirtschaft der Schweiz gezeigt. Besonders eindrucksvoll sind die Originalräume wie ein Prunkzimmer mit Wintert-

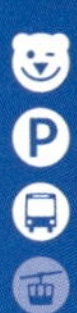

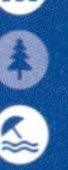

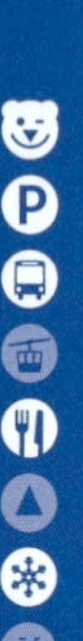

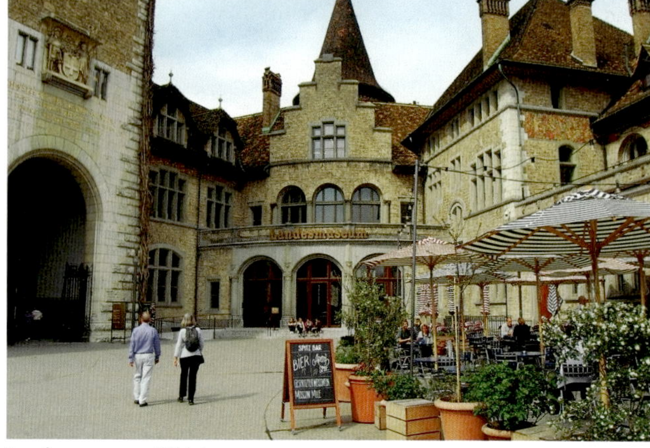

Landesmuseum Zürich

hurer Kachelofen aus dem 17. Jh., der Rathaussaal von Mellingen oder das Wohnzimmer der letzten Äbtissin aus der Fraumünsterabtei von 1507.

Bahnhofstrasse
In der zweiten Hälfte des 19. Jhs. wurde das alte Kratzquartier zwischen Limmat, Schanzengraben und See gründlich umgestaltet, der Fröschengraben vor dem Bahnhof zugeschüttet, Moränenhügel abgetragen.

1859 eröffnete David Sprüngli am Neumarkt, heute Paradeplatz, sein exklusives Patisseriegeschäft in der Annahme, dass in der Nachbarschaft der neue Bahnhof gebaut würde. Er irrte, gebaut wurde 1865 die Bahnhofstrasse, ein neuer Finanz- und Verwaltungsdistrikt entstand. Sprüngli musste seine frühe Entscheidung nicht bereuen, die Lage mitten in der mondänen Bahnhofstrasse entpuppte sich auch ohne Bahnhof als hervorragend. Der mehr als 1 km lange Boulevard vom Bahnhof zum Zürichsee gilt heute als eine der teuersten Strassen der Welt mit luxuriösen Geschäften, exklusiven Restaurants und den grössten Banken.

Lindenhof 02
Am Lindenhof, einer in der Eiszeit entstandenen kleinen Anhöhe, begann Zürichs Geschichte: Auf einer keltischen Siedlung errichteten die Römer ihren Kontrollposten „Turicum", später die Franken ein Kastell. Nach dessen Schleifung wurde 1474 eine Grünanlage mit 52 Linden angelegt, der Brunnen stammt aus dem Jahr 1667. Der Lindenhof diente lange Jahre als städtischer Versammlungsort, 1798 war er Schauplatz des öffentlichen Schwurs auf die neue Helvetische Verfassung. Heute wird der ruhige Platz vor allem wegen der Aussicht auf die Limmat und die gegenüberliegende Altstadt geschätzt.

St. Peter
St. Peter ist die im Kern älteste Kirche der Stadt. Zur Römerzeit

stand hier eine Jupitersäule, bei Ausgrabungen wurden auch Mauerreste eines karolingischen Saalbaus entdeckt. Das heutige Kirchenschiff wurde nach einem Grossbrand 1706 als erste protestantische Kirche neu errichtet, der Turm hingegen stammt aus dem 13. Jh. und gehört der Stadt Zürich. Er diente bis 1911 als Brandwache und trägt das grösste Uhrenziffernblatt Europas, 8,64 m im Durchmesser – und zwar auf jeder Turmseite.

Neben der Kirche liegt einer der romantischsten Plätze der Stadt, die St. Peterhofstatt. In der Mitte steht eine riesige alte Linde, gesäumt wird er von Häusern, die teilweise noch aus dem Mittelalter stammen. Im „Lavaterhaus" Nr. 6 wohnte der bekannte Philosoph, Schriftsteller und reformierte Pfarrer Johann Caspar Lavater, ein Freund Goethes, der Zürich zu einem geistigen Zentrum gemacht hatte.

Eine Oase der Ruhe ist heute der **Zentralhof**, Eingang von der Kappelergasse. Früher war hier der Posthof, bis Mitte des 19. Jhs. Zentrum des ostschweizerischen Postkutschenverkehrs. Anstelle der einstigen Pferdetränke plätschert heute ein Springbrunnen in der Mitte, mehrere Lokale laden zur Einkehr.

Frauenbadi

Bereits seit 1837 existierte an der Mauer des Bauschänzli ein „Badhaus für Frauenzimmer", „auf dass sie nicht mehr des Nachts in den laufenden Brunnen badeten". Als in den 1880er Jahren Stadtingenieur Arnold Bürkli das Seeufer in eine Quaianlage mit Schiffanlegestelle umbauen liess, musste auch das Frauenbad einen neuen Platz erhalten. So wurde 1888 am Stadthausquai die neue Jugendstil-Frauenbadeanstalt, ein typisches Laubsägeli-Bad, zunächst als Hygiene-Bad erbaut, in dem eine maximale Badezeit von 20 Min. galt, im 20. Jh. umgewandelt in ein „Wasser-, Luft- und Sonnenbad".

Fraumünster 03

König Ludwig II. stiftete 853 ein Frauenkloster, das bald ein Wohn-

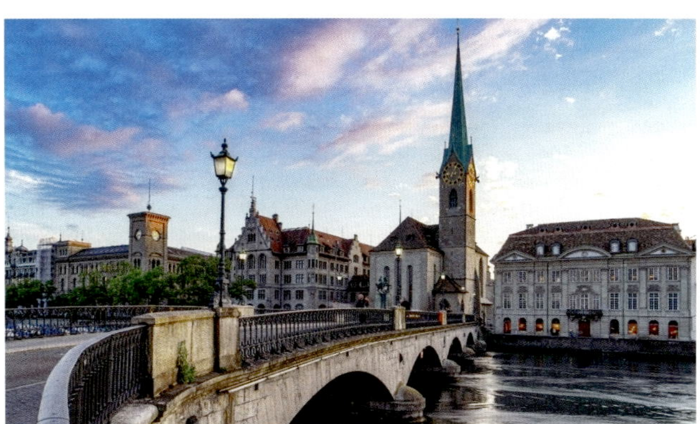

Blick über die Limmat zum Fraumünster

und Zufluchtsort adeliger Damen und religiöses Zentrum wurde. Aus der Grablege der beiden Stadtheiligen Felix und Regula im Grossmünster wurden Reliquien nach Fraumünster überführt, und weil das Kloster grosse Ländereien, Zoll-, Markt- und Münzrecht besass, war es nicht nur religiöses Zentrum, sondern auch wirtschaftlich und politisch bedeutsam.

Das heutige Erscheinungsbild hat sich mehrmals verändert: Im 9. Jh. wurde die dreischiffige Säulenbasilika mit Querhaus und drei Apsiden errichtet, die dann im Laufe der Jahrhunderte erweitert und umgebaut wurde. In der Reformation wurden Altäre, Bilder und Schmuck entfernt, in die klösterlichen Einrichtungen zogen städtische Ämter. Im 18. Jh. wurde der Südturm abgerissen und der Nordturm um fast das Doppelte auf 80 m erhöht und Ende des 19. Jhs. mussten die Konventgebäude dem Bau eines neuen Stadthauses weichen. Die Westfassade wurde zur repräsentativen Hauptfront aufgewertet.

Im Inneren ist die Schlichtheit geblieben, so kommen die berühmten Glasfenster besonders zur Wirkung: Der fünfteilige Fensterzyklus im Chor (1970) und die Rosette im südlichen Querschiff sind Meisterwerke von Marc Chagall, das grosse Giacomettifenster „Himmlisches Paradies" im nördlichen Querschiff wurde 1945 eingesetzt.

Bürkliplatz und Quais

Die Bahnhofstrasse mündet vor dem Zürichsee in den grossen, künstlich aufgeschütteten Bürkliplatz. Der Name erinnert an Arnold Bürkli, den ersten Zürcher Stadtingenieur, der massgeblich die Neugestaltung der Innenstadt, die Trinkwasserversorgung und Kanalisation vorantrieb. Er liess auch von 1882 – 1887 entlang des Seeufers Land aufschütten, um eine durchgehende Quaipromenade mit Alleen und Parks zu schaffen. Auf dem monumentalen, von Kastanienbäumen beschatteten Platz findet von Mai bis Oktober am Dienstag und Freitag der Wochenmarkt, und am Samstag der Flohmarkt statt.

Bauschänzli

1660 wurde gegen Angriffe vom See her eine Bastion in die Limmat hineingebaut, die alte Schanze. Damals war das Gelände noch offen, seit 1883 liegt die **Quaibrücke** 04 zwischen Bauschänzli und See, die Bastion ist heute einer der beliebtesten Biergärten Zürichs.

Rechts der Limmat

Hinter dem Limmatquai liegt am Rand der sehenswerten Altstadt das weltberühmte **Kunsthaus** 05, von der Quaibrücke über die Rämistrasse schnell zu erreichen.

Das Zürcher Kunsthaus gehört zu den bedeutendsten Museen der Welt, es bietet ein umfassendes Bild der abendländischen Kunst vom Mittelalter bis in die Gegenwart. Hunderte Kunstwerke aus den Gattungen Malerei, Skulptur, Grafik, Fotografie und Video sind zu sehen, wegen der grossen Menge und Vielfalt empfiehlt es sich, einen Schwerpunkt zu setzen. Viele grosse Künstler sind mit wichtigen Sammlungen vertreten, so z. B. Alberto Giacometti, der wichtigste Schweizer Bildhauer des 20. Jhs., der norwegische Maler Edvard Munch, die französischen

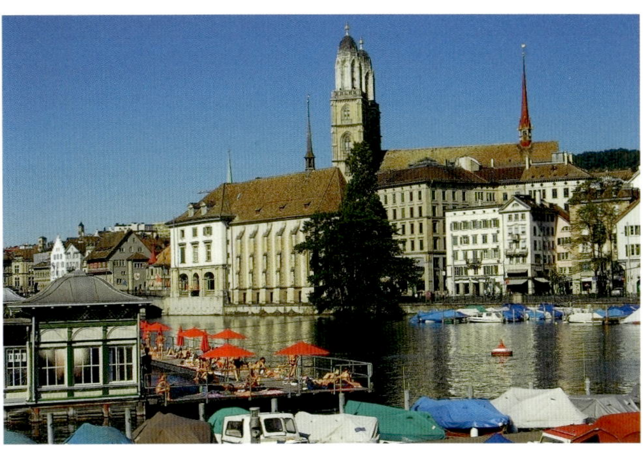

Grossmünster – im Vordergrund die Frauenbadi

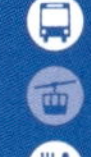

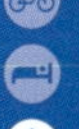

Impressionisten oder die klassische Moderne.

Durch die **Kirchgasse** gelangen Sie zum Grossmünster. In dieser Altstadtgasse bezog 1525 Pastor Zwingli nach seiner Hochzeit seine Amtswohnung auf der Nr. 13, 1861 hatte Gottfried Keller als erster Staatsschreiber des Kantons Zürich auf der Nr. 33 seine Dienstwohnung, 1958 wohnte Ingeborg Bachmann hier.

Das **Grossmünster** 06 war Ausgangspunkt der deutsch-schweizerischen Reformation und ist heute mit seinen beiden charakteristischen Türmen das Wahrzeichen der Stadt. Vermutlich stand vor seiner Errichtung an der Stelle eine Pilgerstätte mit den Grabmälern der Heiligen Felix und Regula, der Legende nach soll Kaiser Karl der Grosse die Kirche gestiftet haben. Die ältesten Bauteile gehen auf das 11. Jh. zurück, fertig gestellt wurde sie um 1230. Zur Zeit der Reformation gestaltete man das Innere um, nach einem Blitzschlag 1770 wurden die beiden Türme in barocker Manier neu errichtet. Das Innere wirkt schlicht, 1933 hat Augusto Giacometti auch hier im Chor berühmte Glasfenster geschaffen, die Glasfenster in den Seitenschiffen stammen von Sigmar Polke im Jahr 2009. Man kann auch hinunter oder hinauf steigen: In der Krypta befindet sich die Sitzfigur Karls des Grossen, vom Karlsturm bietet sich ein prächtiges Panorama der Stadt.

Direkt an der Limmat steht auf einem früheren kleinen Inselchen, das erst durch die Aufschüttung des Limmatquais verschwand, die **Wasserkirche**. Der heutige spätgotische Bau wurde 1487 fertig gestellt, während der Reformation wurden Altäre und Bilder entfernt, für fast 300 Jahre beherbergte sie dann die erste öffentliche Bücherei der Stadt. Hauptsehenswürdigkeiten der reformierten Kirche sind die Glasfenster von Augusto Giacometti und in der Krypta der Märtyrerstein.

Die drei grossen reformatorischen Kirchen **Grossmünster, Wasserkirche und Fraumünster** bildeten vor der Reformation eine Pilgerachse, verbunden durch die um 1220 errichtete Münsterbrücke. Ziel der Pilger waren die Stadtheiligen Felix und Regula, die 300 n. Chr. als Märtyrer des christlichen Glaubens enthauptet wurden. Im Grossmünster befindet sich die Grablege der Heiligen, in der Wasserkirche der Findling, auf dem sie geköpft wurden, und nach Fraumünster hatte man einige Reliquien aus Grossmünster überführt.

Vom Zwingliplatz neben dem Grossmünster führt die Münstergasse ins Herz der **Altstadt** 07 mit romantischen Gassen, kleinen Plätzen, Restaurants, Cafés und Geschäften. Marktgasse, Rindermarkt, Spiegelgasse und der kopfsteingepflasterte Neumarkt zählen zu den sehenswertesten Strassen Zürichs. In der Spiegelgasse stehen noch zwei Wohntürme aus dem Mittelalter – der Brunnenturm und der Grimmenturm.

Wo die Napfgasse auf die Spiegelgasse trifft, steht ein annähernd 500 Jahre alter Brunnen, der dem Turm dahinter seinen Namen gab. Er beherbergte lange Jahre eine Armenschule, die auch Gottfried Keller besuchte – sein späteres Stammlokal war die legendäre Öpfelchammer, die älteste Weinstube Zürichs (Rindermarkt 12). Der Grimmenturm, Nr. 29, stammt aus dem Jahr 1250 und gehörte der Familie Bilgeri, 1350 ging er in den Besitz der Stadt über, im 15. Jh. wurde er in einen Zeitglockenturm umgewandelt.

Zünfte – Zunfthäuser

Wie in vielen Städten Mitteleuropas schlossen sich auch in Zürich im 14. Jh. Handwerker zu Vereinigungen zusammen, um ihre Lage zu verbessern. Zürich wurde bis 1336 von einem Rat aus Rittern und freien Bürgern regiert, durch die neue Zunftverfassung zogen die zwölf Zünfte in den Grossen Stadtrat ein. Die Zünfte bauten sich prächtige Zunfthäuser, die der Repräsentation von Macht und Reichtum und zu Versammlungs- und Festzwecken dienten. Unter Napoleon wurde 1798 die jahrhunderte alte politische Vorherrschaft der Zünfte aufgelöst, das Wahlrecht ging auf die gesamte Einwohnerschaft über. Nachdem die Zünfte ihre politischen Rechte verloren hatten, sahen sich ihre Mitglieder fortan als Hüter von Traditionen. Ihr grosser Aufmarsch ist die Parade zum Sechseläuten an jedem dritten Montag im April, wo die rund 3.500 Zünfter in ihren historischen Kostümen durch die Bahnhofstrasse zum Sechseläutenplatz marschieren. Dort wird bei diesem Frühlingsfest der Böögg, der Winter in Form eines Schneemannes aus Watte, verbrannt.

Einige der alten Zunfthäuser beherbergen heute noble Restaurants, so das Zunfthaus zum Rüden aus dem Jahr 1348 (Limmatquai 42), das Zunfthaus zur Schmiden aus dem Jahr 1412 (Marktgasse 20) oder das Zunfthaus zur Waag aus dem Jahr 1436 (Münsterhof 8).

Ehrentafeln informieren über die vielen Persönlichkeiten aus Kunst und Politik, die in den Altstadtgassen gewohnt haben, unter ihnen Georg Büchner, Gottfried Keller und Lenin.

Ein guter Platz zum Einkehren ist der idyllische Rosenhof, Zugang von der Weingasse, mit kleinem Markt und mehreren Lokalen. Beim Spaziergang am Ende auf dem im 19. Jh. gebauten **Limmatquai** passieren Sie nochmals eine Reihe stolzer Zunfthäuser, Geschäfte, Restaurants und berühmte Bauten wie Wasserkirche, Grossmünster und Rathaus. Ausserdem bietet sich ein schöner Blick auf die andere Uferseite mit den Türmen von Fraumünster und St. Peter, bevor Sie über den Mühlesteg oder die Bahnhofbrücke wieder zum **Hauptbahnhof** 01 zurückkehren.

Weiteres Sehenswertes siehe Kapitel „Alles ausser Wandern".

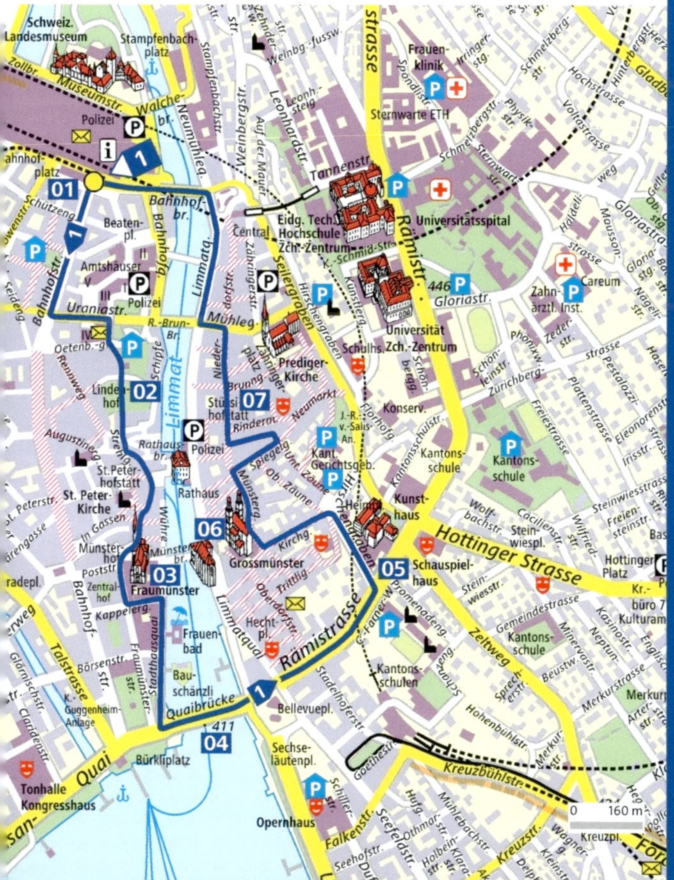

2

ZÜRICHBERG • 676 m UND LORENCHOPF • 700 m

Natur nahe der Stadt

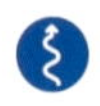 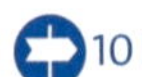 10 km  3:10 h  291 hm  323 hm 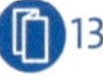 13

START | Tramstation Milchbuck
[GPS: UTM Zone 32 x: 465.387 m y: 5.249.404 m].
Anfahrt: Tram 7, 9, 10, 14; Rückfahrt: Tram 11 ab Burgwies.
CHARAKTER | Rundwanderung mit schöner Aussicht und einer imposanten Schlucht im Umland der Stadt, ein steiler Abstieg. Markierung: Gelb, meist schattig.

Die schönen Waldwege im Höhenzug Zürichberg – Adlisberg sind beliebt: Romantische Tobel, idyllische Wälder, schattige Rastplätze und schöne Aussichten locken viele Zürcher in dieses Naherholungsgebiet der Stadt. Die Bezeichnung „Strasse" meint hier für den Verkehr gesperrte Naturstrassen.

▶ Sie starten Ihre Tour bei der **Tramstation Milchbuck** 01 am Rand der ausgedehnten Parkanlagen der neuen Uni Zürich-Irchel. Bedingung für den Bau dieser Uni in der 1970er-Jahren war die Anlage eines 15 ha grossen Parks mit extensiv unterhaltenen Wiesen, einheimischer, standortgerechter Vegetation, Bachläufen und Teichen rund um die Universitätsgebäude. Der **gelb** markierte Weg, Wegweiser Resiweiher, Zürichberg, leitet Sie am Teich vorbei durch den Park hinauf, von einer Aussichtkanzel am oberen Ende geniessen Sie einen ersten schönen Blick über das Häusermeer von Zürich, Glatttal, Limmattal

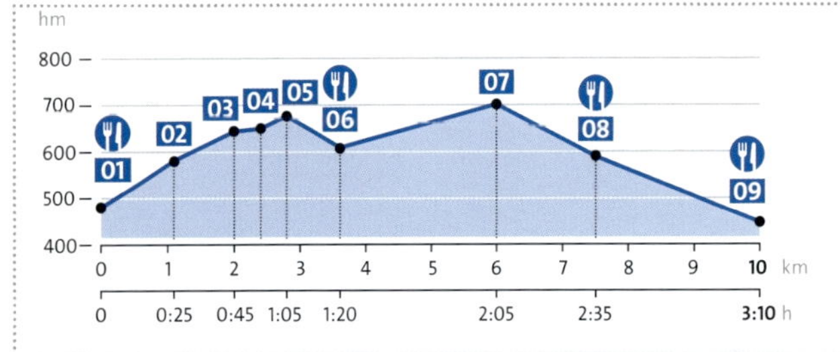

01 Tramstation Milchbuck, 478 m; 02 Resiweiher, 527 m; 03 Moosholzweiher, 645 m; 04 Schlachtendenkmal, 652 m; 05 Zürichberg, 676 m; 06 Allmend Fluntern, 607 m; 07 Lorenchopf, 700 m; 08 Dägenriet, 590 m; 09 Tramstation Burgwies, 445 m

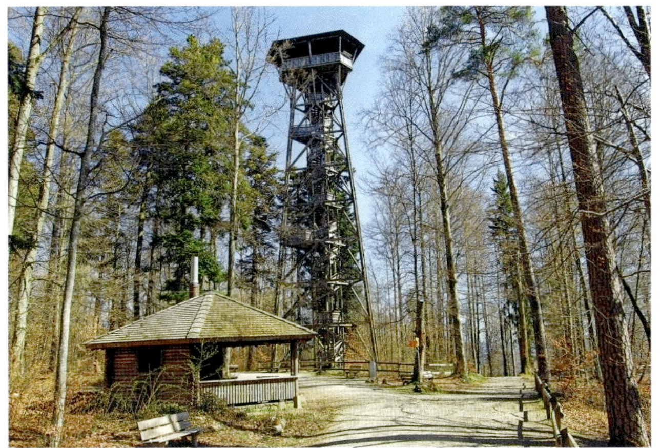

Aussichtsturm am Lorenchopf

und den Uetliberg, im Süden die Glarner Alpen. Ein Stufenweg führt in den Wald und hinauf zum **Resiweiher** 02, schöner Rastplatz. Auf dem Peterstobelweg steigen Sie weiter durch Mischwald an zum Plateau zum **Moosholzweiher** 03, einem idyllischen Teich mit schattigem Rast- und Grillplatz.

Die Markierung weist auf der Batteriestrasse, der Name erinnert an die Befestigungsanlage aus der Franzosenzeit 1799, zur Wegkreuzung Richtung Zürichberg, schöner ist es, beim Weiherzufluss dem unmarkierten Pfad 250 m dem Bächlein entlang zu folgen, auf der Querstrasse dann rechts zum nahen **Schlachtendenkmal** 04. Es erinnert an die Schlachten auf dem Zürichberg 1799, als die Franzosen gegen die Russen und Österreicher siegten, die Schweiz wurde weiterhin von Frankreich beherrscht. Auf dem daneben abzweigenden Kiesweg, vor der Massénastrasse, gehen Sie nun Richtung Süden, nach 80 m links, der Waldweg bringt Sie direkt zur bewaldeten Kuppe des **Zürichbergs** 05, der Findling mit der Plakette „Escherhöhe“ steht 50 m weiter, links. Geradeaus auf dem Waldweg weiter, den Heubeeriweg überqueren, geradeaus auf dem Pfad zur Oberholzstrasse und auf dieser rechts, nun wieder der gelben Markierung folgend abwärts bis zum Hotel Zürichsee in schöner Lage am Waldrand mit Blick über den Zürichsee zum Alpenkranz.

Die Markierung leitet nun, vorbei am Friedhof Fluntern, zur Endhaltestelle der Tram (Haltestelle Zoo) **Allmend Fluntern** 06. Der Parkfriedhof Fluntern wurde 1887 an der Zürichbergstrasse nach barockem Vorbild angelegt, viele namhafte Persönlichkeiten aus dem Kunst- und Kulturleben haben hier ihre letzte Ruhestätte gefunden. Unter ihnen sind der irische Schriftsteller James Joyce, Literaturnobelpreisträger Elias Canetti und die Schauspielerin Therese Giehse. Danach gehen Sie auf dem asphaltiertem Rad- und Fuss-

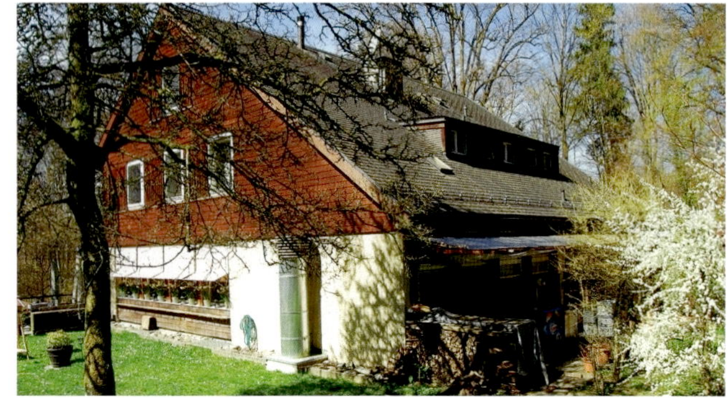

Ausflugsgasthaus Dägenriet

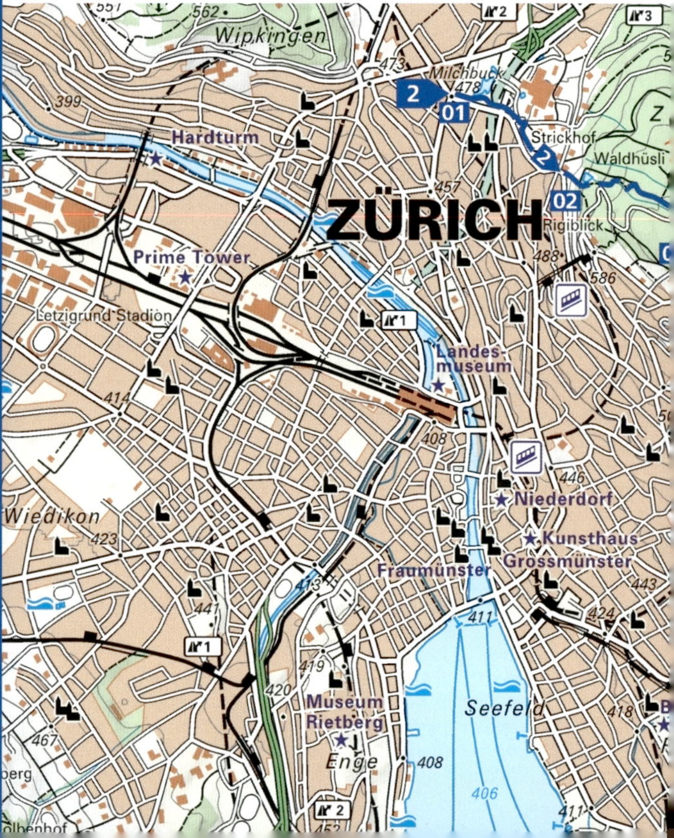

weg zum Wald, Sie folgen nun den Wegweisern Lorenchopf. Auf dem breiten Wildfangweg gelangen Sie zum Wegpunkt Adlisberg beim Werkhof, und anschliessend auf der Lorenchofstrasse leicht ansteigend zum **Lorenchopf** 07 mit dem 33 m hohen, 1954 errichteten Aussichtsturm, schönen Rastplätzen, Schutzhütte und Brunnen.

Die Wegweiser weisen Sie dann nach **Dägenriet** 08, zuerst langsam, dann steil abfallend auf dem Bergweg erreichen Sie das schön im Wald gelegene Gasthaus, ein idealer Einkehrort. Anschliessend folgen Sie dem Wegweiser Witikon ins Stöckentobel, dort auf dem Stöckentobelweg dem Elefantenbach entlang abwärts zum „Dschumbo", dem Betonelefanten mitten im Bachbett, aus dessen Rüssel Wasser sprudelt. Der erste Elefant wurde 1898 vom Zürcher Verschönerungsverein aufgestellt und hat bald dem Bach seinen Namen gegeben. Der bequeme Weg führt weiter am Bach entlang abwärts, unter der Witikonerstrasse hindurch und hinunter zur **Tramstation Burgwies** 09.

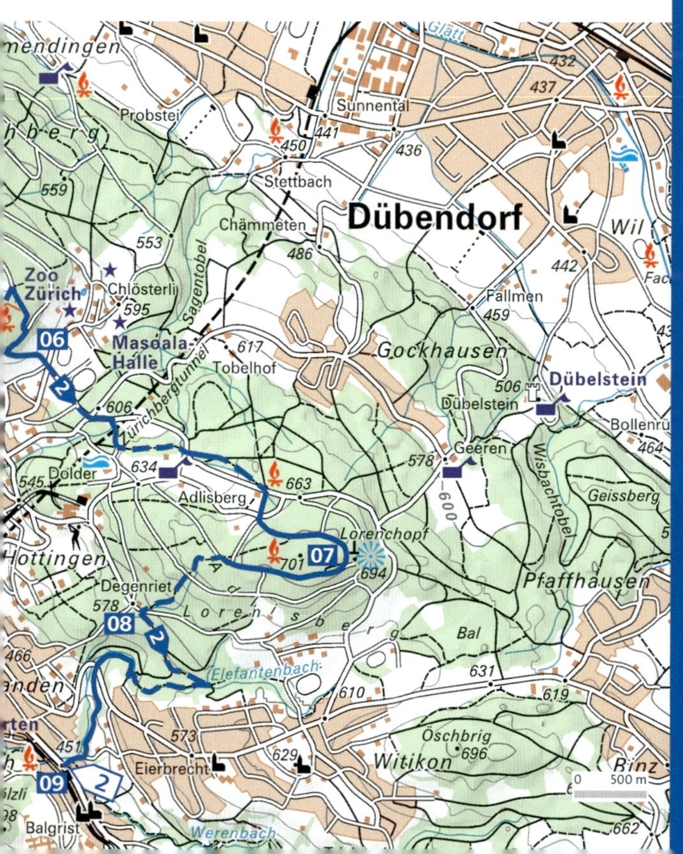

WERENBACHTOBEL – KÜSNACHTERTOBEL

Romantische Waldschluchten nahe der Stadt

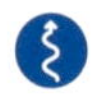 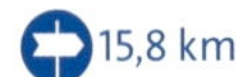

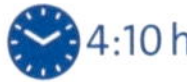

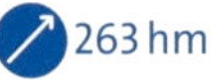

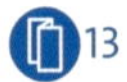

START | Burgwies. Anfahrt: Tram 11 [GPS: UTM Zone 32 x: 467.713 m y: 5.245.017 m]. Rückfahrt: S 6, S 16 oder mit dem Schiff.
CHARAKTER | Tobelwanderung, den weniger attraktiven Zwischenteil kann man mit der S 18 überbrücken. Gelbe Markierung; in den Tobels schattig.

Das **Werenbachtobel** gilt als das schönste Tobel der Stadt. Der Bach fliesst mal eng, mal breit über viele kleine Sandsteinstufen, der Weg führt in vielen kleinen Windungen dem Bachlauf entlang durch die vielfältige Vegetation. Eine weite Aussicht geniessen Sie beim Wehmännerdenkmal, zwei alte Ausflugsgasthäuser laden zur Einkehr ein.

▶ Von der **Tramstation Burgwies** 01 folgen Sie den Wegweisern Wehrmännerdenkmal, Forch. Nach ein paar Schritten beginnt rechts der schöne Pfadiweg durch das Werenbachtobel hinauf nach Trichtenhausen. Über viele kleine Wehre, daher hat das Tobel seinen Namen, fliesst der Bach hinunter, früher wurden hier mehrere Mühlen betrieben, heute ist das Tobel Natur- und Quellschutzgebiet. Nach 45 Min. erreichen Sie den Ausflugsgasthof **Trichtenhausermühle** 02 (Di – So ab 11 Uhr), ein prächtiger Riegelbau aus der Mit-

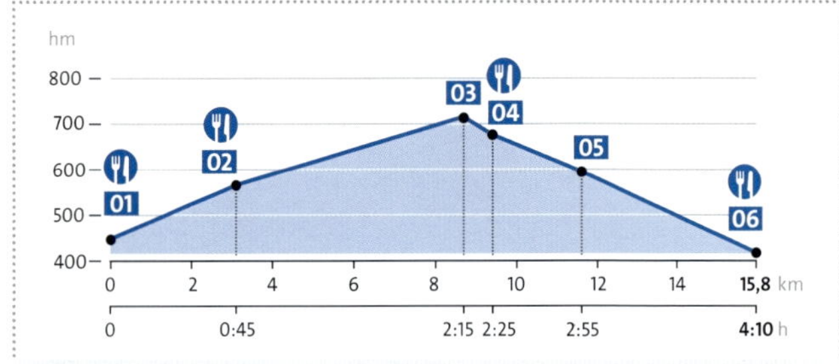

01 Tramstation Burgwies, 445 m; 02 Trichtenhausermühle, 564 m; 03 Wehrmännerdenkmal, 708 m; 04 Forch, 675 m; 05 Tobelmüli, 595 m; 06 Küsnacht, 412 m

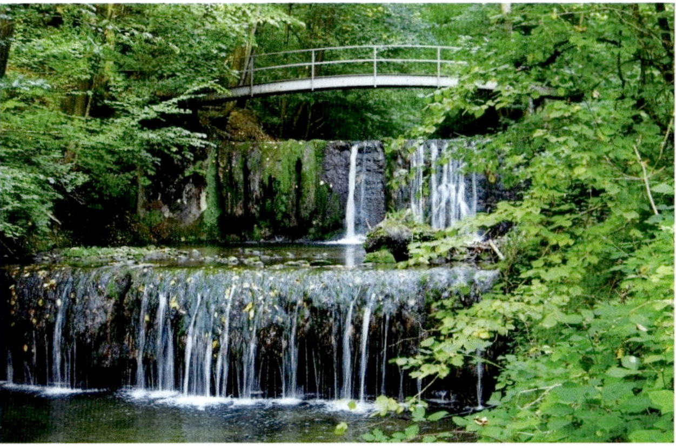

Kaskaden im Küsnachtertobel

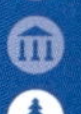

te des 17. Jhs., aktenkundig ist die Mühle seit mehr als 1.000 Jahren. Der Weg zum Wehrmännerdenkmal führt anschliessend am alten Wasserrad vorbei dem Bach entlang, über die Strasse und weiter durch den Wald bis Sennhof. Danach queren Sie den ausgedehnten Golfplatz von Zumikon auf der Terrasse, einen der grössten und exklusivsten der Schweiz, für Wanderer eine weniger attraktive Passage. Auf einer Waldstrasse gelangen Sie danach zum **Wehrmännerdenkmal** 03 in aussichtsreicher Lage oberhalb von Forch. Die in den Himmel lodernde Flamme aus vergoldetem Kupferblech wurde 1922 von der Stadt Zürich zum Andenken an die im Ersten

Tobel

Die Tobel am Zürichsee sind entstanden, nachdem sich der Linthgletscher vor 12.000 Jahren zurückgezogen und die Hänge auf beiden Seiten wieder freigegeben hatte. Wasserrinnen vergrösserten sich zu Tobelbächen, die sich dann in die Moränenwälle erodierten. Das ausgeräumte Material wurde im See zu Deltas aufgeschüttet, auf denen sich oft die Dorfkerne entwickelten. Auffällig sind die zahlreichen grösseren erratischen Blöcke, die der Bach nicht mitzutransportieren vermochte und die deshalb im Tobel liegen blieben. Durch den Wechsel von weicheren und härteren Molasseschichten entstanden viele natürliche Wasserfälle, die jedem Tobel seinen besonderen Reiz verleihen. Bereits im Mittelalter wurde die Wasserkraft genutzt, Mühlen, Sägereien und Hammerschmieden siedelten sich an geeigneten Stellen an, im 19. Jh. entstanden an den Tobelausgängen Spinnereien und Webereien. Heute sind die Tobel mit ihren bewaldeten Hängen geschützte Naturoasen, reizvolle und abwechslungsreiche Wandergebiete nahe der Grossstadt.

Weltkrieg verstorbenen Wehrmänner errichtet.

Auf dem Zufahrtssträsschen über Wiesen wandern Sie nach **Forch** 04, im Gasthaus Krone (Mi bis So) kann man im Gastgarten gemütlich einkehren. Über den Bahnhof führt die Route dann zur **Tobelmüli** 05, wo der Rückweg durch das Küsnachter Tobel beginnt. Infotafeln informieren über die Geologie, die Entstehung der Tobel und die Vegetation. Am Weg liegen eine kleine Höhle im Nagelfluhgestein und der grosse Alexanderstein, ein Findling aus dem Glarnerland, eine ausgeschilderte Schleife führt steil hinauf zur Ruine Wulp. Am Ausgang des Tobels passieren Sie einen kleinen Findlings-

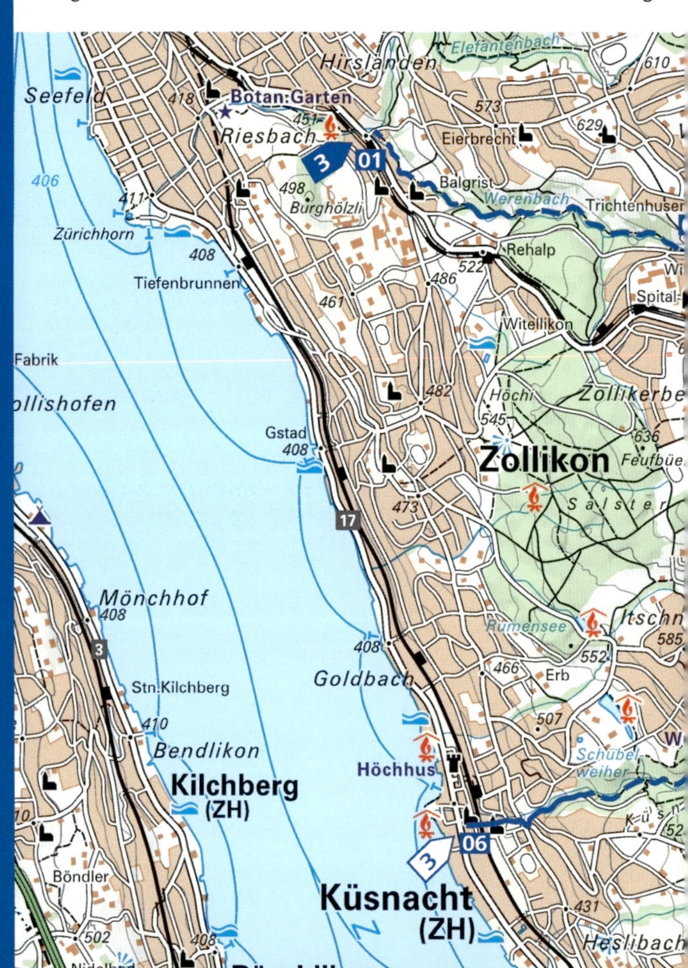

garten und wandern dann durch den alten Ortskern zum Bahnhof von **Küsnacht** 06 oder zur Schiffsanlegestelle hinunter. Es gibt viele Einkehrmöglichkeiten, einen schönen Gastgarten hat der Gasthof Ochsen neben der Kirche (Mi – So).

Anmerkung: Die Passage durch den Golfplatz auf Nebenstrassen und asphaltierten Wegen können Sie vermeiden, wenn Sie von **Trichtenhausen** 02 nach rechts zur nahen Station Zollikerberg gehen und mit der S 18 nach Forch fahren.

Der Abstecher zum **Wehrmännerdenkmal** 03 – am Weg liegt auch der Gasthof Krone – ist lohnend. Zeitersparnis: etwa 1 Std.

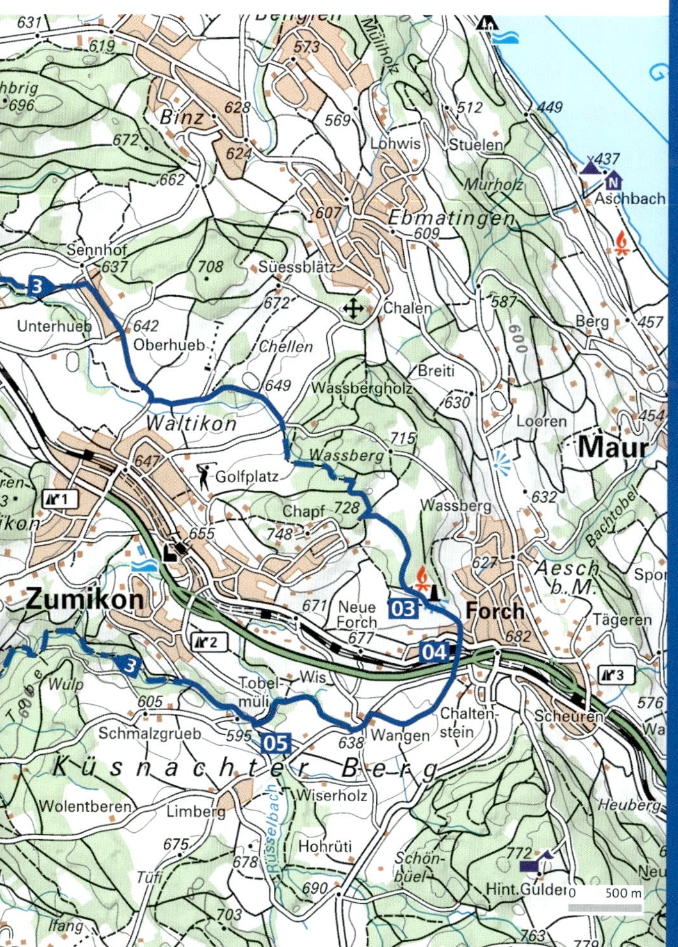

4

UETLIBERG • 870 m – FELSENEGG • 790 m

Auf dem Panoramaweg der Albiskette, Teil 1

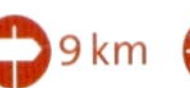

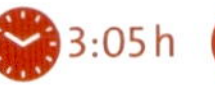

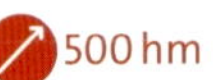

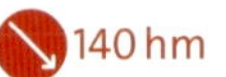

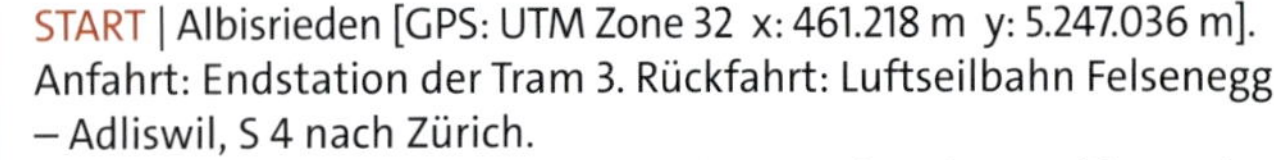
START | Albisrieden [GPS: UTM Zone 32 x: 461.218 m y: 5.247.036 m]. Anfahrt: Endstation der Tram 3. Rückfahrt: Luftseilbahn Felsenegg – Adliswil, S 4 nach Zürich.

CHARAKTER | Aussichtsreiche Wanderung über den Uetliberg, den Hausberg Zürichs, zum Felsenegg. Gelbe Markierung, im Anstieg schattig.

Viele Wege führen zum Aussichtsgipfel, ein schöner Anstieg startet in Albisrieden, dem Dorf in der Stadt. Nach steilem Anstieg wandern Sie auf dem breiten Panoramaweg zum Felsenegg, einem weiteren hervorragenden Aussichtspunkt oberhalb des Zürichsees. Kombinierbar mit Tour 5.

▶ Vom noch dörflich geprägten Ortskern **Albisrieden** 01 mit schönen Riegelhäusern bei der Kirche führt der Wanderweg den Hang hinauf, Wegweiser Uetliberg, **gelbe** Markierung. Über eine Wiese, beim gekiesten Querweg links, gelangen Sie zum Wald. Knapp hinter einem Grillplatz treffen Sie auf die Hohensteinstrasse, der Sie nach links folgen. Auf dem Schlittelweg wandern Sie durch Wald bis zum Rastplatz **Hohenstein** 02. Noch einige Minuten auf dem Schlittelweg weiter, biegen Sie dann nach links ins Gratwegli, der gut ausgebaute Treppenweg bringt Sie, vorbei an der Clubhütte zur Gelben Wand, direkt zum Gipfel des **Uetliberges** 03.

An den Hängen des Uetliberges stehen im oberen Bereich etliche Clubhütten. Zwischen 1900 bis zum Ausbruch des Ersten Weltkrieges entstanden in Zürich zahl-

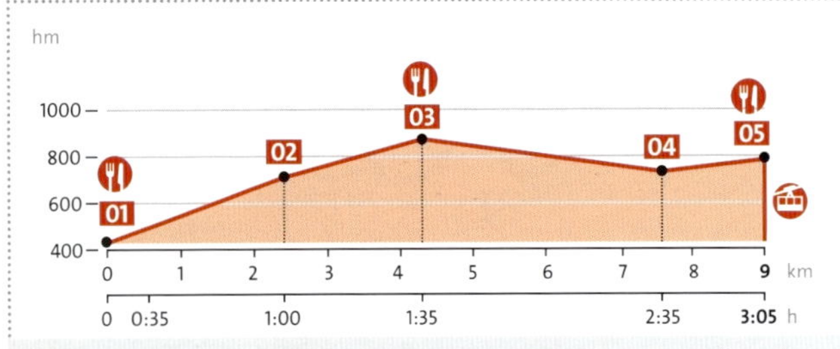

01 Albisrieden, 430 m; 02 Hohenstein, 709 m; 03 Uetliberg, 870 m; 04 Gasthaus Balderen, 730 m; 05 Felsenegg, 790 m

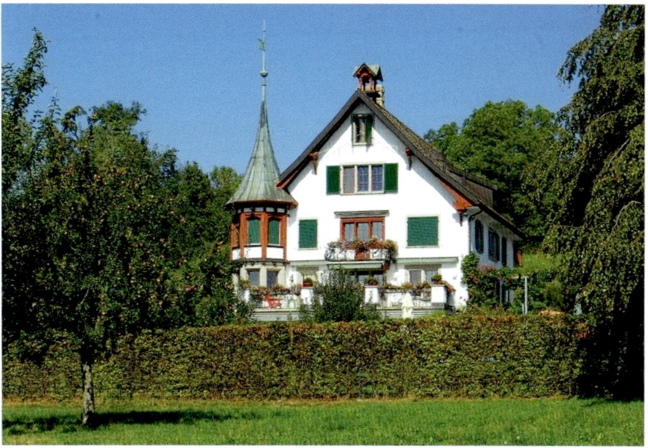

Gut Mädikon

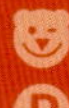
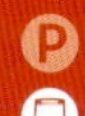
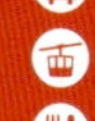
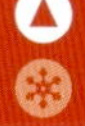
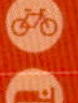
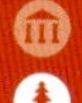

reiche kleine Alpenclubs als Gegenstücke zum elitären Schweizer Alpen-Club, SAC. Als Rückzugsrefugium errichteten sie ihre Clubhütten, Stammlokale zur Geselligkeit am Berg in der Nähe der Stadt. Mondäner geht's auf dem Gipfel zu: Von der Aussichtsterrasse oder dem Aussichtsturm beim Hotel Kulm bietet sich ein grandioser Blick über die Stadt und den See bis zu den Alpenketten.

Auf dem Treppenweg wandern Sie anschliessend an Nagelfluhfelsen vorbei hinunter zum ruhigeren Berggasthaus Uto Staffel (Di – So). Auf dem breiten Panoramaweg, Waldstrasse, geht's in leichtem Auf und Ab dem Grat entlang durch Wald und Wiesen weiter, immer wieder gibt es schöne Aussichtsplätze. Hier glaubt man sich weit von der Grossstadt entfernt, im Hofladen des Gutes Mädikon kann man u.a. Wurst und Alpkäse kaufen.

Von Leimbach führt eine private Seilbahn zum Gut Mädikon, sie stammt aus dem Jahr 1928 und ist damit eine der ältesten der Schweiz. Beim ehemaligen **Gasthaus Balderen** **04** folgen Sie dem Gratweg halblinks über den Hügel, auf dem im 11. Jh. die Burg Balderen stand, die Rudolf von Habsburg zerstören liess, nach **Felsenegg** **05**. Von der Aussichtsterrasse des Restaurants ist der Blick auf die Stadt und den See besonders eindrücklich, ins Tal bringt Sie dann die Luftseilbahn.

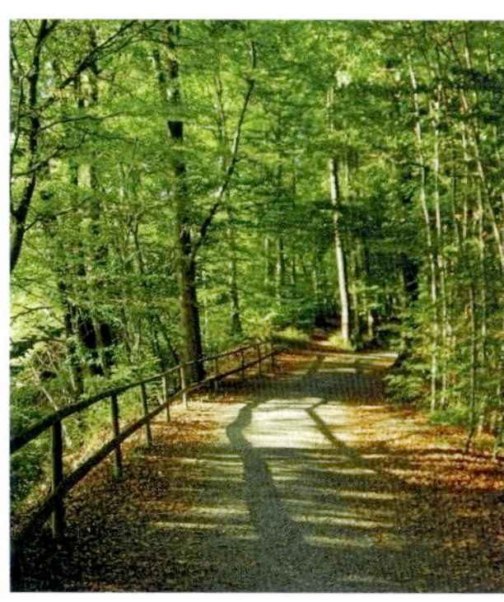

Panoramaweg Albiskette

Uetliberg

Der Uetliberg hat als Hausberg der Stadt viele Funktionen – er ist Aussichtsberg, Erholungs-, Natur-, Bildungs- und Wirtschaftsraum zugleich, sein Name kommt von der Hutform der obersten Kuppe. Bereits 1875 nahm die Uetlibergbahn unter dem Motto „Gmüetli uf de Uetli“ ihren Betrieb auf, sie gilt als technisches Meisterwerk und ist eine der steilsten Adhäsionsbahnen der Welt. 1930 wurde sie zum Hauptbahnhof verlängert und dann als S 10 ins Zürcher S-Bahnnetz integriert.

1991 schuf der Künstler Bruno Weber die märchenhaften Lampenhirsche am Kulm. Sie erinnern an die Legende über die Gründung des Fraumünsters, bekannt auch als „Legend vom leuchtenden Hirsch“: Ein von Gott gesandter weisser Hirsch mit brennenden Lichtern auf dem Geweih zeigte den frommen Töchtern Ludwig des Deutschen die Stelle, wo nach Gottes Wille am Limmatufer ein Kloster errichtet werden sollte.

Noch ein anderer Verweis: Die Namen Kulm und Staffel wurden erst in der zweiten Hälfte des 19. Jhs. eingeführt, sie sollten die Reisenden an einen anderen berühmten Berg erinnern, die Rigi, damals das Mass aller Dinge im Bergtourismus.

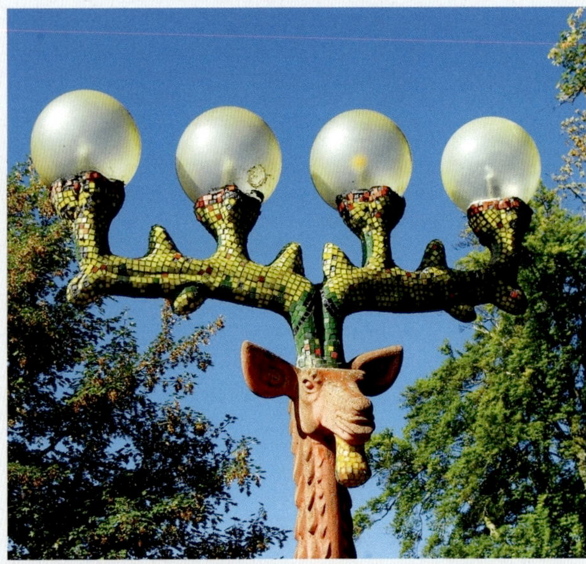

Leuchtendes Geweih am Uetliberg – ein Kunstprojekt

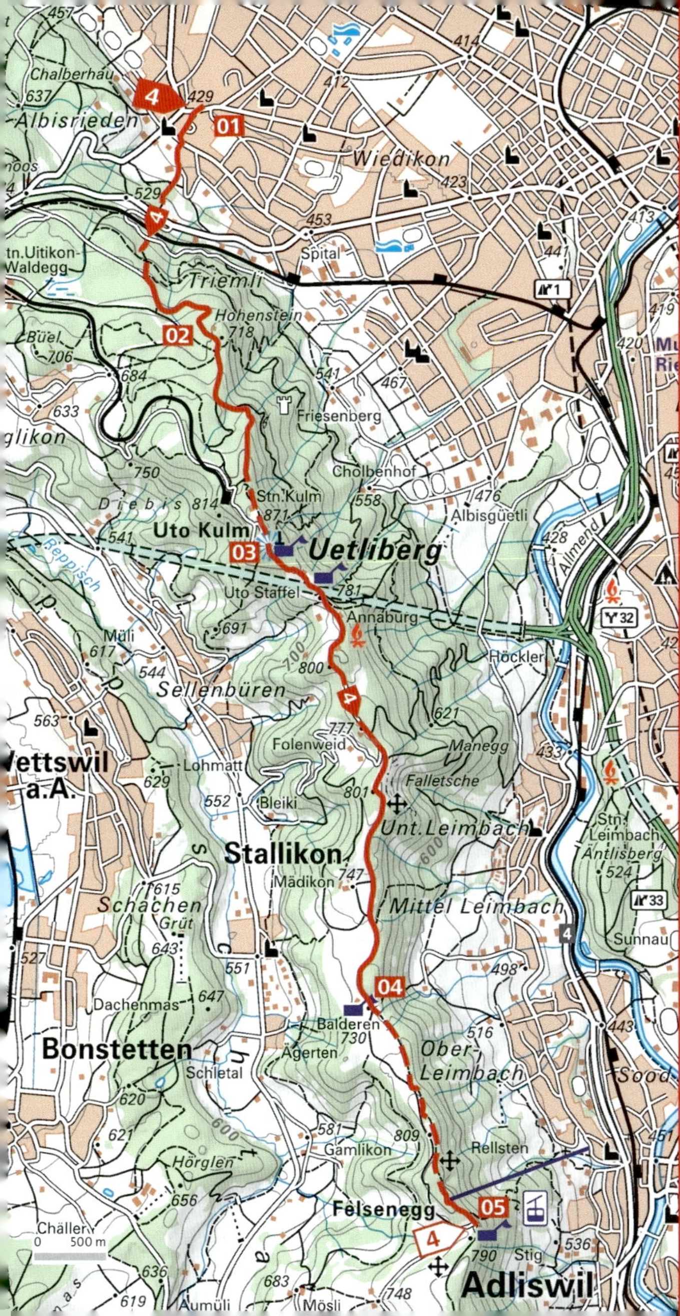

Chalberhau
Albisrieden
Wiedikon
Spital
Stn.Uitikon-Waldegg
Triemli
Hohenstein
Büel
Friesenberg
Cholbenhof
Albisgüetli
Diebis
Stn.Kulm
Uto Kulm
Uetliberg
Uto Staffel
Annaburg
Reppisch
Müli
Sellenbüren
Höckler
Allmend
Folenweid
Manegg
Falletsche
Wettswil a.A.
Lohmatt
Bleiki
Unt.Leimbach
Stn.Leimbach Äntlisberg
Stallikon
Mädikon
Schachen
Grüt
Mittel Leimbach
Sunnau
Dachenmas
Balderen
Bonstetten
Ägerten
Schletal
Ober-Leimbach
Sood
Gamlikon
Rellsten
Hörglen
Felsenegg
Stig
Chäller
Adliswil
Aumüli
Mösli

0 500 m

FELSENEGG • 790 m – ALBISHORN • 909 m

Auf dem Panoramaweg der Albiskette, 2. Teil

 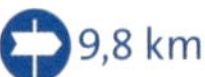 9,8 km  3:35 h  166hm  344 hm  13

START | Felsenegg [GPS: UTM Zone 32 x: 462.936 m y: 5.239.591 m]. Anfahrt, Anfahrt: S 4 bis Adliswil, Luftseilbahn nach Felsenegg. Rückfahrt: Postauto 236 von Hausen nach Zürich-Wiedikon.
CHARAKTER | Tal- und Waldwanderung mit schönen Berg- und Talblicken. Markierung: Bis Boden gelb, dann rot, halb schattig.

Auch die zweite Etappe des Zürich-Zugerland-Panoramawegs über die Albiskette wird geprägt von Wald, Wiesen und schöner Aussicht. Mehrere Berggasthäuser laden zur Einkehr, besonders stimmungsvoll ist die Strecke zwischen Albispasshöhe und Albishorn durch den Wildnispark Sihlwald.

▶ Von der **Bergstation** der Luftseilbahn **Felsenegg** 01 sind Sie in ein paar Schritten beim Restaurant Felsenegg (Di – So ab 10 Uhr) mit seiner Aussichtsterrasse hoch über dem Zürichsee. Durch schönen Mischwald und Wiesen, hier liegt der grosse Biohof „Brotchorb", wandern Sie nach **Buechenegg** 02 mit zwei Gasthäusern, dem Restaurant Buchenegg mit Aussichtsterrasse und Seeblick (Mi – So ab 11.30 Uhr) und dem Restaurant Chnuschper-Hüsli (Mi bis So ab 11.30 Uhr), kurz danach am Rand der Wiese in Näfenhüser. Auf dem Kiesweg zur Waldstrasse und über einen Höhenrücken durch den

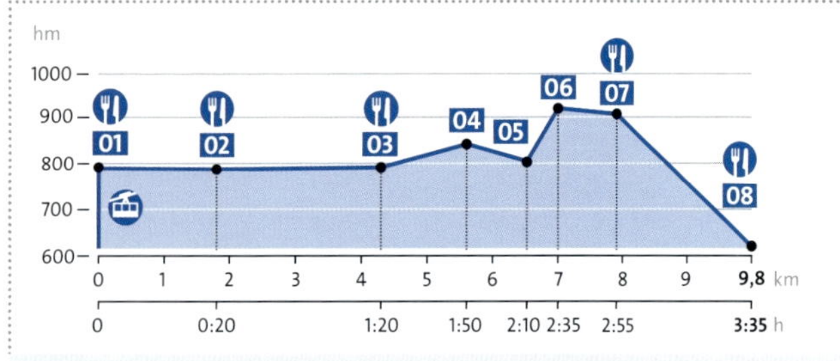

01 Bergstation Felsenegg, 790 m; 02 Buechenegg, 786 m; 03 Albispasshöhe, 791 m; 04 Hochwacht, 840 m; 05 Schnabellücken, 803 m; 06 Bürglenstutz, 915 m; 07 Albishorn, 909 m; 08 Hausen, 612 m

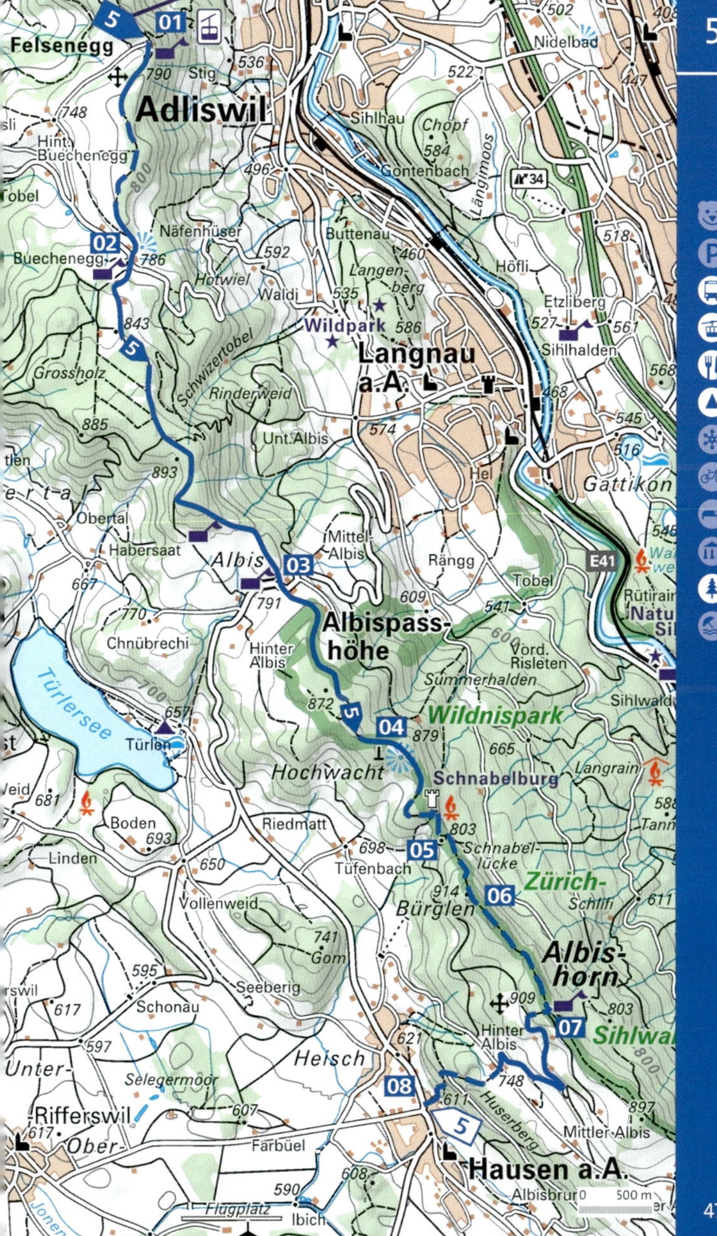

Felsenegg
Adliswil
Langnau a.A.
Wildpark
Albispasshöhe
Wildnispark
Schnabelburg
Zürich-
Albishorn
Sihlwa
Hausen a.A.
Türlersee
Hochwacht
Rifferswil
Gattikon

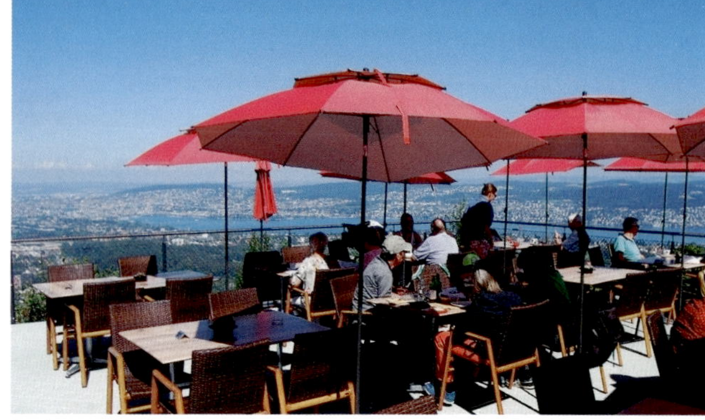

Restaurant Felsenegg

Staatswald Buchenegg gelangen Sie zur **Albispasshöhe** **03**, Restaurant Albis (Mi – So ab 9 Uhr).

Der Albispass verbindet das Sihltal mit dem Knonaueramt und war früher ein wichtiger Zugang zum Gotthardpass. 1790 fuhren die ersten Postkutschen, seit 1935 Postautos. Der Blick schweift von den Alpenketten zu Pilatus und Rigi, und auf der anderen Seite zum Zürichsee hinunter. Mit herrlicher Sicht auf den See steigen Sie auf zum Wildnispark Sihlwald (siehe Kasten Tour 7). Durch Wald wandern Sie zur **Hochwacht** **04** (siehe Tour 16), vom 39 m hohen Aussichtsturm geniessen Sie einen weiten Rundumblick.

Auf romantischem Waldweg geht es leicht abwärts nach **Schnabellücken** **05**, danach folgt ein kräftiger Anstieg zum **Bürglenstutz** **06** – mit 915 m der höchste Punkt der Albiskette mit schönem Blick von der Geländekante zum Türlersee. Fast eben wandern Sie am Grat entlang zum **Albishorn** **07** mit Restaurant (Mo – So) und Aussichtsterrasse. Nun steigen Sie rechts nach Hausen ab: Zuerst kurz steil durch den Wald, biegen Sie dann beim Wegweiser nach links, mit freiem Blick über den Zugersee durch Bauernland hinunter zum Weiler Hinter-Albis mit mehreren schönen Holzhäusern.

Durch den Huserbergwald führt der Weg anschliessend in vielen breiten Stufen hinunter nach **Hausen am Albis** **08** mit Busbahnhof, Restaurant und Café im Zentrum.

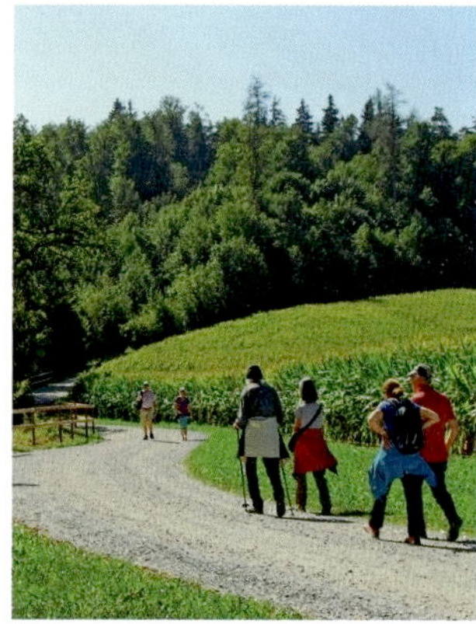

Panoramaweg Albiskette

SIHLSPRUNG

Durch Moränenlandschaft und zwischen Felsen der Sihl entlang

 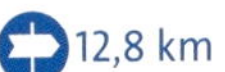12,8 km 3:10 h 142 hm 142 hm 13

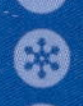

START | Hirzel-Spitzen, Bushaltestelle, Parkmöglichkeit in der Siedlung [GPS: UTM Zone 32 x: 471.108 m y: 5.228.669 m]. Anfahrt: Postauto 150, 155 von Horgen. Tipp für die Rückfahrt: Postauto 150 fährt die aussichtsreiche Route über den Horgerberg.
CHARAKTER | Ruhige Flusswanderung, gelbe Markierung, überwiegend schattig.

Die Sihl fliesst hier durch Nagelfluhfelsen mit aufgesetzten Moränen, so bietet die Tour um den **Sihlsprung** mehrfachen Genuss – hübsche Landschaft, schöner Fluss, nette Einkehrgasthäuser, schön ruhig.

▶ Von der **Bushaltestelle Hirzel-Spitzen** 01 folgen Sie dem Wegweiser nach Bächenmoos Richtung Sihl. Sie wandern durch eine bewegte Moränenlandschaft mit vielen Hügeln, sogenannte Drumlins, auf deren Spitzen häufig einzelne Bäume stehen und Akzente setzen. Das verdankt sich der bis heute geübten Tradition, dass die Bauern bei der Geburt des ersten Sohnes, des Hofnachfolgers, eine Linde auf einem Hügel pflanzen.

Nach **Bächenmoos** 02 weist die gelbe Markierung hinunter zur Sihl, schöner ist es, wenn Sie nach dem Wegpunkt unmarkiert geradeaus weiter der Terrasse entlang gehen, nach dem letzten Bauernhof mit den Schnitzarbeiten auf Bäumen führt der Weg dann ins

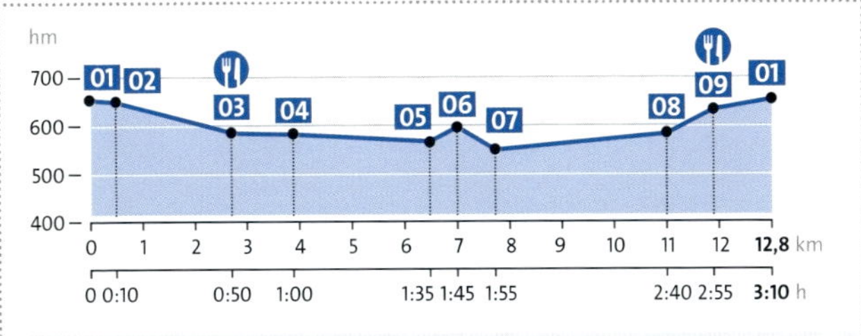

01 Bushaltestelle Hirzel-Spitzen, 656 m; 02 Bächenmoos, 650 m; 03 Sihlmatt, 585 m; 04 Sihlsprung, 580 m; 05 Gedeckte Brücke, 560 m; 06 Sennweid, 593 m; 07 Schifflibrücke, 547 m; 08 Abzweigung, 580 m; 09 Spreuermühle, 633 m

Johanna-Spyri-Museum

1660 wurde in der Gemeinde Hirzel das erste Schulhaus erbaut, das auch Johanna Louise Heusser (Johanna Spyri) in den 1830er-Jahren besuchte. 1981 richtete die Gemeinde Hirzel hier seiner berühmten Mitbürgerin und Heidi-Schöpferin ein Museum ein, dass das Leben dieser aussergewöhnlichen Frau beleuchtet. Öffnungszeiten: Mi, Sa und So 14 – 17 Uhr.
Dorfstrasse 48
CH-8816 Hirzel
www.spyri-museum.ch

Tal. Bei **Sihlmatt** 03 überschreiten Sie die Brücke und damit auch die Kantonsgrenze zwischen Zürich und Zug, auf der Wiese liegt der Forellengasthof Sihlmättli (www.sihlmatt.ch).

Danach folgt eine romantische Passage – Nagelfluhfelsen zwängen den Fluss ein, der Weg wird durch die Sihl-Galerien mit kleinen Tunnels dem Bach entlanggeführt.

Der Begriff **„Nagelfluh"** stammt aus dem Schweizer Dialekt und bezeichnet ein Konglomeratgestein, an dessen Oberfläche die härteren Gerölle wie Nagelköpfe aus dem kahlen Felsen, Flue, hervortreten.

Beim Steg **Sihlsprung** 04 muss sich das Wasser zwischen grossen Felsblöcken seinen Weg bahnen. Weiter geht's dem Bach entlang, immer wieder bieten sich schöne Plätze am Ufer zur Rast. Bei der **Gedeckten Brücke** 05 gehen Sie geradeaus weiter hinauf zu den Höfen von **Sennweid** 06, danach fällt der Weg wieder ab zur **Schifflibrücke** 07.

Diese Fussgängerbrücke wurde 2005 errichtet und ermöglicht eine verkehrsfreie Rundtour. Der Name erinnert daran, dass hier früher eine Fährverbindung zwischen Zürcher und Zuger Ufer bestand, vor dem Sihlaufstau war die Wasserführung deutlich höher als heute. Sie wechseln wieder auf die Zürcher Seite, auf schönem Uferweg wandern Sie nun flussaufwärts, vorbei an der Gedeckten Brücke, im Bauernhof danach befindet sich eine Besenbeiz (Do – So). Nach dem Bachübergang biegen Sie bei der **Abzweigung** 08, Wegweiser Bächenmoos, nach links hinauf. Bei der Wegkreuzung gehen Sie dann wieder links zur **Spreuermühle** 09.

Die Spreuermühle lässt sich bis ins Jahr 1468 zurückverfolgen, in

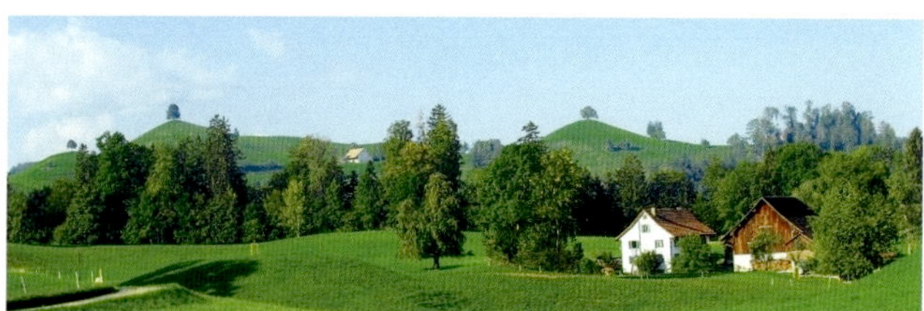

Moränenlandschaft bei Hirzel

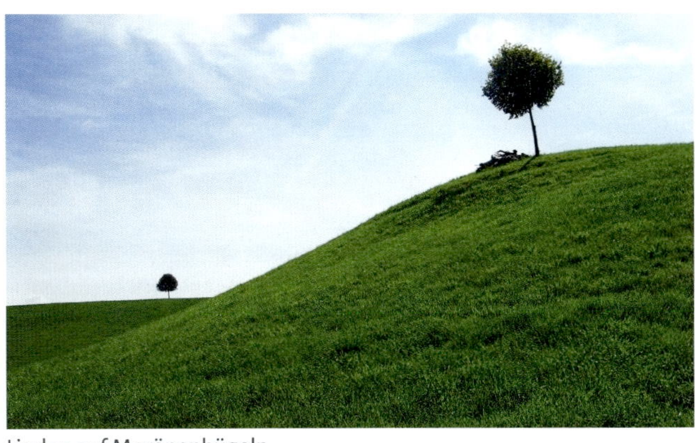

Linden auf Moränenhügeln

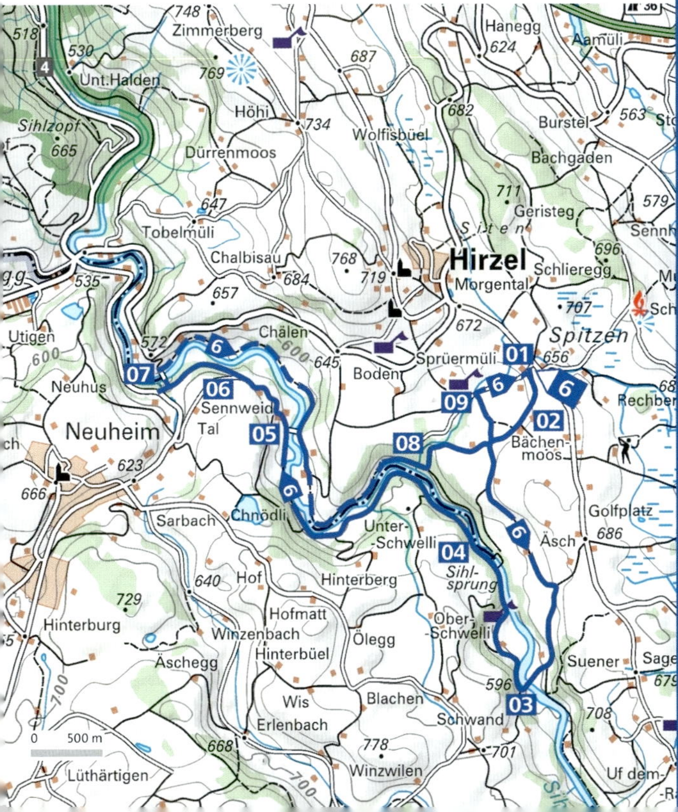

ihrer wechselvollen Geschichte erlebte sie mehrere Besitzerwechsel, angeschlossen waren zeitweise eine Säge, Bäckerei und eine Wirtschaft mit grossem Tanz- und Speisesaal. Die Mühle wurde Ende des 19. Jhs. aufgelassen, heute noch in Betrieb ist die Gastwirtschaft mit schönem Gastzimmer und Gastgarten zwischen alten Riegelhäusern. Nach einer Einkehr (Fr – Di), kehren Sie über Bächenmoos – erste Wegkreuzung links – nach **Hirzel-Spitzen** 01 zurück.

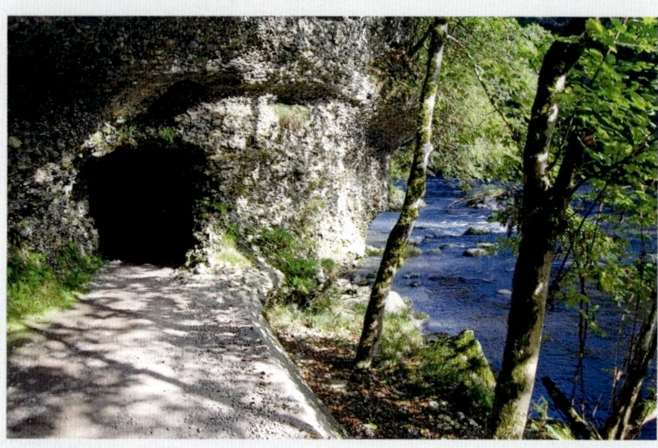

Sihlgalerien beim Sihlsprung

Sihl

Die Quelle des 69 km langen Flusses liegt am Fusse des schwyzerischen Druesbergs bei der Vereinigung zweier Quellbäche. Die Sihl durchfliesst ein erstes Sihltal, mündet dann in den gestauten Sihlsee bei Einsiedeln, den flächenmässig grössten Stausee der Schweiz, fliesst danach durch das zweite Sihltal parallel zum Zürichsee, aber von diesem durch den Moränenkamm Zimmerberg getrennt, nach Zürich und mündet beim Platzspitz in die Limmat.

Da das Quellgebiet in der zu starken Niederschlägen neigenden Zentralschweiz liegt, bescherte die Sihl, bevor sie gestaut und gezähmt wurde, der Stadt Zürich immer wieder zerstörerische Hochwasser und wuchtige Eisgänge. Ökonomisch gesehen war die Sihl jedoch ein für die Stadt wichtiger Fluss: Von 1314 bis 1865, mehr als ein halbes Jahrtausend, wurde die Holzflösserei betrieben, das Wasser wurde zur Energiegewinnung genutzt und im 19. Jh. entstand zwischen Sihlbrugg und Zürich eine Industrieachse mit grossen Betrieben der Textilverarbeitung und der Papierherstellung. Heute dominiert der Dienstleistungssektor, geballt in der Sihlcity, dem Einkaufszentrum in der ehemaligen Papierfabrik.

SIHLWALD

Zürichs junger Uhrwald

  16,3 km 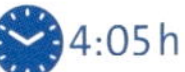 4:05 h 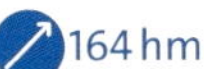 164 hm 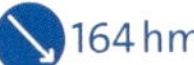 164 hm  13

START | Bahnhof Langnau-Gattikon [GPS: UTM Zone 32 x: 465.493 m y: 5.237.072 m]. Anfahrt: S 4.
CHARAKTER | Wald- und Flusswanderung. Gelbe Markierung, überwiegend schattig.

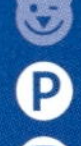

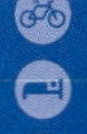

Der **Sihlwald** zwischen Zürich und Zug ist der grösste naturnahe Wald im von Agglomerationen geprägten Schweizer Mittelland, als grossflächiger Naturraum bildet er einen wichtigen Kontrast zu den von Menschen dominierten Räumen. Seit dem Jahr 2000 ist er ein Waldreservat, ein Schutzgebiet ohne Waldpflege und Holzernte, sich selbst überlassen, nur die Wege werden freigehalten. Zurück geht es auf schönem Uferweg der Sihl entlang.

▶ Vom **Bahnhof Langnau-Gattikon** 01 weisen Sie die Wegweiser Sihlwald zur Treppe neben der Tankstelle. Ein kurzer, steiler Anstieg bringt Sie zur Terrasse von **Rängg** 02 mit Wiesen, Äckern, Obstbäumen und Gärten des Familiengartenvereins (Info Tour 33).

Nach dem Försterhaus Tobel, einem schönen Riegelbau, beginnt der geschützte Sihlwald. Auf der ebenen Waldstrasse durchqueren Sie zuerst die Übergangszone, beim Wegpunkt **Tannboden** 03 beginnt die Kernzone. Der Weg quert viele kleine Talfurchen, Grill- und Rastplätze laden zum Verweilen ein. Nach dem **Rastplatz** 04 bei einem Blockhaus führt die Waldstrasse in Serpentinen den Hang hinunter, in einer Linkskurve biegen Sie in den Weg nach links durch das Tobel hinunter zur aufgelassenen Station **Sihlbrugg** 05.

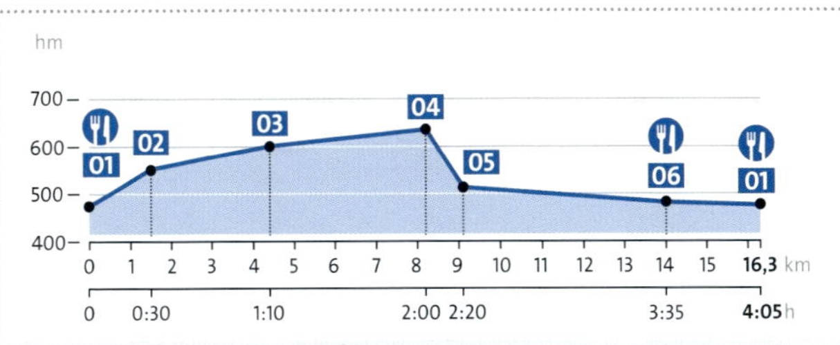

01 Bahnhof Langnau-Gattikon, 468 m; 02 Rängg, 556 m; 03 Tannboden, 601 m; 04 Rastplatz, 632 m; 05 Sihlbrugg, 514 m; 06 Besucherzentrum Sihlwald, 480 m

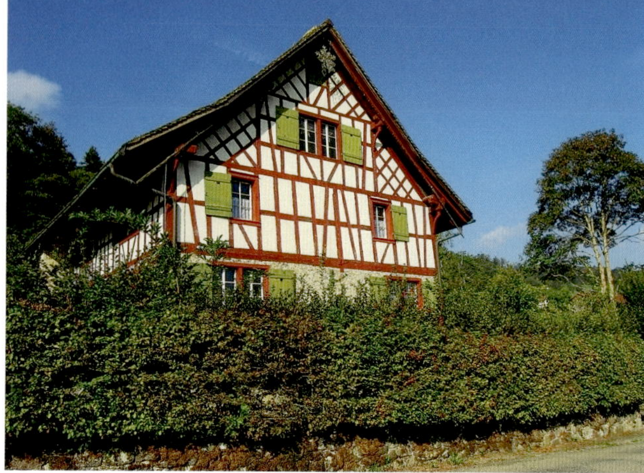

Försterhaus Tobel

Auf der Brücke überqueren Sie die Sihl und wandern auf dem Uferweg dem Fluss entlang talauswärts. Vorbei am einsamen Hof Schüepenloch erreichen Sie den Camping Sihlwald.

Nach dem Wegpunkt Schlegeltobel sind Sie bald beim **Besucherzentrum Sihlwald** 06, das wie das Restaurant geöffnet (Ende März – Ende Okt. Di – So) ist. Hier gibt es Infos über den Park,

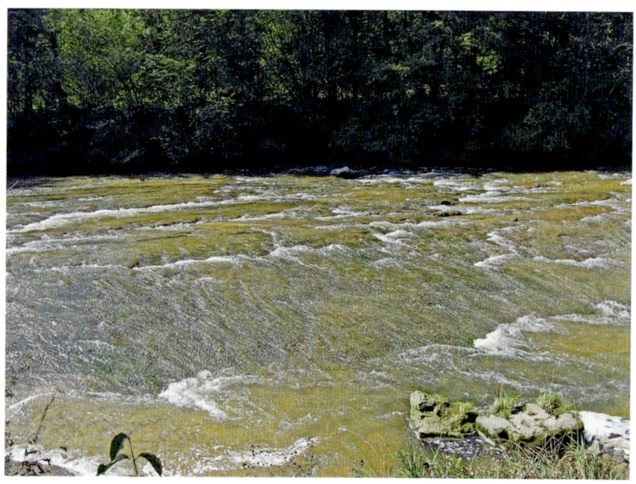

Friedliche Sihl

daneben auch eine Fischotteranlage.

Am folgenden Uferweg nach **Langnau** 01 sehen Sie noch einen Teil des ehemaligen Fabrikkanals Rütiboden. Er gehörte zu den Wasserkraftanlagen der Textilfabrik Gattikon und ist Zeuge der einst blühenden Textilindustrie in dieser Region, heute hat er ökologische Bedeutung.

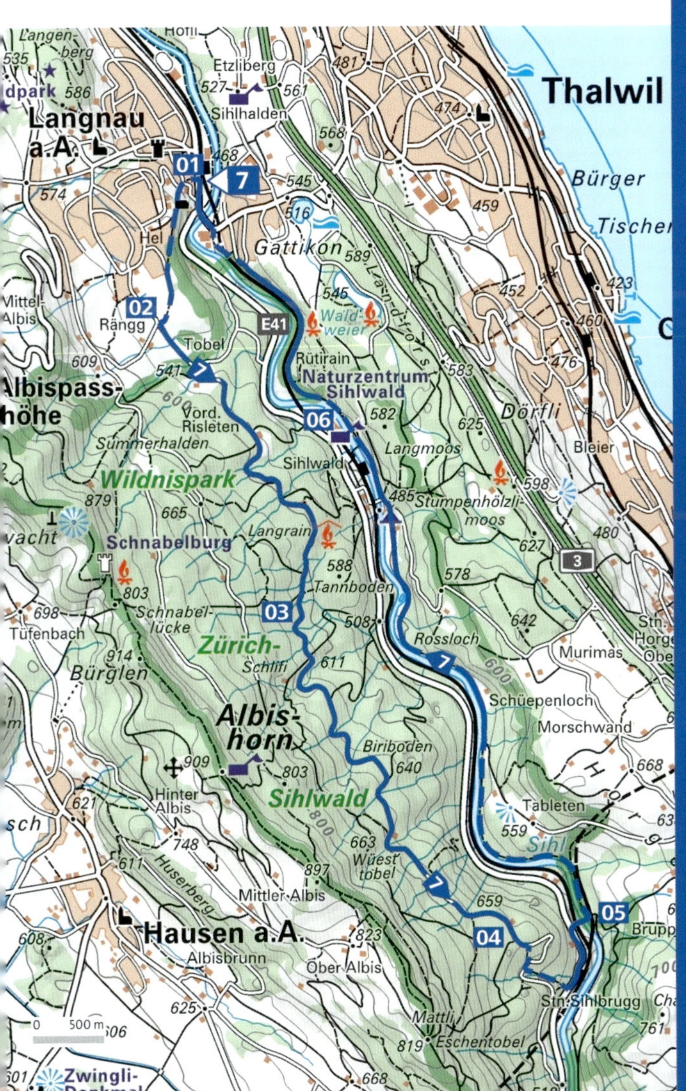

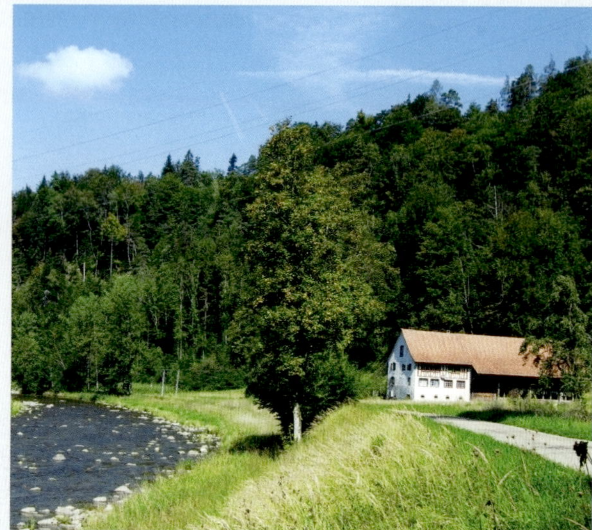

Einsamer Hof an der Sihl

Sihlwald

Der rund 10 km² grosse Sihlwald an den Hängen beiderseits der Sihl zwischen Langnau und Sihlbrugg-Dorf ist im Vergleich zu anderen Wäldern des Schweizer Mittellandes ein sehr naturnaher Wald. Die unterschiedliche Höhenlage und verschiedene Böden spiegeln sich in einem reichhaltigen Baumarten-Mosaik von mehrheitlich Buchen, gemischt mit Ahornen, Eschen, Eiben und Föhren, im 19. Jh. wurden vor allem Fichten aufgeforstet.

Der Sihlwald hat eine lange Nutzungsgeschichte, Holzwirtschaft und Holzhandel waren für die Stadt Zürich seit dem 13. Jh. von grosser Bedeutung. Das Holz wurde jahrhundertelang auf der Sihl in die Stadt gebracht, 1865 wurde die Flösserei eingestellt. Von 1876 bis in die 1930er-Jahre war eine Schmalspur-Waldeisenbahn in Betrieb, mit der das Holz zur Sihltalbahn gefahren wurde – ohne Lokomotiven, hinunter durch die Schwerkraft auf gut gebremsten Waggons, die von Ochsen wieder hinaufgezogen wurden.

Nach jahrhundertelanger Nutzung hat die Stadt Zürich im Jahr 2000 den Sihlwald als Entlastungsraum definiert, ein naturnahes Gebiet, wo sich Menschen erholen und die Natur erleben können, seither entwickelt er sich langsam zum Urwald.

8

ADLISWIL – ZÜRICH

Entlang der Sihl in die Stadt

 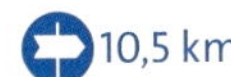 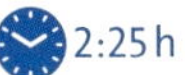 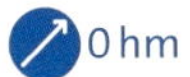 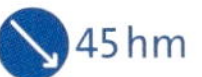 

START | Adliswil, Bahnhof
[GPS: UTM Zone 32 x: 465.493 m y: 5.237.072 m]. Anfahrt: S 4.
CHARAKTER | Abwechslungsreiche Flusswanderung von ländlicher Umgebung ins Herz der Stadt. Halb schattig. Bis Manegg gelbe Markierung, dann unmarkiert.

Von der einstigen Industrie-Achse entlang der Sihl ist kaum noch etwas zu sehen, Dienstleistungsbetriebe haben die Fabriken abgelöst. Neue Wohnquartiere sind entstanden, der Fluss bietet Raum für die unterschiedlichsten Bedürfnisse und zieht damit heute sportlich Aktive und Erholungssuchende an.

▶ Vom **Bahnhof Adliswil** 01 gehen Sie zur Sihl und über die Brücke, bis Manegg wandern Sie nun immer rechts dem meist träge dahinfliessenden Bach entlang. Bei Manegg unterqueren Sie die Bahn und die Hauptstrasse, kurz danach wechseln Sie über die **Höcklerbrücke** 02 ans linke Ufer. Der breite Weg führt etwas abseits des Ufers dahin, schöner ist es, auf dem Pfad immer direkt dem Ufer entlang zu wandern. Sie unterqueren die Autobahnspinne, durch guten Lärmschutz und Renaturierung des Ufers ist auch dieser Abschnitt beliebt für alle möglichen Freizeitaktivitäten.

Danach passieren Sie das Eiswehr, das die Stadt Zürich 1968 errichten liess, damit die vereiste Sihl bei winterlichem Tauwetter nicht grosse Eisschollen in die Stadt spült, wo sie beträchtlichen Schaden anrichten würden. Immer weiter direkt dem Ufer entlang

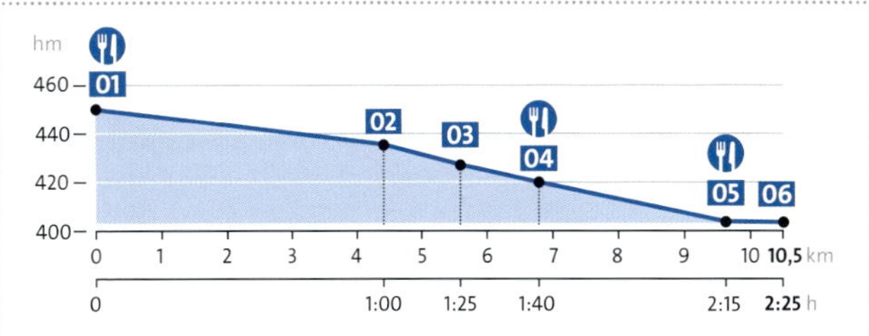

01 Bahnhof Adliswil, 450; 02 Höcklerbrücke, 436 m; 03 Allmend, 427 m; 04 Silhlcity, 420 m; 05 Gessnerbrücke, 408 m; 06 Platzspitz, 405 m

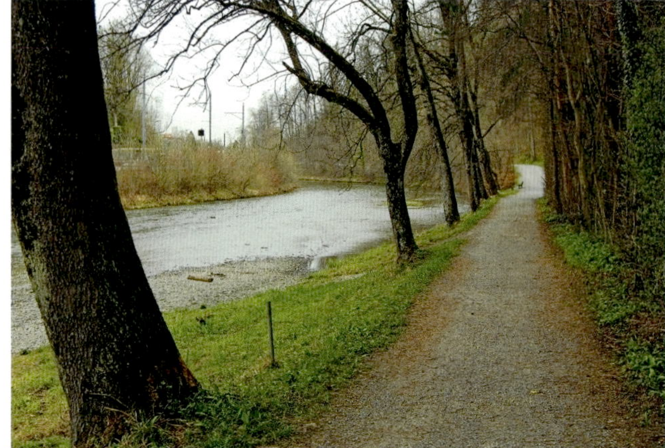

Uferweg an der Sihl

folgt ein besonders idyllischer Abschnitt, die **Allmend** 03, ein Trinkwasserbrunnen befindet sich auf der rechten Seite bei der Brücke.

Sie folgen noch weiter kurz dem Ufer und passieren dann spezialisierte Sportanlagen: Unmittelbar vor den Strasse gehen Sie links an den Fussballplätzen vorbei zum Freestyle-Park und durch die Unterführung zum Bikepark wieder ans Ufer der Sihl zurück, der Fluss ist hier von der Autobahn mit gutem Lärmschutz auf Stelzen überbaut.

Auf dem Uferweg sind Sie gleich bei der **Sihlcity** 04, ein typisches Beispiel für Industrialisierung und Deindustrialisierung im Sihltal: Wo heute das moderne Einkaufszentrum steht, produzierte die grosse Zürcher Papierfabrik von 1836 – 1990 Papiere aller Art, einige herausgeputzte Relikte wie der alte Schornstein erinnern noch daran.

Nach der Sihlcity wechseln Sie auf der Utobrücke wieder ans rechte Ufer zur Sihlpromenade, unter der Eisenbahnunterführung durch und weiter der nun freien Sihl entlang, beschattet von einer grossen Platanenallee.

Kurz vor der Sihlhölzlibrücke passieren Sie den „Sihlüberfall“: Unter dem Fluss befindet sich hier eine der meist befahrenen Bahnstrecken der Schweiz, die Tunnelverbindung zwischen den Bahnhöfen Wiedikon und Enge. Um die Sihl unterfahren zu können, hat man 1920 ihr Bett auf einer Länge von 900 m um fast 5 m angehoben, so entstand die Schwelle, über die das Wasser nun herunterstürzt.

Durch die Unterführung, danach zweigt links ein Flusspfad ab, Wegweiser. Direkt dem Fluss entlang kommen Sie zum „Betonschiff“, dem Zugang zur unterirdischen Station Selnau von der Sihlbrücke, als Hochwasserschutz in Form eines Schiffsbuges gebaut.

Der Pfad endet an der **Gessnerbrücke** 05 bei der Einmündung

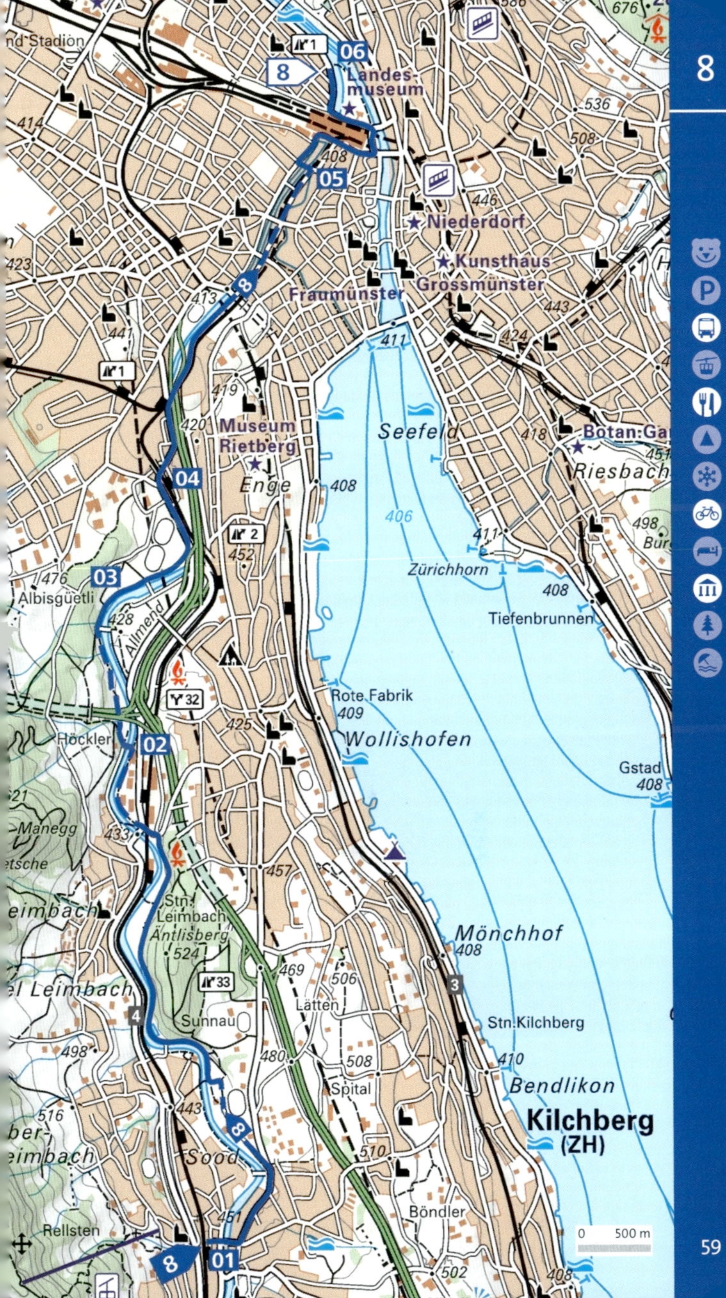

Landes-museum
Niederdorf
Kunsthaus
Grossmünster
Fraumünster
Museum Rietberg
Enge
Seefeld
Botan.Ga
Riesbach
Zürichhorn
Tiefenbrunnen
Albisgüetli
Allmend
Rote Fabrik
Wollishofen
Höckler
Manegg
Stn. Leimbach
Äntlisberg
Sunnau
Lätten
Spital
Mönchhof
Stn.Kilchberg
Bendlikon
Kilchberg (ZH)
Gstad
Sood
Rellsten
Böndler
0 500 m

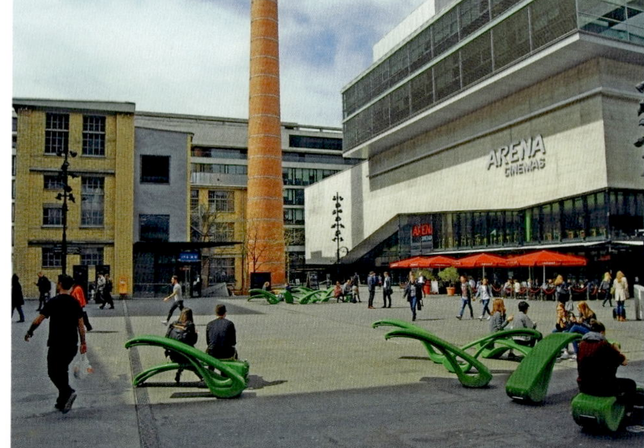

Sihlcity – moderner Einkaufstempel in alter Fabrik

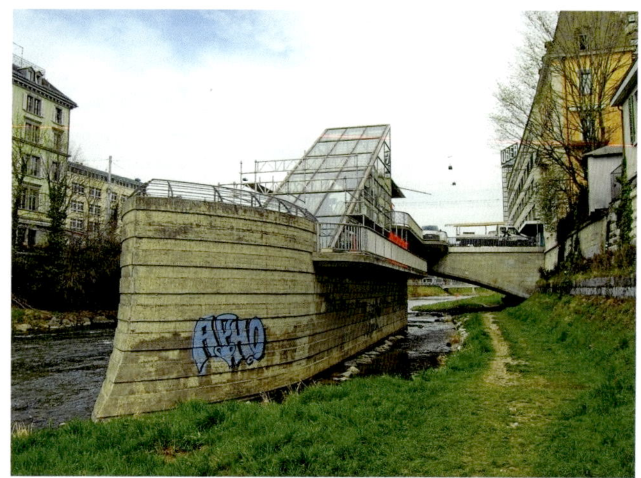
Das „Betonschiff" – Zugang zur Station Selnau von der Sihlbrücke

des alten Schanzengrabens in die Sihl, hier kann man in der Bar Rio gemütlich unter einer grossen Platane rasten. Zum Platzspitz ist es nun nicht mehr weit: Über die Gessnerbrücke und am linken Ufer zum Hauptbahnhof, auf der unteren Ebene durch den Bahnhof zum Sihlquai und wieder die letzten Meter der Sihl entlang über den Mattensteg erreichen Sie den **Platzspitz** 06, den kleinen Park, wo Limmat und Sihl zusammenfliessen.

HORGEN – RICHTERSWIL

Dem See entlang zur Halbinsel Au

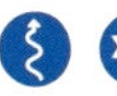
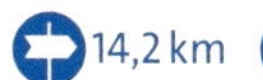

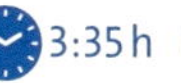

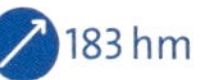

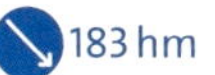

START | Bahnhof Horgen
[GPS: UTM Zone 32 x: 469.364 m y: 5.234.358 m].
An- und Rückfahrt: S 2.
CHARAKTER | Leichte Seeuferwanderung zur idyllischen Landschaft der Halbinsel Au, in der Fortsetzung zur grössten Burgruine des Kantons Zürich. Wenig Schatten, gelbe Markierung.

Der ruhige Seeuferweg zwischen Horgen und Wädenswil ist eine Ausnahme an der sonst stark verbauten und verkehrsreichen Südseite des Zürichsees. Ein Kleinod ist die geschützte Landschaft der **Halbinsel Au**, beeindruckend die grosse **Burgruine Alt-Wädenswil**, sehenswert die schön renovierten Riegelhäuser in Richterswil.

▶ Vom **Bahnhof Horgen** 01 gehen Sie durch die Unterführung zur Schiffslände und zum Strandweg, **gelbe** Markierung, Wegweiser Richterswil, bis Wädenswil führt der Weg immer dem See entlang. Nach wenigen Metern sind Sie bei der **Sust**, wo ab dem 13. Jh. die Güter von den Schiffen auf Saumpferde und Fuhrwerke verladen wurden, auf der Säumerstrasse zogen die Fuhrwerke dann in die Innerschweiz Richtung Gotthard. Heute beherbergt die Sust das Ortsmuseum von Horgen. Wer gerne vor der Tour einen Kaffee an einem schönen Platz trinken möchte, geht hier 150 m hinauf zum Ortskern mit schönen Riegelhäusern beim historischen Schwanenbrunnen. Der Uferweg

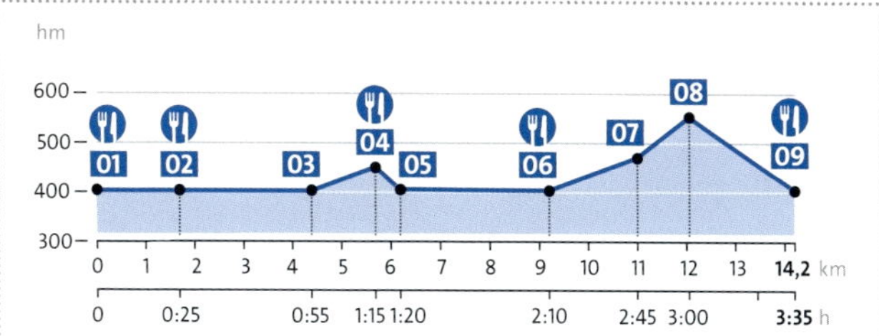

01 Bahnhof Horgen, 408 m; 02 Käpfnach, 408 m; 03 Schloss Halbinsel Au, 408 m; 04 Landgasthof Au, 449 m; 05 Weinbaumuseum, 410 m; 06 Wädenswil, 408 m; 07 Fabriksweiher, 471 m; 08 Alt-Wädenswil, 550 m; 09 Richterswil, 408 m

Halbinsel Au

Die Halbinsel Au gilt als Juwel am Zürichsee zwischen Horgen und Wädenswil. Die vom Gletscher rund geschliffene längliche Hügelkuppe ist durch die breite Mulde des Auriedes mit dem Land verbunden. Auf kleinstem Raum stellt sie ein Abbild typischer Lebensräume der Zürcher Landschaften dar: In harmonischem Nebeneinander finden sich Steil- und Flachufer mit Schilfpartien, natürliche Gewässer wie der kleine Au-See, Moore, artenreiche Waldstücke, Parklandschaften und eine vielfältige Kulturlandschaft.

Der grösste Teil der Halbinsel ist heute öffentlich zugänglich und unter Naturschutz gestellt, da der Kanton Zürich durch Kauf und Schenkung in den Besitz zweier grosser Landgüter gelangte. Das Schlossgebäude, ein ehemals im südländischen Stil im 17. Jh. errichtetes Landhaus, beherbergt heute ein Schulungszentrum. Am Fuss des Rebbergs mit der umfangreichen Rebsortensammlung der Eidgenössischen Forschungsanstalt für Obst-, Wein- und Gartenbau hat diese in einem alten Winzerhof ein kleines Weinbaumuseum eingerichtet, Prunkstück ist die 13 m lange Baumpresse von 1761. Auf dem höchsten Punkt der Halbinsel steht der Landgasthof Halbinsel Au.

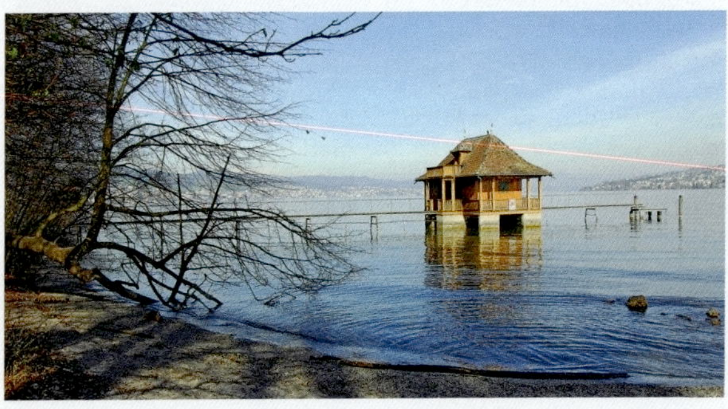

führt Sie dann zur Fähre Horgen-Meilen, und danach durch einen kleinen Park mit hohen, alten Bäumen. Auf der Strandbadstrasse passieren Sie anschliessend das Seewasserwerk und gelangen nach **Käpfnach** 02. Im Horgner Ortsteil Käpfnach befand sich das ehemalige grösste Kohlebergwerk der Schweiz, vom 16. Jh. bis 1947 wurde hier Braunkohle abgebaut. Ein Bergbaumuseum (Bergwerkstrasse 27) informiert darüber, Führungen (April bis Ende Nov. Sa 13 – 16.30 Uhr).

Nach dem Sportbad führt der Weg zum Teil auf hölzernen Stegen dem Seeufer entlang, hier kann man besonders leicht die vielen Seevogelarten wie Stockenten, Blässhühner, Haubentaucher, Höckerschwäne oder Lachmöwen beobachten.

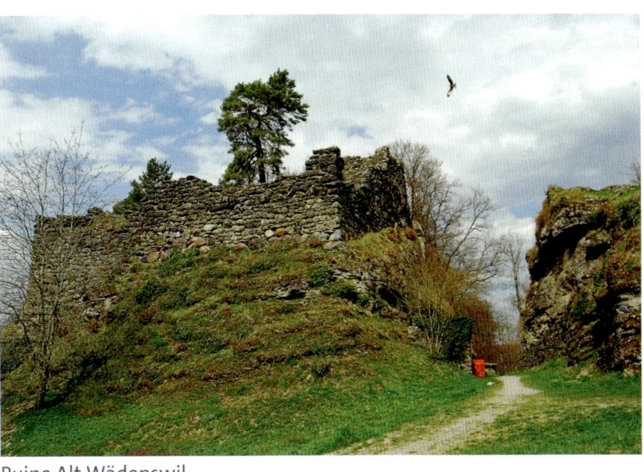

Ruine Alt Wädenswil

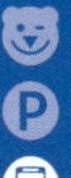

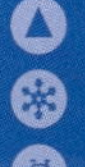

Gut einkehren kann man dann im Seerestaurant Meilibach, Terrasse zum See, oder kurz danach in der Bärli-Beiz, einer Sommerbeiz mit schöner Wiese am Ufer.

Bald sind Sie dann beim **Schloss Halbinsel Au** 03, für die Halbinsel sollten Sie sich genügend Zeit nehmen – siehe Kasten! Auf dem Uferweg mit schönen Rast- und Badeplätzen gehen Sie bis zur Schiffsstation und dann hinauf zum **Landgasthof Au** 04 in schöner Aussichtslage auf dem Hügel, nicht umsonst ein beliebtes Ausflugsrestaurant (Mo – So).

Über Stufen führt der Weg dann durch den Rebhang hinunter, links liegt das **Weinbaumuseum** 05. Es wurde 1978 eröffnet und gibt einen Einblick in den Weinbau der Region von den Anfängen bis zur Gegenwart (So 14 – 16 Uhr). Über die Böschung zum Seeweg und auf diesem zwischen Bahn und schmalem, privatem Uferstreifen bis nach **Wädenswil** 06, auch hier wieder schöne Einkehrmöglichkeiten im Strandbad Wädenswil oder am Seeplatz bei der Schiffsstation.

Der letzte Teil der Wanderung führt vom Seeufer weg hinauf zur Ruine Alt-Wädenswil. Die gelbe Markierung, Wegweiser Alt-Wädenswil, leitet Sie durch die Bahnunterführung und dann durch ältere und neuere Wohngebiete oberhalb der Strasse und Bahn entlang. Auch wer weiter auf dem Seeweg nach Richterswil gehen möchte, geht kurz durch den Ort und folgt bei der Abzweigung dem Wegweiser Seeweg. Der Weg zur Ruine schwenkt direkt vor dem Bahngleis nach rechts und führt, vorbei an der ehemaligen, 1819 gegründeten Tuchfabrik Reidbach, heute der Campus Reidbach, eine schön renovierte Anlage mit Wohnungen und Start-up-Firmen, hinauf zum idyllischen **Fabriksweiher** 07.

Auch hier gabeln sich die Wege nach Richterswil – links der direkte, rechts der über die Ruine. Auf breitem Naturweg gelangen Sie durch den Reidwald hinauf nach **Alt-Wädenswil** 08, der grössten Burgruine der Ostschweiz auf einer aussichtsreichen Anhöhe am Waldrand gelegen.

Bis 1287 bewohnten die Freiherren von Wadinswilere die Burg, danach die Johanniter, die die Anlage erweiterten und mit Ringmauern und Ecktürmen verstärkten. 1549 erwarb die Stadt Zürich die Burg und errichtete hier einen Landvogteisitz, nach den Kappelerkriegen (1529–1531) wurde die stolze Burg jedoch 1557 auf Verlangen der Schwyzer geschleift.

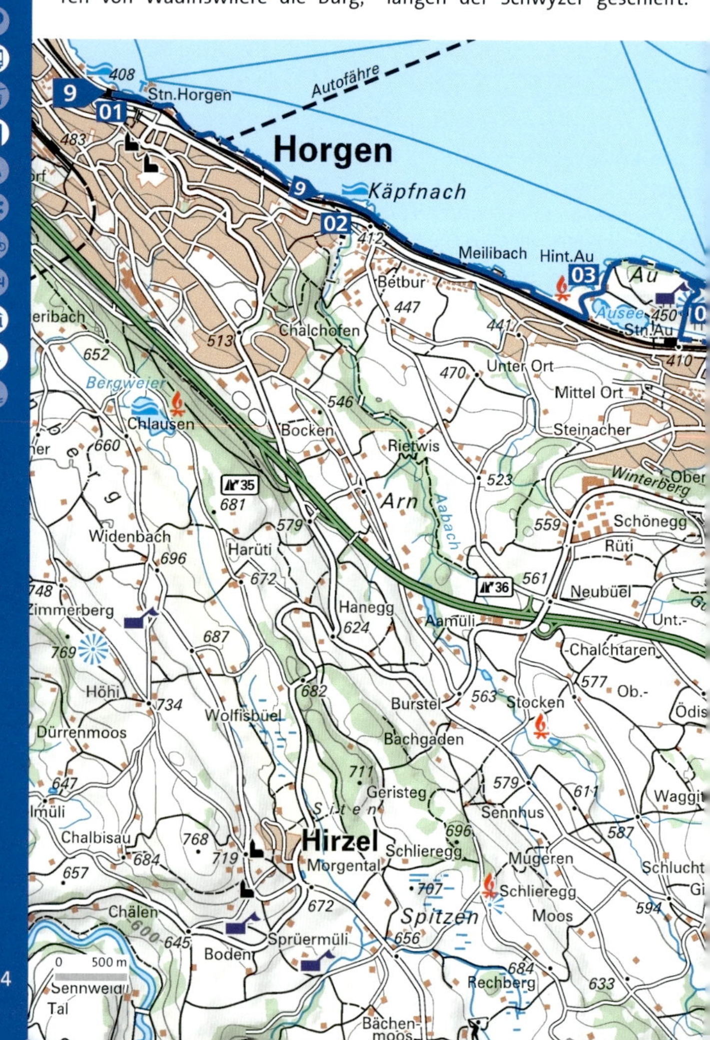

Die Ruine diente bis zum 20. Jh. als Steinbruch, 1938–1941 wurden die restlichen Mauern vom Schutt befreit und als Ruine konserviert. Über eine Wiese führt der Weg noch kurz aufwärts und dann leicht abfallend durch eine neue Siedlung zur Eisenbahnunterführung. Direkt dahinter geniessen Sie, 100 m nach rechts, vom Aussichtspunkt Gottfried Keller Plätzli einen weiten Blick über die Bucht von Richterswil, eine Panoramatafel erklärt die Gipfelpunkte. Auf direktem Weg geht's dann hinunter zur Kirche von **Richterswil** 09 und durch die Gässchen mit schönen Riegelhäusern zum Bahnhof.

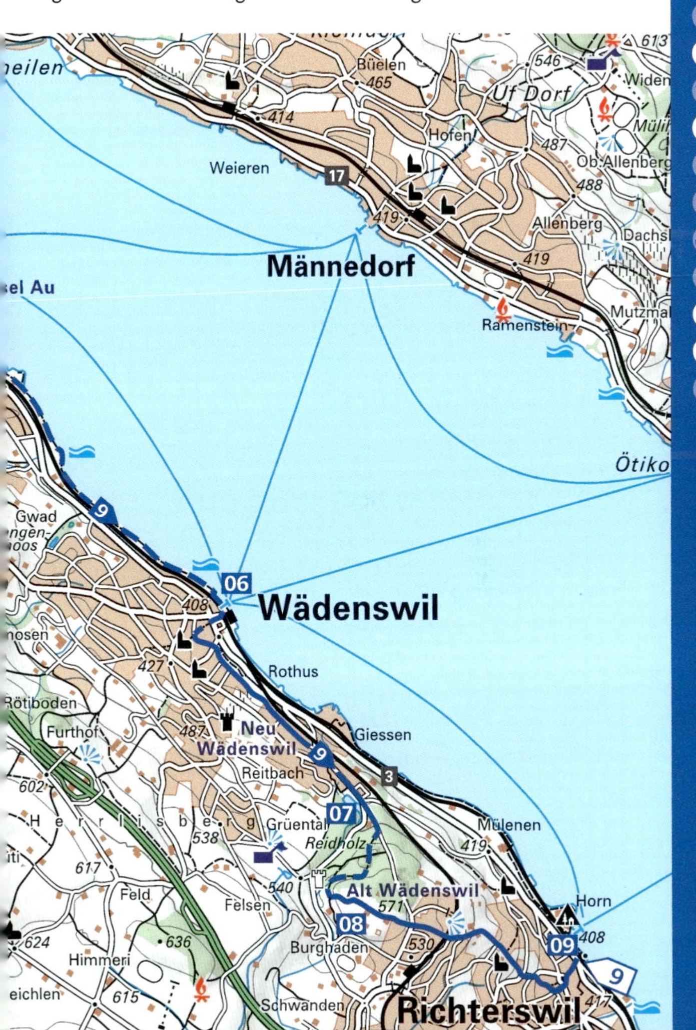

10

TÜRLERSEE

In der Hügellandschaft des Knonauer Amtes

  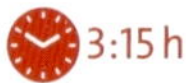 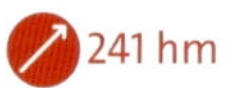 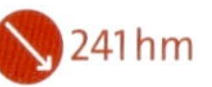 

START | Türlen, Postautostation, Parkplatz [GPS: UTM Zone 32 x: 463.096 m y: 5.234.950 m]. Anfahrt, Rückfahrt: Postauto 236 von Zürich-Wiedikon.
CHARAKTER | Beschauliche Wanderung am See, durch Wald und Bauernland. Gelbe Markierung, halb schattig.

Die Wanderung führt Sie durch die sanft hügelige Landschaft des Knonauer Amtes mit verstreuten Höfen und Weilern. Der in die Hügellandschaft eingebettete **Türlersee** ist bei Ausflüglern, Badefreunden und Fischern gleichermassen beliebt.

▶ Starten Sie Ihre Tour nach einem Kaffee im Gastgarten des Camping-Restaurants Türlersee oder im Restaurant Erpel bei der **Postauto-Haltestelle Türlen** 01. Sie folgen dem Wegweiser Herferswil und wandern auf dem Seeuferweg im Uhrzeigersinn dem idyllischen See entlang. Bei der **Abzweigung** 02 in der Bucht geht es dann links durch den Hexengraben zur Strasse und anschliessend hinunter nach Linden. Durch die sanft gewellte bäuerliche Kulturlandschaft mit Wiesen, Äckern und Obstbäumen kommen Sie nach **Herferswil** 03 mit seinem schönen Ortskern. Nun folgen Sie dem Wegweiser Ober Mettmenstetten hinauf über den bewaldeten **Homberg** 04, auf einem Pfad wieder hinunter zum Querweg, rechts Wegweiser zum **Paradis** 05. Der Aussichtspunkt mit Blick über die Reusstalsenke zu den Alpen liegt etwas unterhalb der Wegkreuzung. Der kurze Abstecher lohnt sich, das ehemali-

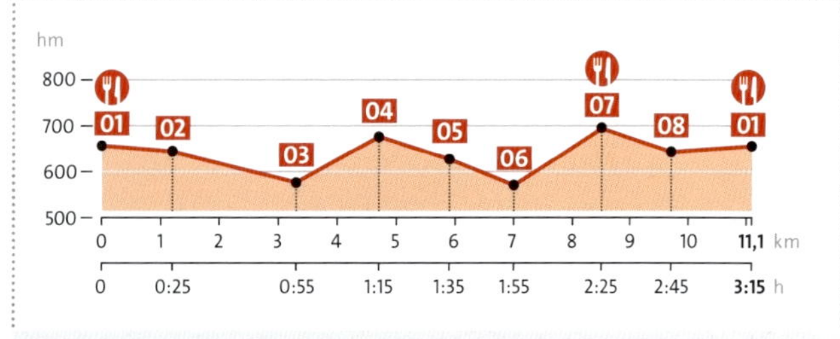

01 Postauto-Haltestelle Türlen, 657 m; 02 Abzweigung, 643 m; 03 Herferswil, 576 m; 04 Homberg, 677 m; 05 Paradis, 624 m; 06 Jonental, 570 m; 07 Aeugst, 696 m; 08 Seeuferweg, 643 m

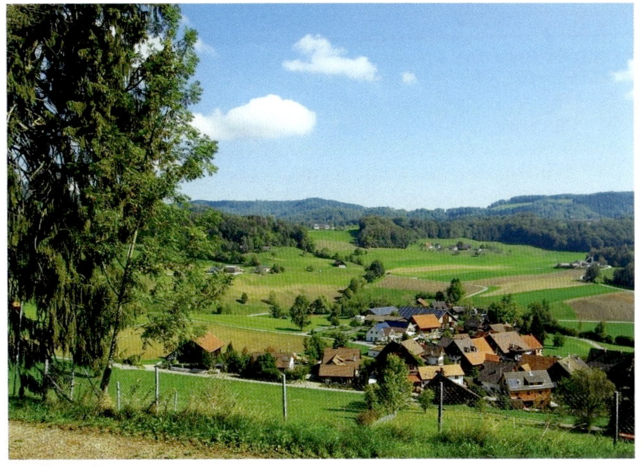

Herferswil

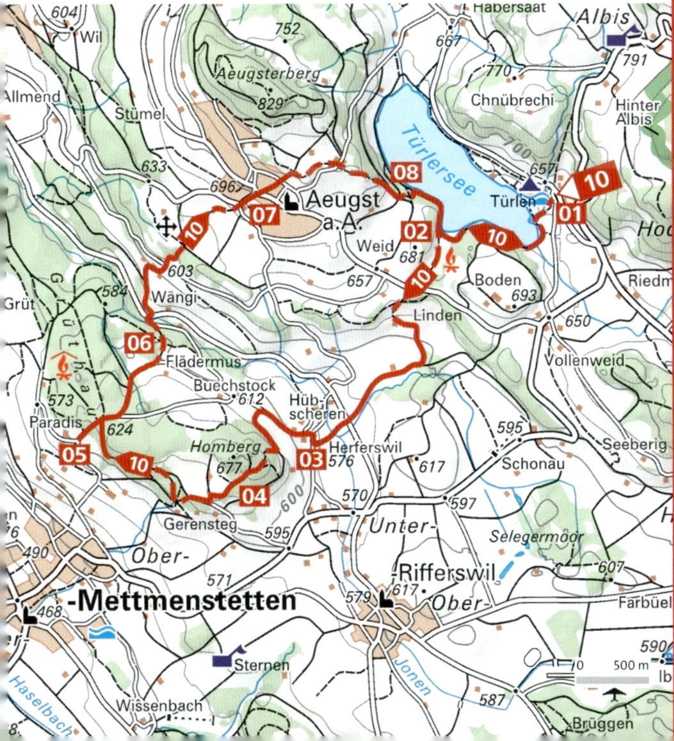

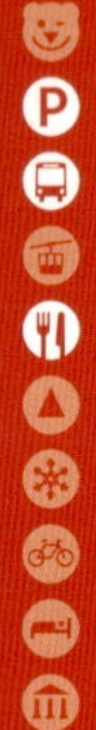

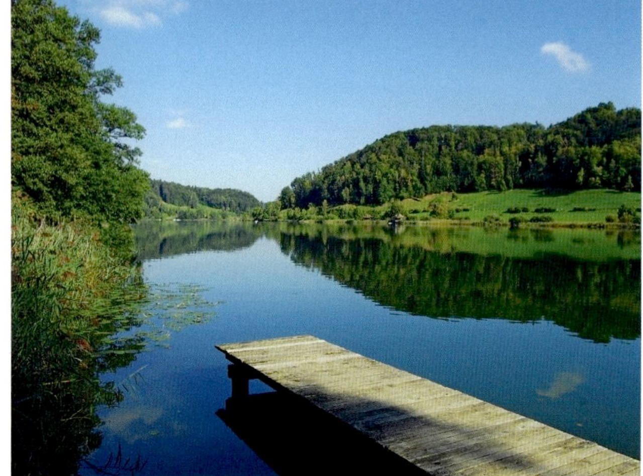

Türlersee

ge Kurhaus dient schon seit längerem als Kinderheim.

Weiter geht's auf breitem Weg durch den Wald, auf einem steilen Pfad steigen Sie dann ab zum **Jonental** 06, überqueren den Bach und wandern wieder aufwärts durch Wald und Streuobstwiesen über Wängi nach **Aeugst** 07, wo Sie im Restaurant Eichhörnli (Di – So) einkehren können. Noch kurz weiter aufwärts bis zur Kuppe, steigen Sie dann auf einem Treppenweg ab bis zum **Seeuferweg** 08, auf dem Sie rechts wieder nach **Türlen** 01 zurückkehren.

Knonauer Amt und Türlersee

Das Knonauer Amt ist der westlichste Zipfel des Kantons Zürich, abgetrennt durch die Albiskette. Lange Zeit war der Albispass die einzige Verbindung zur Stadt. Das behinderte auch die Industrialisierung, Ackerbau und Viehwirtschaft, besonders die Schweinezucht, waren lange die Existenzgrundlage, was der Region auch den Beinamen „Säuliamt" einbrachte.

Der Türlersee verdankt seine Entstehung der Eiszeit: Der Rückzug des Linthgletschers löste einen Bergsturz am Aeugsterberg aus, der den See aufstaute. Der See ist heute ein beliebtes Ausflugsziel für Badefreunde und Wanderer, Angler schätzen die Vielzahl an Fischen. Die gesamte Uferzone steht unter Naturschutz, hier hat sich eine vielfältige Vegetation entwickelt, ein Paradies für Amphibien.

HÖHRONEN

Über den Rossberg zum Dreiländerstein

  12,5 km 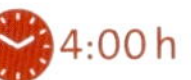 4:00 h 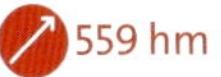 559 hm  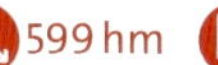 599 hm  13

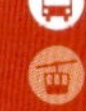
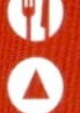

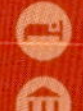

START | Hütten-Schöntal
[GPS: UTM Zone 32 x: 475.017 m y: 5.224.861 m]. Anfahrt/Rückfahrt: Postauto 160 von Wädenswil bis Endstation Hütten-Schöntal.
CHARAKTER | Lohnende Rundtour zu schönen Aussichtspunkten, im Mittelteil durch Wald. Steiler Aufstieg, gelbe Markierung, ein Abschnitt unmarkiert, halb schattig.

Auf dem lang gezogenen Bergrücken **Höhronen** verläuft die Kantonsgrenze Zürich – Zug, die Rossberg-Terrasse im Nordosten gehört zum Kanton Schwyz. Die Mühen des Anstiegs werden mit einer herrlichen Aussicht belohnt, das Restaurant am **Rossberg** ist nicht umsonst ein beliebtes Ausflugsziel.

▶ Von der **Postauto-Endstation** in **Hütten-Schöntal** 01 beim Gasthaus Schöntal gehen Sie die Nebenstrasse hinein und hinunter zur **Hüttner Brugg** 02 über die Sihl, Autofahrer können hier parken und die Tour beginnen. Sie folgen nun den Wegweisern zum Dreiländerstein, die Route führt auf Fahrwegen und Zufahrtssträsschen durch einen Taleinschnitt teilweise steil hinauf nach **Orischwand** 03 und dann durch Wiesen zum **Rossberg** 04.

Vom Gasthaus Rossberg (Mi bis So) geniessen Sie ebenso wie vom

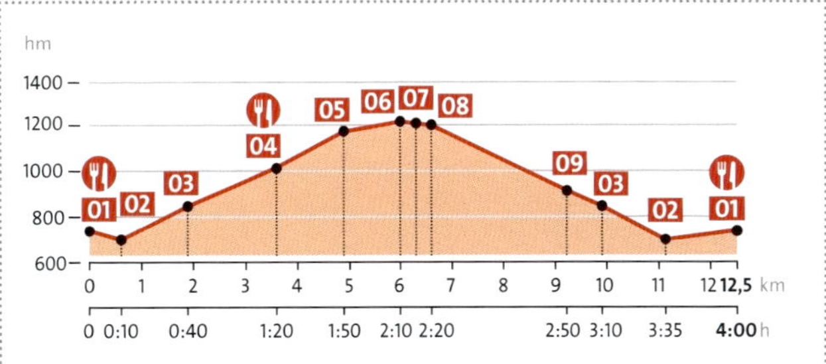

01 Hütten-Schöntal, Postauto-Endstation, 735 m; 02 Hüttner Brugg, 693 m; 03 Orischwand, 824 m; 04 Rossberg, 1.012 m; 05 Dreiländerstein, 1.186 m; 06 Höhboden, 1.210 m; 07 Erste Abzweigung, 1.205 m; 08 Zweite Abzweigung, 1.200 m; 09 Mistlibüel, 916 m

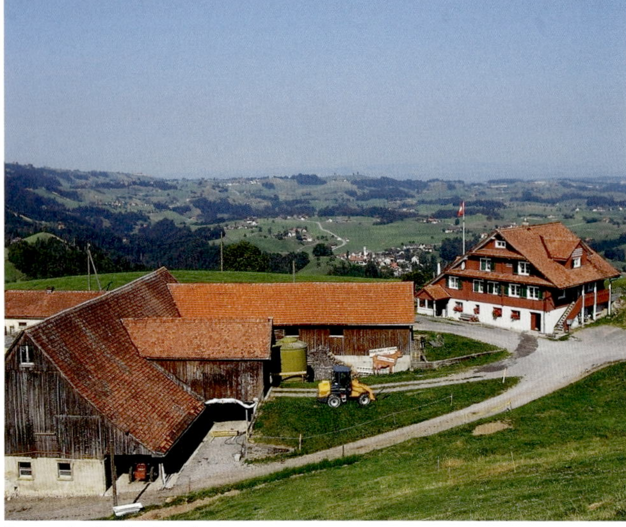

Bauernhof beim Rossberg

nahen Grillplatz eine weite Sicht über den Zürichsee, Schautafeln erklären die Gipfel. Auf schattigem Waldpfad steigen Sie dann hinauf zum **Dreiländerstein** 05, wo die Kantone Zürich, Zug und Schwyz zusammenstossen.

Nun wandern Sie auf breitem Weg dem bewaldeten Grat entlang. Eine Abzweigung weist bald zurück nach Hütten, schöner ist es, wenn Sie auf dem Gratweg weitergehen bis zum Wegpunkt **Höhboden** 06, immer wieder gibt's weite Blicke auf den See.

Nach dem Wegpunkt gehen Sie noch 250 m auf dem Fahrweg weiter, 20 m bevor der markierte Weg den Fahrweg verlässt, biegen Sie in einen anfangs unmarkierten **Pfad nach rechts** 07. Er führt durch den Wald mit vielen Heidelbeeren, nach weiteren 250 m, kurz nach der Kante und vor einem Grenzstein mit roter und gelber Markierung am Baum, biegen Sie in den unmarkierten **Pfad nach rechts** 08. Auf diesem schönen, leicht abfallenden Waldpfad durch die Flanke gelangen Sie zu einem Forstweg und dann zur Waldstrasse, auf der Sie links hinunter zum Ferienhaus auf der Terrasse **Mistlibüel** 09 wandern. Der Aussichtsplatz mit herrlichem Seeblick dient auch als Startplatz für Modellflieger.

Mit weiter Sicht steigen Sie nun ab nach **Orischwand** 03 und auf dem Herweg hinunter zur **Hüttner Brugg** 02. Nach **Hütten** 01 nehmen Sie nun den ausgeschilderten Weg kurz dem Ufer der Sihl entlang, durch den Wald hinauf und mit schöner Sicht auf das Dorf gelangen Sie zur Kirche und zur Busstation beim Friedhof.

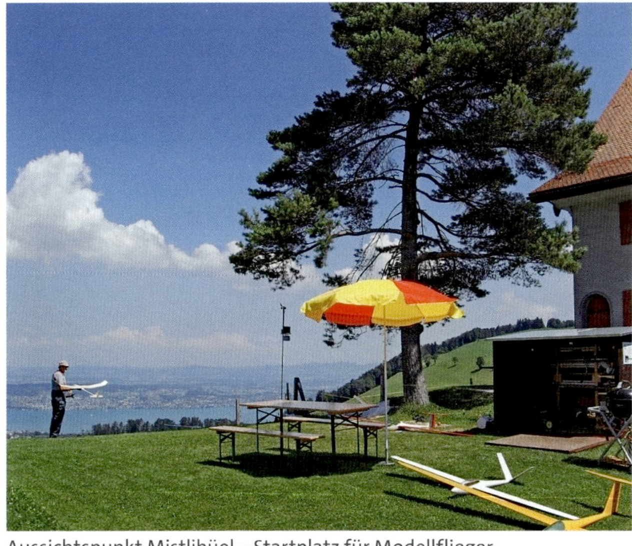

Aussichtspunkt Mistlibüel – Startplatz für Modellflieger

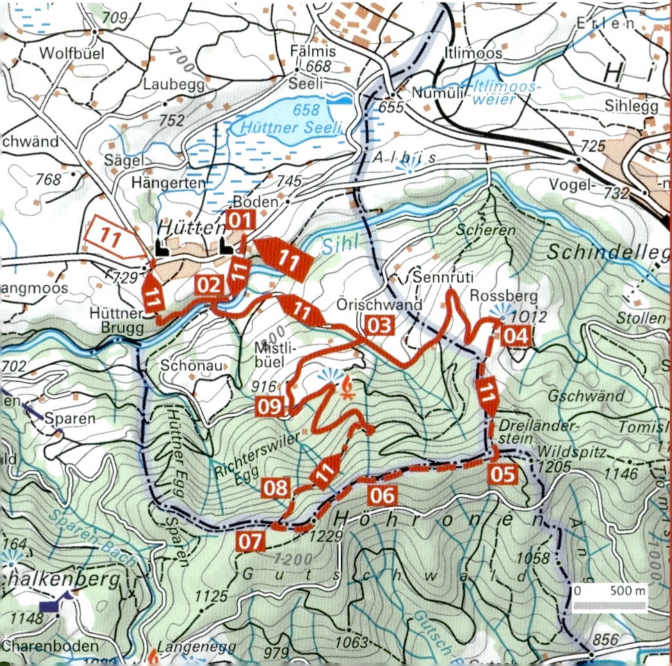

ETZEL KULM • 1.098 m

Aussichtsberg zwischen zwei Seen

 14,8 km  4:45 h  433 hm 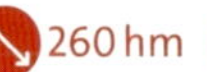 260 hm  13

START | Schindellegi, Bahnhof
[GPS: UTM Zone 32 x: 478.009 m y: 5.224.819 m].
Anfahrt: S 13 von Einsiedeln und Wädenswil.
CHARAKTER | Abwechslungsreiche Tour zu einem Aussichtsgipfel erster Güte durch gepflegte bäuerliche Kulturlandschaft, Wald und Moore. Gelbe Markierung, mehrere schöne Einkehrmöglichkeiten, wenig Schatten.

Der **Etzel** ist zu Recht ein viel besuchter Aussichtsberg. Der Anstieg erfolgt auf dem **Bauernlehrpfad**, auch Rundweg Nr. 84. Bei St. Meinrad treffen Sie auf den Jakobsweg, Einsiedeln ist für die Jakobspilger ein wichtiger Etappenort. Ein besonderer Reiz geht von der nordisch anmutenden geschützten Moorlandschaft **Schwantenau** aus.

▶ Vom **Bahnhof Schindellegi** 01 leitet Sie der Wegweiser Etzel Kulm durch das Dorf und unter der Autobahn durch zur Sihl. Bald wird's ruhiger, flussaufwärts wandern Sie auf breitem Weg der Sihl entlang bis zum Amphibienschutzgebiet **Dreiwässern** 02. Hier laichen in den Weihern zahlreiche Amphibien, für Fische wurde ein Umgehungsbach der Staustufe angelegt.

Der folgende Weg ist Teil des Bauernlehrpfades, Schautafeln informieren über die Innerschweizer Landwirtschaft, die Tierhaltung, Getreide- und Obstanbau und die Bedeutung der Waldränder. Auf Lokalstrassen und Pfaden steigen Sie anschliessend über Büel, Gast-

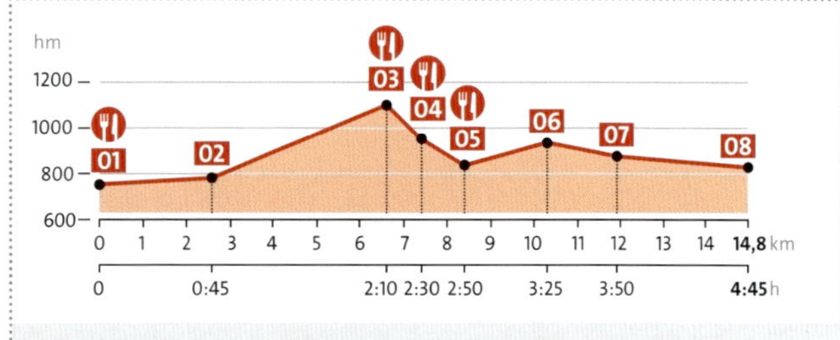

01 Schindellegi, 755 m; 02 Dreiwässern, 786 m; 03 Etzel Kulm, 1.098 m; 04 St. Meinrad, 950 m; 05 Teufelsbrücke, 838 m; 06 Hinterhorben, 928 m; 07 Schwantenau, 875 m; 08 Biberbrugg, 828 m

St. Meinrad – Ahnherr des Klosters Einsiedeln

Meinrad war ein Mönch des Inselklosters Reichenau und zog sich 828 auf den Etzelpass in die Einsamkeit zurück. Er galt seinen Zeitgenossen als guter Ratgeber und weil ihn immer mehr Leute aufsuchten, zog er sich weiter zurück in den „Finsteren Wald“, wo heute das Kloster Einsiedeln steht. 861 wurde er von zwei Landstreichern, die er bewirtete, umgebracht. Zwei Raben, die Meinrad gepflegt hatte, machten die Tat bekannt und verrieten die Mörder. Aufgrund dieser Legende befinden sich die beiden Raben im Wappen des Klosters, des Dorfes, des Bezirks und der Biermarke.

Am Ort des Todes gründete sein Nachfolger Eberhard 934 ein Benediktinerkloster, die heutige barocke Klosteranlage wurde in den Jahren 1704 – 1735 erbaut, siehe „Alles ausser Wandern“. Am Etzelpass wurde 1289 an der Stelle der früheren Zelle eine Kapelle errichtet, die dann der Klosterarchitekt Caspar Moosbrugger durch die heutige Kapelle ersetzte. Das Pilgerwirtshaus St. Meinrad wird bereits im 14. Jh. erwähnt, das heutige Gebäude wurde 1759 errichtet und 1899 teilweise umgebaut.

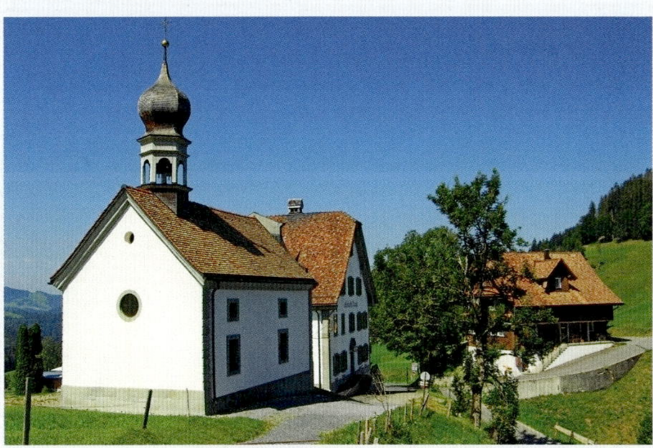

St.-Meinrads-Kapelle am Etzelpass

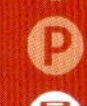
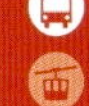

haus, durch die gepflegte bäuerliche Kulturlandschaft und Wald auf zum Etzel Kulm. Der Blick wird zunehmend weiter, Sie passieren die Sperrlinie Etzel, ein Punkt der Alpenfestung mit Bunker und Panzersperren im Wald. Bei einem Aussichtspunkt wurde ein Grillplatz mit Schutzhütte errichtet.

Die umfassende Rundumsicht, für die der **Etzel Kulm** 03 bekannt ist, geniessen Sie von der Terrasse des Gipfelrestaurants (Mi – Mo). Der Blick schweift vom Zürichsee auf der einen, zum Sihlsee auf der anderen Seite mit den Mythen und Alpenketten im Hintergrund, Schautafeln erklären die vielen Gipfel.

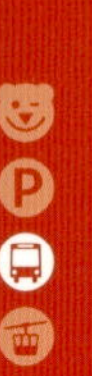

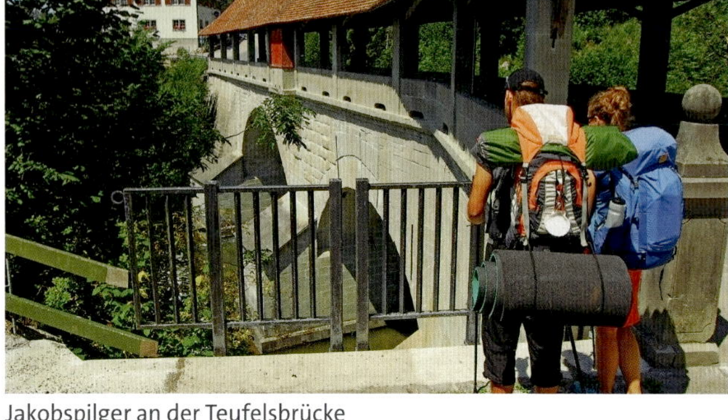

Jakobspilger an der Teufelsbrücke

Ein breiter, steiler Weg führt hinunter nach **St. Meinrad** 04 am Etzelpass, wo Sie auf den Jakobsweg treffen, auch hier können Sie im Pilgergasthaus mit Gastgarten gut einkehren (Fr – Di). Danach geht's auf der Strasse hinunter zur **Teufelsbrücke** 05, die holzgedeckte Steinbrücke wurde 1699 vom Klosterarchitekten Caspar Moosbrugger errichtet, um Steine für den Klosterneubau aus dem Steinbruch Etzel nach Einsiedeln zu bringen.

Ein Gedenkstein neben der Brücke erinnert daran, dass hier 1493 der berühmte Arzt Paracelsus geboren wurde, auch hier lädt ein Gasthaus zur Einkehr (Mi – So) ein. Der weitere Weg führt hinauf zu den Höfen von Hinterhorben mit schönem Blick zurück auf St. Meinrad und die Teufelsbrücke. Beim Punkt **Hinterhorben** 06 biegen Sie nach rechts durch das Naturschutzgebiet Schwantenau Richtung Biberbrugg. Es ist eine herrliche Passage durch das ausgedehnte Moor mit weissen Moorbirken, vom Wegpunkt **Schwantenau** 07 folgen Sie dem Weg über Altberg nach **Biberbrugg** 08 zum Bahnhof.

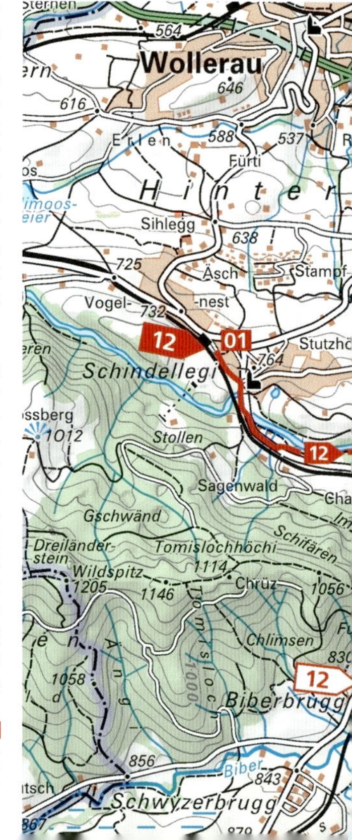

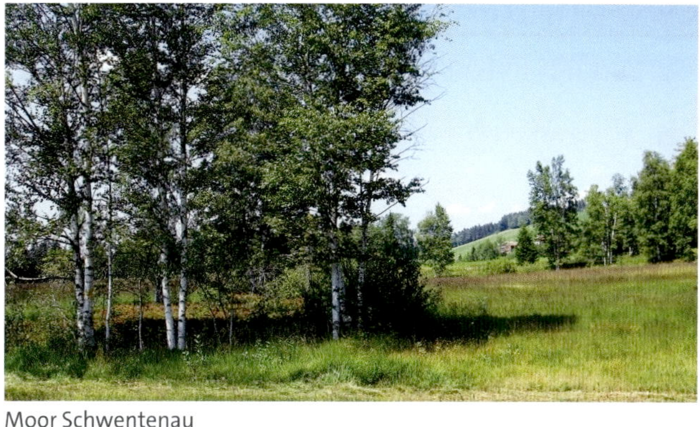

Moor Schwentenau

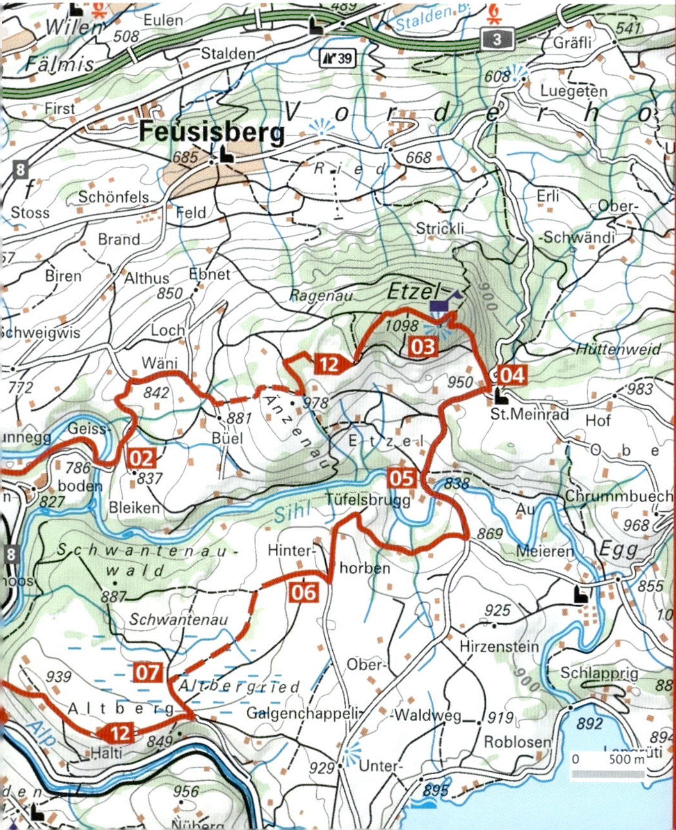

STÖCKLICHRÜZ • 1.248 m

Wiesengipfel mit Aussicht

 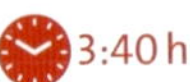 12,8km  3:40 h 430 hm 430 hm  14

START | Willerzell, Camping „Grüene Aff", Parkplatz, Restaurant [GPS: UTM Zone 32 x: 484.214 m y: 5.220.715 m].
Anfahrt: Postauto von Einsiedeln Richtung Egg.
CHARAKTER | Aussichtsreiche Rundtour über Weiden auf einen Voralpengipfel, kurzer steiler Abstieg durch Wald. Gelbe Markierung, überwiegend sonnig.

Das **Stöcklichrüz** ist ein trigonometrischer Punkt erster Ordnung, der Doppelgipfel bietet dementsprechend weite Sicht in alle Richtungen. Der schönste Anstieg ist der vom Camping Grüene Aff über die Alp Summerig und Grueb auf freiem Wiesengrat und über Waldlichtungen. Auch die Alpwirtschaft **Gueteregg** ist ein beliebtes Wanderziel.

▶ Vom Wegpunkt **Büel/„Grüene Aff"** 01 bei der Bushaltestelle, Parkplatz, weisen die Wegweiser den Hang hinauf. Durch den Camping gelangen Sie zum Wegpunkt **Sunnberg** 02, wo der Pfad nach links hinauf abzweigt, Wegweiser Stöcklichrüz. Der Anstieg führt anfangs steil über Weiden hinauf zu einem Aussichtspunkt mit schönem Seeblick. Weiter über den Wiesengrat und Alpweiden gelangen Sie zur **Alp Summerig** 03 und danach hinauf zum Fahrweg nach Grueb. Ein Gedenkstein erinnert daran, dass dieser Weg während des Zweiten Weltkrieges von internierten polnischen Soldaten

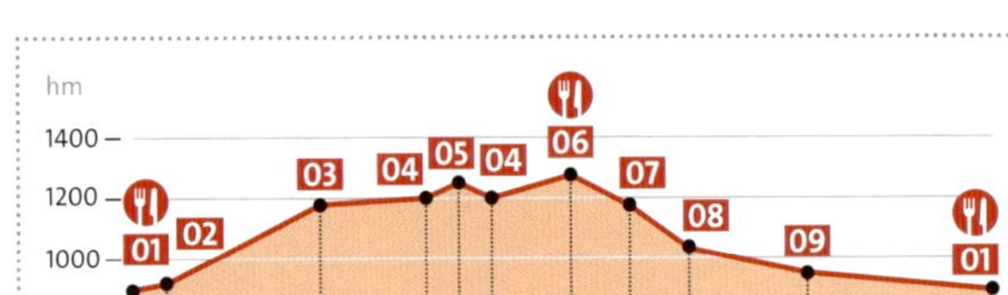

01 Büel, Wegpunkt „Grüene Aff", 892 m; 02 Sunnberg, 920 m; 03 Alp Summerig, 1.187 m; 04 Grillplatz, 1.201 m; 05 Stöcklichrüz, 1.248 m; 06 Gueteregg, 1.275 m; 07 Abzweigung, 1.178 m; 08 Fischbach, 1.037 m; 09 Rickental, 945 m

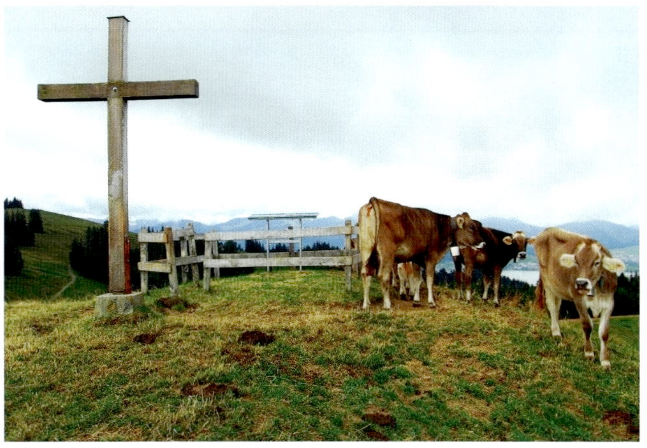

Stöcklichrüz

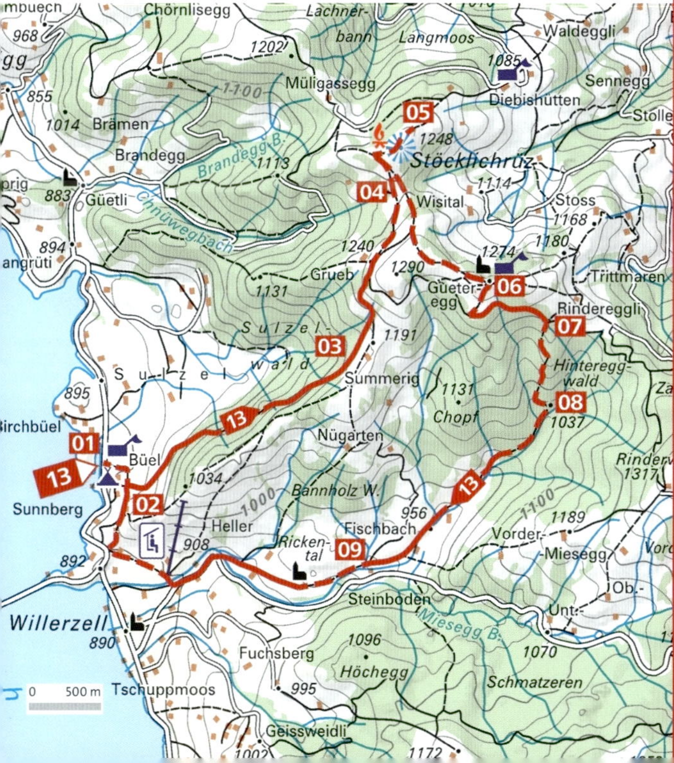

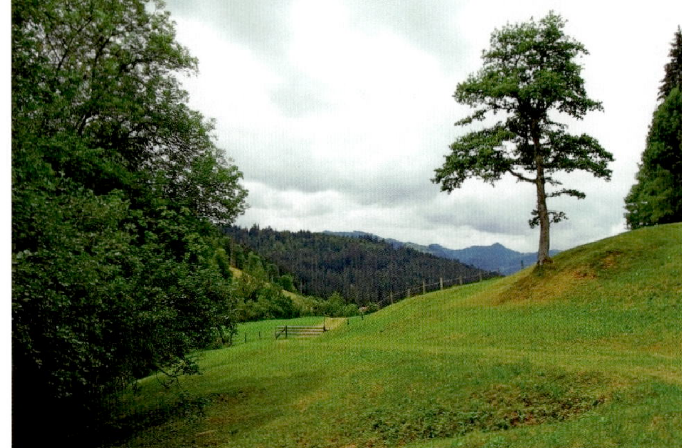

Im Rickental

errichtet wurde. Knapp vor dem Gipfel passieren Sie noch einen kleinen **Grillplatz** 04, von den zwei Wiesengipfeln **Stöcklichrüz** 05 zwischen Sihlsee und Zürichsee geniessen Sie dann eine herrliche Rundsicht, zwei Schautafeln erklären die vielen Gipfel.

Zurück zum **Grillplatz** 04 biegen Sie links nach **Gueteregg** 06, ein weiterer Aussichtsplatz mit Alpwirtschaft zur Einkehr. Der Rückweg führt zunächst 10 Min. Richtung Sattelegg, über die Wiese hinunter zum Fahrweg bis zur **Abzweigung** 07. Auf teils steilem Weg steigen Sie nun durch den Hintereggwald ab zum **Fischbach** 08.

Anschliessend wandern Sie auf schönem altem Weg zuerst durch Wald und dann über Wiesen durch das **Rickental** 09 hinaus. Vor der Strasse beginnt rechts ein Wiesenweg, der über die St.-Wendelin- Kapelle nach Willerzell führt. Zum Camping zurück gibt's eine Abkürzung: Nach dem Wegpunkt Langplatz rechts über die Brücke, zum Bauernhof und geradeaus weiter wieder zu den Wegweisern an der Strasse, dann entweder auf dem Gehsteig entlang der Strasse oder über **Sunnberg** 02 zurück zum **Ausgangspunkt** 01.

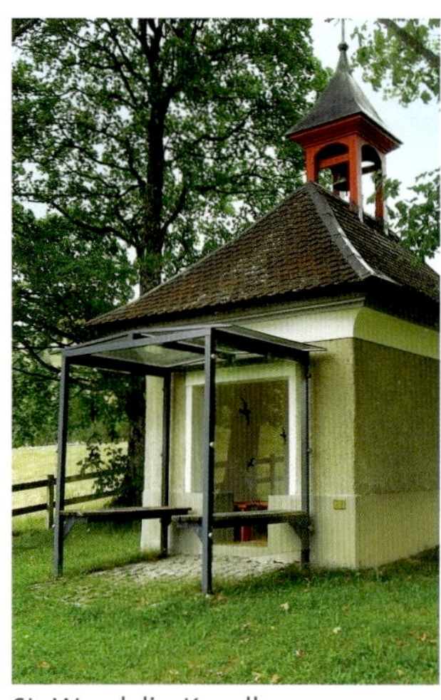

St.-Wendelin-Kapelle

LACHEN – BUECHBERG

Durch das Delta und über den Berg

 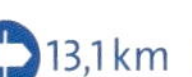 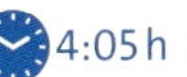 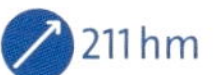 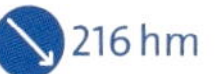 

START | Bahnhof Lachen
[GPS: UTM Zone 32 x: 488.884 m y: 5.226.342 m]. Anfahrt: S 2, S 25. Rückfahrt: Postauto 521 nach Siebnen-Wangen Bahnhof zur S-Bahn.
CHARAKTER | Ruhige Wanderung durch unterschiedliche Uferlandschaften am Oberen Zürichsee. Gelbe Markierung, 2. Teil schattig.

Die Tour, eine Etappe des Zürichsee-Rundweges Nr. 84, besteht aus zwei unterschiedlichen Teilen – der erste Abschnitt führt durch zwei Naturschutzgebiete im **Delta der Wägitaler Aa**, der zweite über den bewaldeten Höhenrücken **Buechberg**.

▶ Vom **Bahnhof Lachen** 01 weist Sie der Wegweiser Buechberg zunächst zum See. Um den Hafen ist das Dorf Lachen entstanden und noch heute ist er das Herz des Markfleckens am Oberen Zürichsee. Vorbei am Strandbad gelangen Sie zum Naturschutzgebiet **Lachen Aahorn** 02. Von diesem Wegpunkt empfiehlt sich ein kurzer Abstecher zum **Aussichtsturm** 03, auf Stegen kann man in den Schilfgürtel hineingehen. Das ursprüngliche grosse Flussdelta wurde zum grössten Teil ausgebaggert und später zum Teil wieder aufgefüllt, der Fluss beidseitig abgedämmt, der Auwald war weitgehend verschwunden. Ein Renaturierungsprojekt soll den ursprünglichen Auwald mit seinen seltenen Pflanzen und Tieren wiederherstellen, dazu

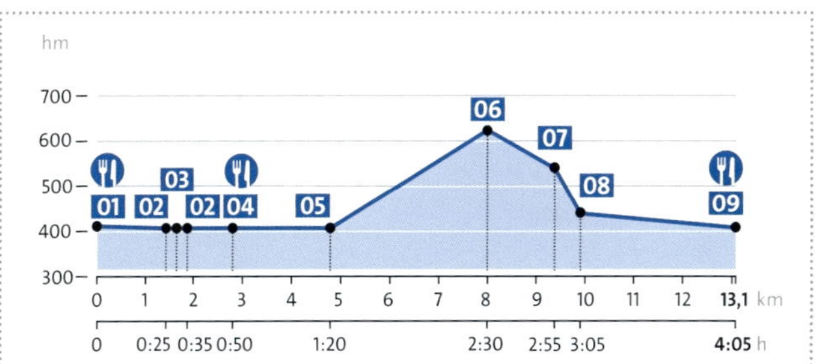

01 Bahnhof Lachen, 417 m; 02 Laachen Aahorn, 409 m; 03 Aussichtsturm, 409 m; 04 Franzrüti, 409 m; 05 Nuolen, 410 m; 06 Rotegg, 620 m; 07 Höchegg, 540 m; 08 Blindenhof, 489 m; 09 Grynau, 412 m

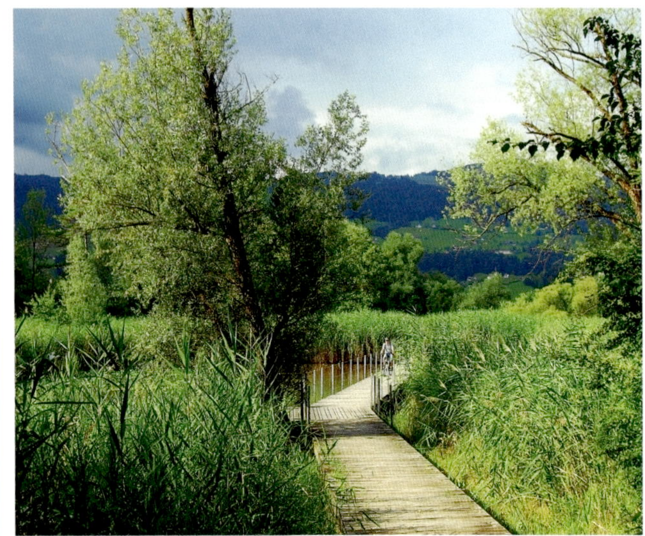

Im Schilfgürtel Lachen-Aahorn

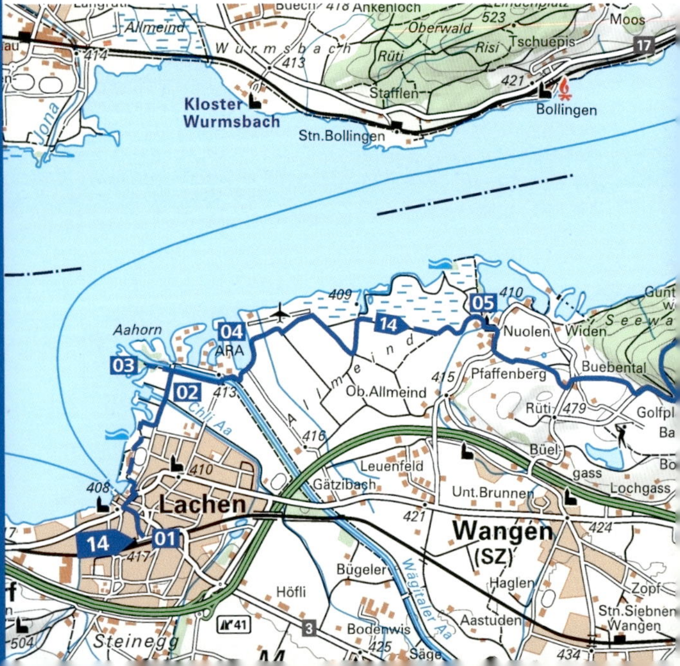

Grynau – Burg und Festung

Die Grynauer Brücke über die Linth war von grosser strategischer Bedeutung, im frühen 13. Jh. liessen die Grafen von Rapperswil zur Sicherung des Übergangs die Burg Grynau errichten. 1337 war Grynau Schauplatz der Schlacht zwischen der Reichsstadt Zürich und einem Adelsbund unter Führung der Habsburger, die Zürich für sich entscheiden konnte. Auf Umwegen kam die Burg in den Besitz des Kantons Schwyz, der damit den Verkehr zwischen Ost- und Innerschweiz kontrollierte, Zölle einhob und die Burg umbaute, nur der Turm blieb original erhalten. Nach der Aufhebung der Binnenzölle 1848 verkaufte der Kanton Schwyz die Anlage 1879 an die Familie Kälin, die bis heute im Besitz des Turms und des in einen Landgasthof umgebauten Schlosses ist.

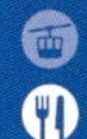

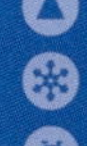

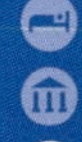

Im Zweiten Weltkrieg wurde die Festung Grynau zur Sicherung des Linthüberganges bei Grynau gebaut, sie war eine wichtige Stelle der Limmatstellung, einer für den „Fall Nord" (deutsche Umgehung der Maginotlinie im Süden durch Schweizer Gebiet) und des Réduit, der äusseren militärischen Verteidigungsanlagen zur Sicherung des Alpenraums.

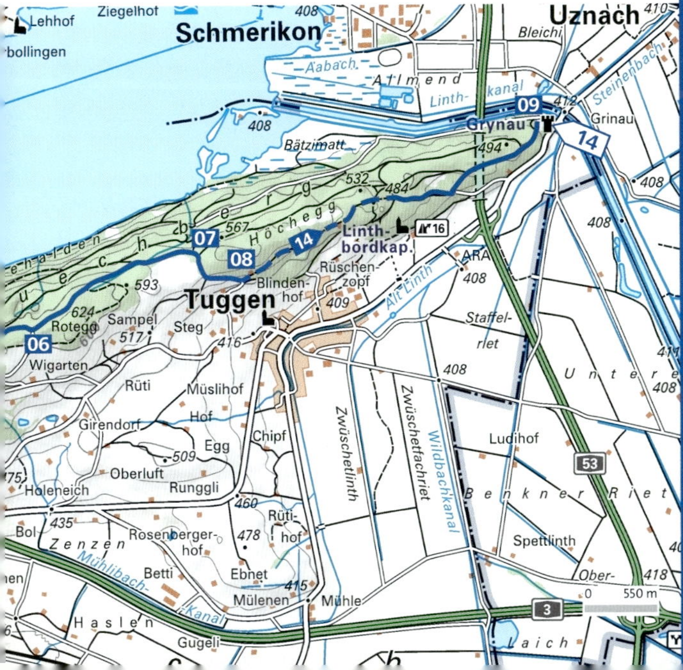

Buechberg

Der Buechberg ist ein vielseitig genutzter Höhenrücken am Obersee, dem obersten Teil des Zürichsees. In den unteren Lagen finden sich Wiesen, Obstbäume und Weingärten, darüber ein artenreicher Mischwald mit Buchen, Fichten, Eschen, Eichen, Linden, Ahornen. Auch geologisch ist er vielfältig, er besteht aus mächtigen Schichten von granitischem Sandstein, Nagelfluh und weicherem Mergel, zum Teil von Moränen mit Findlingen des Linthgletschers bedeckt. Der Sandstein ist ein viel verwendeter Baustein, auch der Kiesabbau spielte eine grosse Rolle, wird jedoch stark reduziert. Etliche Kiesgruben wurden bereits wieder renaturiert und bilden Seen im neu angelegten Golfplatz. Der Wald am Buechberg ist heute nicht nur Wirtschaftswald, sondern auch ein wichtiger Erholungsraum mit Wanderwegen, Radwegen, Vitalparcours und Grillplätzen.

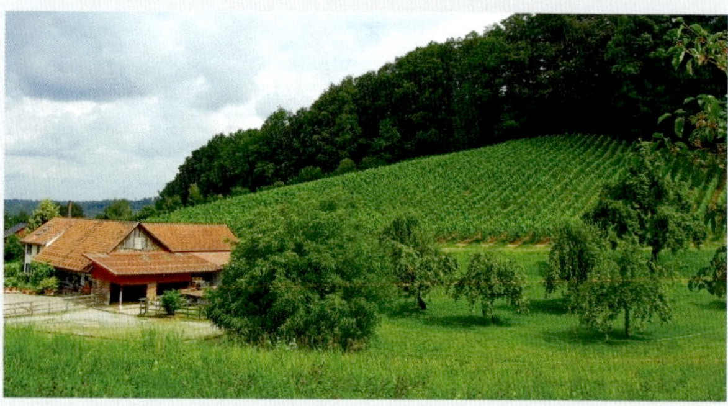

wurde der rechtsseitige Damm zur Überflutung der Au wieder geöffnet. Auf der östlichen Flussseite schliesst nach dem Bootshafen und Flugplatz **Franzrüti** 04 das Naturschutzgebiet Nuoler Ried an. Auch die feuchten, ungedüngten und regelmässig spät gemähten Riedwiesen sind ein eigener Lebensraum, die typische Zeigerpflanze ist die Sibirische Schwertlilie. Die ausgedehnten Riedgrasfelder waren früher der wichtigste Nistplatz der Kibitze in der Schweiz, heute sind sie sehr selten. Bei einem Rastplatz erklären Schautafeln Flora, Fauna und die vielen sichtbaren Gipfel ringsum. Nach **Nuolen** 05 beginnt der Anstieg zum Buechberg. Der Weg führt am Golfplatz vorbei hinauf zum Wald und über das **Rotegg** 06 zum **Höchegg** 07.

Danach geht's kurz hinunter Richtung **Blindenhof** 08 zu einem Aussichtpunkt mit schönem Blick über die Linthebene, eine Schautafel erklärt die umgebenden Berge.

Wieder durch Wald erreichen Sie, vorbei an Bunkeranlagen der Festung Grynau, am Ende der Wanderung **Grynau** 09 mit dem grossen Schloss, Landgasthof und Busstation.

STÄFA – RAPPERSWIL

Auf der Panoramastrecke des Zürichsee-Rundweges

  11,7 km 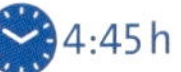 4:45 h 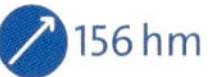 156 hm  158 hm  13

START | Station Stäfa
[GPS: UTM Zone 32 x: 479.022 m y: 5.232.028 m]. Anfahrt: S 7.
CHARAKTER | Gelbe Markierung, Zürichsee-Rundweg 84, Kieswege und Festbelag wechseln, Einkehrmöglichkeiten, wenig Schatten.

Die Etappe des **Zürichsee-Rundweges** von Stäfa/Risi nach Rapperswil ist auch Teil des **Pfannenstiel-Panoramaweges.** Die weite Sicht über den See bis zum Alpenkranz begleitet Sie fast auf der ganzen Tour. Am Ende lohnt sich ein Rundgang durch die schöne Altstadt von Rapperswil mit dem weithin sichtbaren Schloss und der Kirche im Zentrum.

▶ Von der **Station Stäfa** 01 gehen Sie durch die Bahnunterführung zu den Wegweisern auf der Landseite und folgen den Schildern Risi kurz nach rechts und nach der Brücke nach links. Über Grundhalden geht's zum Risitobelweg, der steil den Tobel hinaufführt. Oberhalb eines Wasserfalles über Nagelfluhfelsen und Höhle treffen Sie auf den Zürichsee-Rundweg Nr. 84 und Pfannenstiel-Panoramaweg, dem Sie nun nach rechts folgen. Kurz weiter ansteigend gelangen Sie zum **Rastplatz Risi** 02 am Waldrand mit weitem Blick über den See zu den Alpenketten, eine Panoramatafel erklärt die vielen Gipfel.

Sie folgen nun dem Weg 84 Richtung Feldbach durch Weinberge hinunter zur Terrasse, Einkehrmöglichkeit in der Spiisbeiz Aberen mit Aussichtsterrasse (Mo – So ab 11 Uhr) und weiter abwärts zum Restaurant Frohberg, ebenfalls mit Aussichtsterrasse (Mo – So ab 11 Uhr) in **Frohberg** 03. Die Route führt weiter über das Plateau,

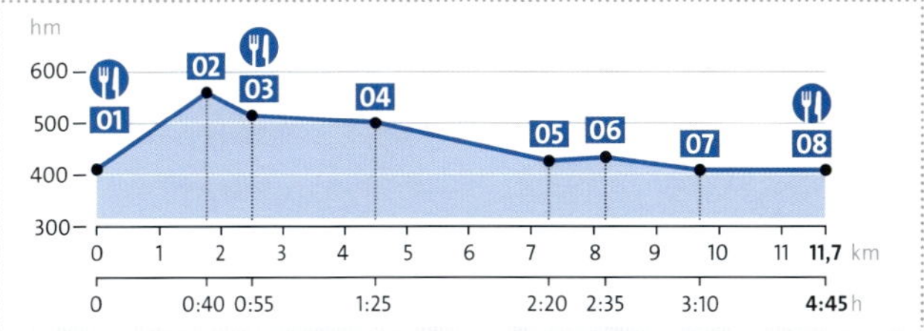

01 Station Stäfa, 411 m; 02 Rastplatz Risi, 560 m; 03 Frohberg, 515 m; 04 Widmen, 501 m; 05 Bahnhof Feldbach, 426 m; 06 Goldenberg, 433 m; 07 Bahnhof Kempraten, 409 m; 08 Rapperswil, 409 m

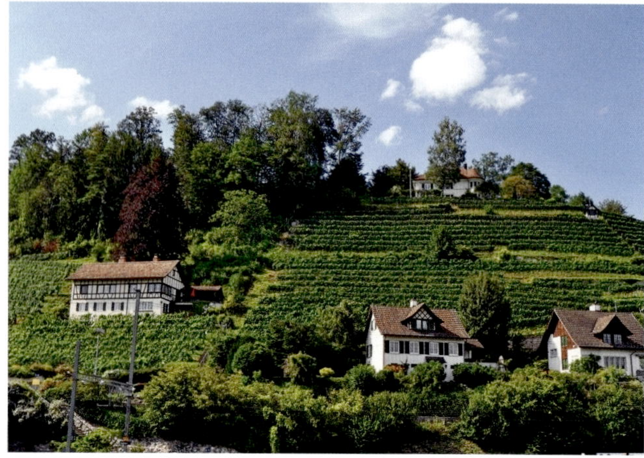

Weinlagen bei Rapperswil

immer mit schöner Aussicht durch Kulturland oder am Waldrand entlang nach **Widmen** 04. In Grütrain steht ein typisches Flarzhaus am Weg. Über Langenriet geht's dann hinunter zur Alten Landstrasse und zum **Bahnhof Feldbach** 05. Auf dem „Feldbacher Hölzli" nahe dem

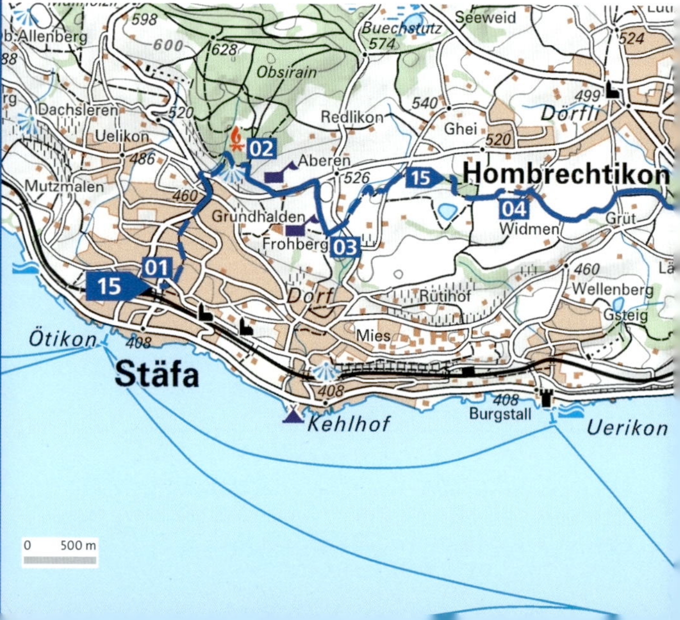

Bahnhof liess der Feldbacher Müller Heinrich Hürlimann eine Villa mit englischem Garten errichten, sie ist bis heute im Familienbesitz. Die Alte Landstrasse war bis 1842 die einzige Fahrwegverbindung nach Zürich, bis Stäfa verläuft sie oberhalb einer Nagelfluhklippe meist direkt auf dem Felsen.

Nach dem Bahnhof geht's dann bald wieder hinauf zur Terrasse **Goldenberg** **06**, durch Weinrieden wandern Sie nun auf Rapperswil zu. Nach dem Wegpunkt Gubelgässli führt der Weg hinunter zum **Bahnhof Kempraten** **07** und dann durch Siedlungsgebiet nach **Rapperswil** **08**.

Von der Aussichtsplattform auf dem Schlosshügel bietet sich ein herrlicher Seeblick, in der Altstadt können Sie gemütlich einkehren und die Tour ausklingen lassen.

Flarzhäuser

Der Flarz war die ursprüngliche Behausung der Kleinbauern im Zürcher Oberland und gilt dort als die traditionelle Hausform. Er besteht aus mehreren zusammengefügten Wohneinheiten, ähnlich einem modernen Reihenhaus, bis zu acht Einheiten sind unter einem Giebel zusammengebaut. Die Stuben sind nach Süden ausgerichtet, ein besonderes Charakteristikum sind die durchgehenden Fensterreihen, die Heimarbeit mit genügend Licht ermöglichten. So konnten sich die Kleinbauern durch Spinnen und Weben ihr kärgliches Einkommen etwas aufbessern.

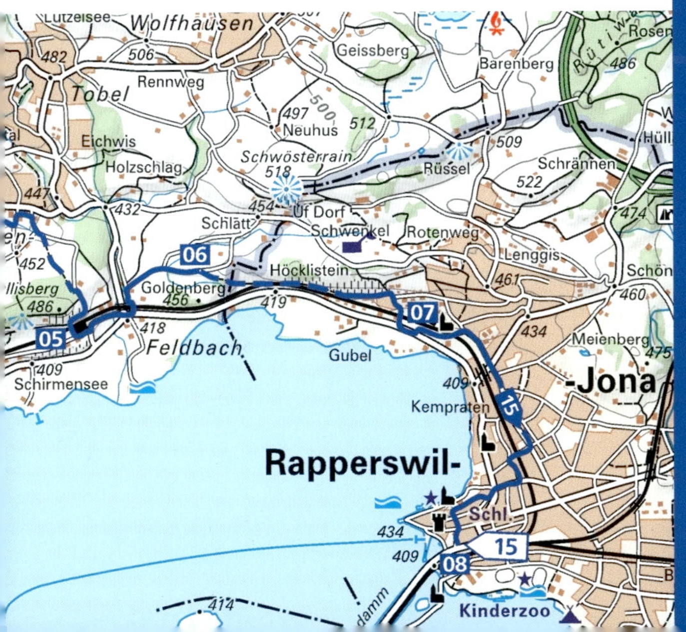

PFANNENSTIEL

Von Forch über die Hochwacht nach Meilen

  12 km 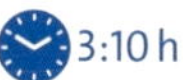 3:10 h 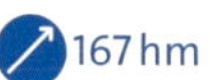 167 hm  420 hm  13

START | Bahnhof Forch
[GPS: UTM Zone 32 x: 473.488 m y: 5.241.351 m].
Anfahrt: S 18, Rückfahrt: S 6, S 7.
CHARAKTER | Wald- und Tobelwanderung, weite Aussicht vom Turm auf der Hochwacht. Gelbe Markierung, überwiegend schattig.

Der bewaldete Höhenrücken **Pfannenstiel** ist ein beliebtes stadtnahes Wandergebiet, zahlreiche Wege durchziehen den sanft geformten Molassekamm mit seinen Tobels, die die Bäche auf ihrem Weg zum Zürichsee eingeschnitten haben. Die Tour bietet längere Waldpassagen, eine herrliche Fernsicht, zwei Einkehrgasthäuser und einen romantischen Tobelweg.

▶ Vom **Bahnhof Forch** 01 folgen Sie den Wegweisern Pfannenstiel/ Hochwacht: Kurz auf der Hauptstrasse geht's dann auf einer Nebenstrasse und asphaltiertem Weg zum Wald, links unten ist der Greifensee sichtbar. Auf Waldstrassen und Waldwegen steigen Sie abschnittsweise an, bei der Gabelung den rechten Weg über Chüelenmorgen zur Waldlichtung **Guldener Höchi** 02.

Der Laubmischwald geht langsam in Nadelwald über, beim Waldaustritt liegt ein schöner Rast- und Grillplatz mit weiter Aussicht, den umfassenden Rundblick bietet der Aussichtsturm auf der **Hochwacht** 03. Die ästhetische Stahl- und Graugusskonstruktion stammt aus dem Jahr 1893, ursprünglich stand der Turm auf dem Bachtel, wurde dort 1985 abgebaut und 1992 auf der Hochwacht am Pfannenstiel wieder aufgebaut. Der Aufstieg über die Wendeltreppe zur obersten Platt-

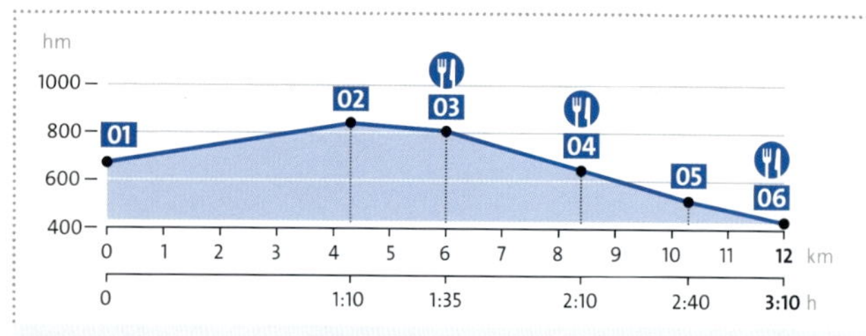

01 Bahnhof Forch, 675 m; 02 Guldener Höchi, 842 m; 03 Hochwacht, 803 m; 04 Toggwil, 645 m; 05 Ruine Friedberg, 511 m; 06 Meilen, 420 m

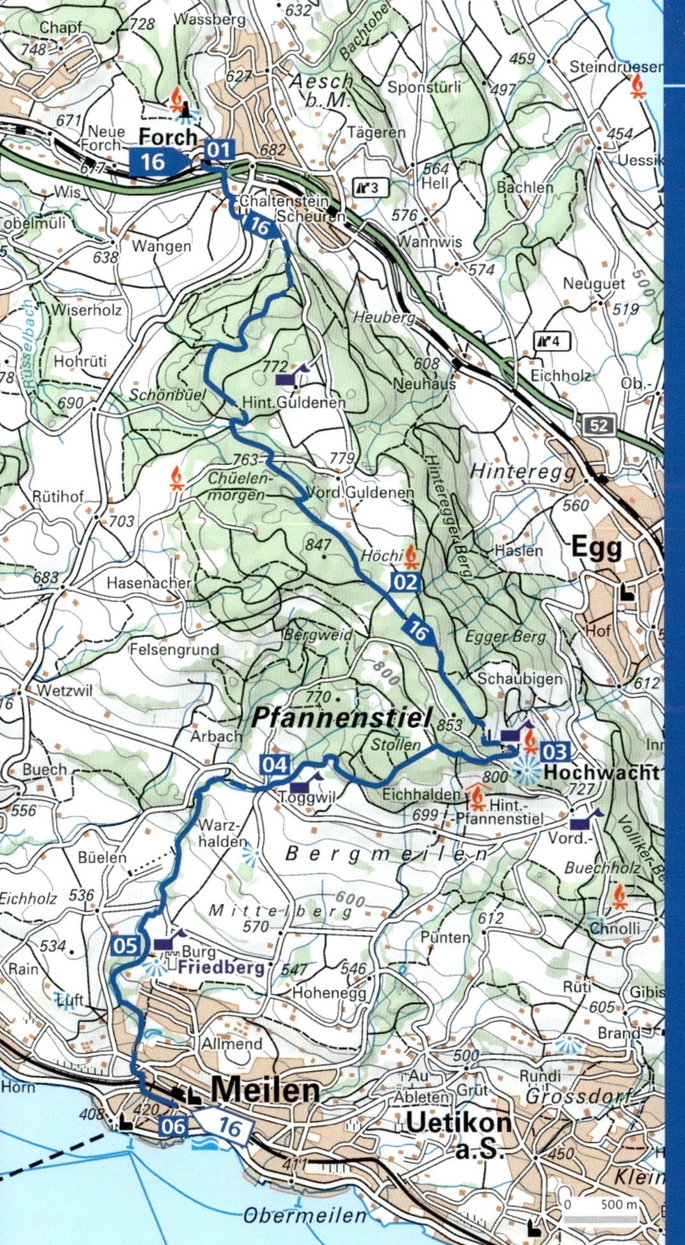
Forch
01
16
Aesch b. M.
Wassberg
Chapf
Neue Forch
Wis
Chaltenstein
Scheuren
Wangen
Tägeren
Sponstürli
Chrüzbüel
Steindrüesen
Bachlen
Hell
Wannwis
Neuguet
Heuberg
Neuhaus
Eichholz
Wiserholz
Hohrüti
Schönbüel
Hint. Guldenen
Chüelenmorgen
Vord. Guldenen
Rütihof
Hinteregg
Egg
Höchi
02
Haslen
Hasenacher
Bergweid
Egger Berg
Hof
Felsengrund
Wetzwil
Schaubigen
Pfannenstiel
Arbach
Stollen
03
Hochwacht
Buech
04
Toggwil
Eichhalden
Hint.-Pfannenstiel
Vord.-
Warzhalden
Bergmeilen
Büelen
Buechholz
Eichholz
Mittelberg
Pünten
Chnolli
05
Burg Friedberg
Rain
Hohenegg
Rüti
Luft
Allmend
Brand
Au
Rundi
Horn
Meilen
Ableten
Grüt
Grossdorf
06
Uetikon a.S.
Obermeilen
500 m

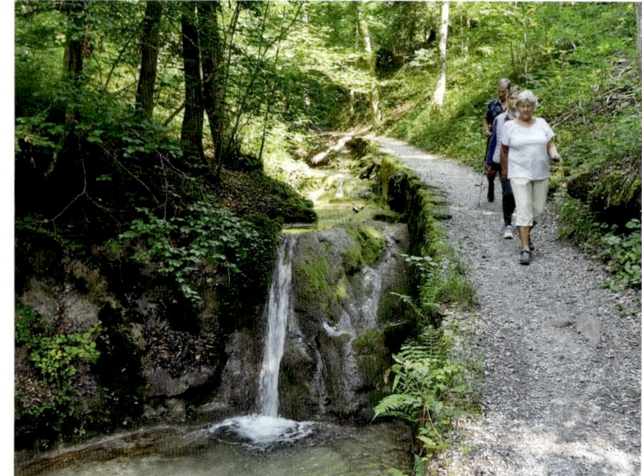
Im Meilener Tobel

form wird belohnt mit einer Aussicht über einen grossen Teil des Kantons Zürich zu den St. Galler, Glarner und Innerschweizer Alpen.

Dem Waldrand entlang geht's hinunter zum Restaurant Hochwacht (Mo – So), Aussichtsterrasse, wo Sie dem Wegweiser Meilen nach rechts folgen. Über Eichhalden und durch das Naturreservat Rappentobel kommen Sie zum Restaurant Alpenblick (Fr – Di) mit Gastgarten in **Toggwil** **04**.

Auf dem schattigen Meilener Tobelbachweg steigen Sie nun ab, eine besonders schöne Etappe immer dem über kleine Kaskaden plätschernden Dorfbach entlang. Nach der grossen Kaskade passieren Sie die **Ruine Friedberg** **05**. Die Burg Friedberg wurde um 1200 erbaut und bereits 1354 wieder aufgegeben. Danach verfiel sie langsam, heute sind nur noch einige massive Grundmauern und der 29 m tiefe Sodbrunnen erhalten. Ein treppenreicher Weg führt zum Tobelausgang, danach leiten Sie Wegweiser zum nahen **Bahnhof** von **Meilen** **06** oder zum Schiffssteg, wenn Sie mit dem Schiff nach Zürich zurückfahren möchten.

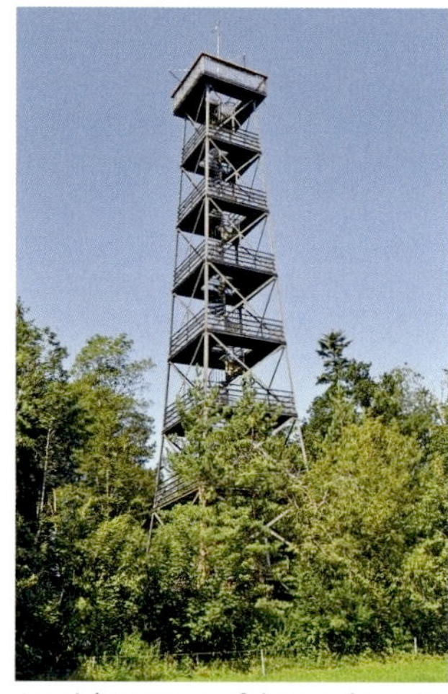
Aussichtsturm auf der Hochwacht

RÜTI – BATZBERG

Im ruhigen Hinterland des Zürichsees

  10,4 km 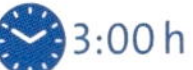 3:00 h 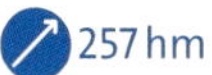 257 hm  257 hm  14

START | Station Rüti [GPS: UTM Zone 32 x: 489.031 m y: 5.234.094 m]. Anfahrt: S 5, S 26.
CHARAKTER | Angenehme Rundwanderung durch Wald und bäuerliche Kulturlandschaft mit schönen Blicken. Gelbe Markierung, überwiegend schattig, keine Einkehr.

Die Rundtour führt im Anstieg durch den bewaldeten Tannertobel und das Naturschutzgebiet am **Batzberg**. Auf der sonnigen Südseite liegen die Weiler Güntisberg und Mettlen mit weiter Sicht zu den Alpenhöhen, besonders stimmungsvoll ist das geschützte Grossweilerried.

▶ Sie starten Ihre Rundtour an der **Station Rüti** 01, am Nordende des Bahnhofs stehen die Wegweiser. Durch die Bahnunterführung und auf einem Fussweg gelangen Sie auf die Nordseite des Tannertobels, nach wenigen Minuten beginnt nach den Gewerbebetrieben der Weg durch den bewaldeten Tobel. Vorbei an einem Kleinwasser-Kraftwerk kommen Sie zu einer Brücke und wechseln das Ufer, schöner Rastplatz am Bach Jona bei Nagelfluhfelsen. Sie wandern weiter dem Bach entlang aufwärts, nach 10 Min. zweigt der Wanderweg nach rechts ab, hier gelbe Raute beachten, und führt durch den Hang hinauf nach Fägswil auf dem Plateau. Beim Wegpunkt **Oberfägswil** 02 biegt der Wanderweg nach rechts, immer schön sichtbar der Bachtel im Norden mit seiner Antenne.
Die Route führt nach der Siedlung wieder in den Wald, auf einer Wald-

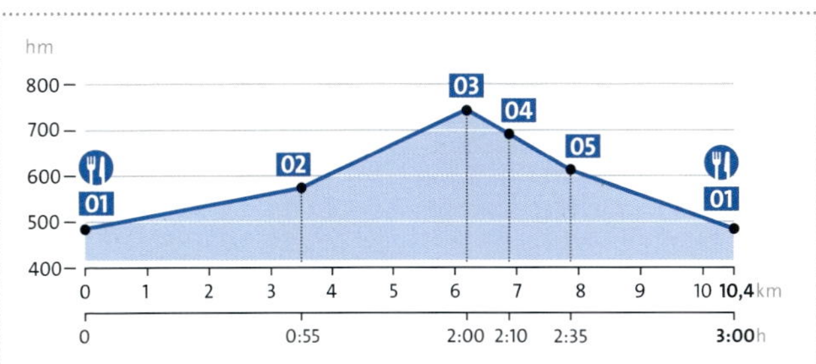

01 Station Rüti, 472 m; 02 Oberfägswil, 571 m; 03 Güntisberg, 739 m; 04 Mettlen, 688 m; 05 Grossweierried, 610 m

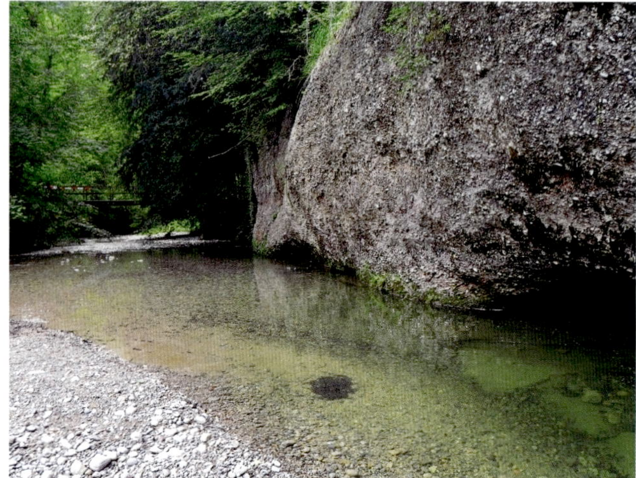

Der Jona-Bach im Tannentobel

strasse passieren Sie eine Pfadfinderhütte und wandern leicht ansteigend auf den Höhenrücken Batzberg, Naturschutzgebiet. Nach dem Wald öffnet sich ein freier Blick zum Tössbergland mit seinen Eggen, Bauernhöfen und Wäldern, im Hintergrund das Hörnli, hinter dem Sattel schweift der Blick über den Zürichsee und die Linthebene zum Alpenkranz.

Auf einer Nebenstrasse wandern Sie durch die schönen Weiler **Güntisberg** 03 und **Mettlen** 04, dann auf einer Waldstrasse leicht abfallend zum **Grossweierried** 05. Der Weiher in einer grossen Mulde ist bereits weitgehend zu einer Riedlandschaft mit der charakteristischen Flora und Fauna verlandet – etliche Orchideenarten, Ringelnattern, Libellen, Schmetterlinge, Frösche und Kröten haben hier ihren Lebensraum. Auf der Waldstrasse geht es weiter über Niggital zurück nach **Rüti** 01 mit mehreren Einkehrmöglichkeiten.

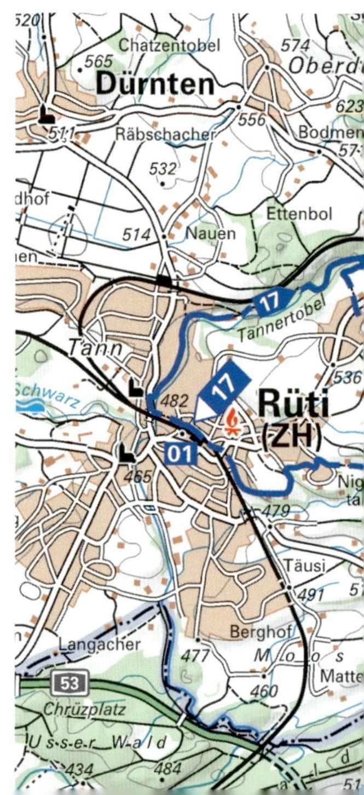

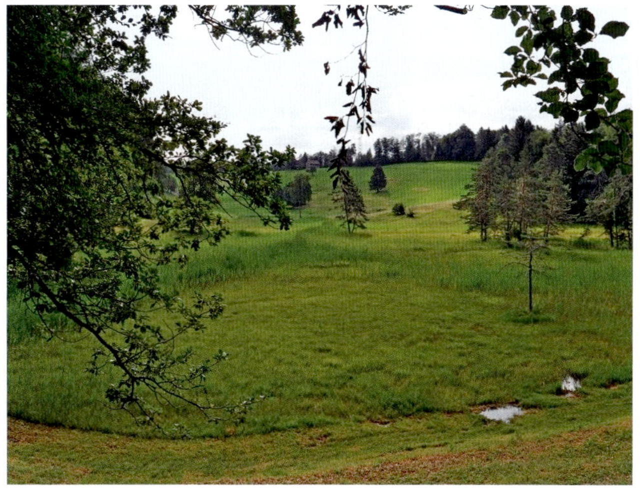

Grossweierried

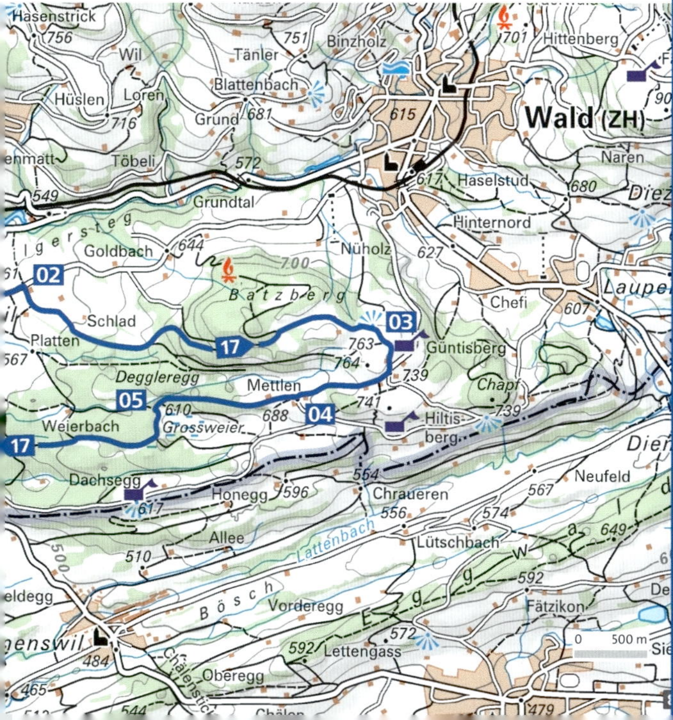

BACHTEL KULM • 1.115 m

Auf den Rigi des Zürcher Oberlands

 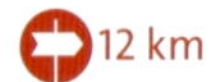 12 km  3:50 h 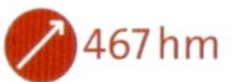 467 hm  605 hm  14

START | Fischenthal [GPS: UTM Zone 32 x: 494.142 m y: 5.242.255 m]. Anfahrt und Rückfahrt: S 26.
CHARAKTER | Aussichtsreiche Wanderung zum isolierten Berg an der Grenze des Mittellandes und der Voralpen. Gelbe Markierung, Einkehr im Restaurant Bachtel-Kulm, Aussichtsterrasse (Fr – Mi).

Der **Bachtel** ist der Berg der Zürcher Oberländer, keiner wird soviel besucht wie er. Viele Wege führen zum Aussichtsberg, ein besonders schöner von Fischenthal über Klein Bäretswil und die Allmenkette. Ein Naturphänomen passieren Sie beim Abstieg: den Bachtelspalt.

▶ Von der **Bahnstation Fischenthal** 01 gehen Sie auf der Strasse 5 Min. talaufwärts. Vor der Tankstelle zweigt eine erste Route, über Ferenwaltsberg, zum Bachtel ab, schöner ist es, wenn Sie noch 200 m auf dem Gehsteig weitergehen und bei der Bushaltestelle Fistel in den Wanderweg nach rechts biegen. Nach der Schiessanlage geht's steil durch Wald und dann durch Wiesen hinauf nach **Klein Bäretswil** 02 in schöner Lage auf einer Terrasse mit Blick zu den Alpenketten.

Nun folgen Sie dem Wegweiser **Frauebrünneli** 03, über die Strasse und durch Wiesen und Wald hinauf zum Grat. Hier zweigt rechts der Weg zur Täuferhöhle ab, Tour 22, Schleife mit steilem Ab- und Aufstieg auf Treppenweg zum Allmen möglich, zusätzlicher Zeit-

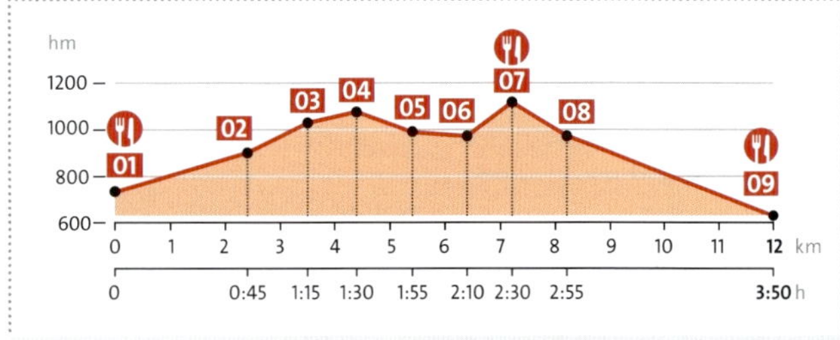

01 Bahnstation Fischenthal, 734 m; 02 Klein Bäretswil, 902 m; 03 Frauebrünneli, 1.030 m; 04 Allmen, 1.076 m; 05 Schufelberger Egg, 990 m; 06 Auenberg Sattel, 971 m; 07 Bachtel Kulm, 1.115 m; 08 Bachtelspalt, 970 m; 09 Wald, 615 m

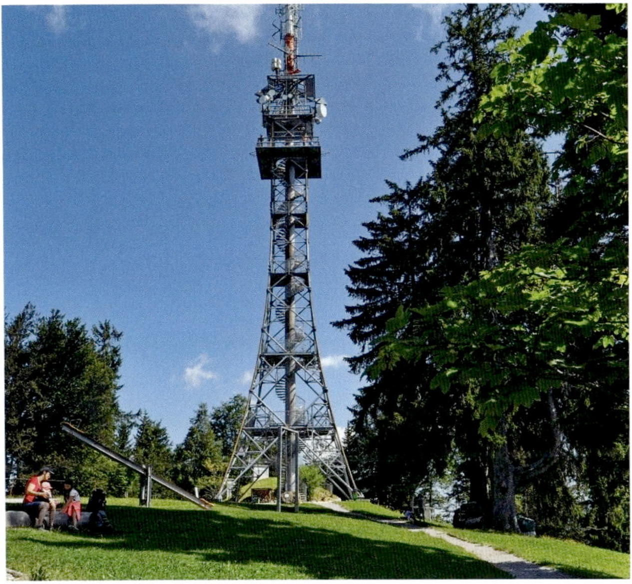

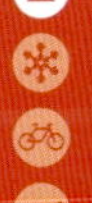

Am Bachtel – Sende- und Aussichtsturm

aufwand 40 Minuten. In leichtem Auf und Ab führt der direkte Weg dem Grat entlang zum **Allmen** 04, dem bewaldeten Gipfelpunkt der Allmenkette, von rechts stösst der Weg von der Täuferhöhle hinzu. Sie gehen links weiter, auf einem Treppenweg steigen Sie ab zu einem Brunnen und wandern dann weiter dem bewaldeten Grat entlang zum **Schufelberger Egg** 05 mit schönem Rast- und Grillplatz auf dem freien Sattel.

Auf der Waldstrasse wandern Sie weiter zum **Auenberg Sattel** 06. Dort zweigt der Waldweg nach rechts ab, auf dem Sie über viele Stufen zum **Bachtel Kulm** 07 aufsteigen. Der Name Bachtel leitet sich als Abschleifung von Bachtalberg her, einem Berg mit Bachtal. Als Aussichtsberg wurde der Bachtel Mitte des 19. Jhs. populär, 1854 eröffnete eine erste Trinkhütte auf dem Gipfel. Heute ist der Bachtel ein beliebtes Ausflugsziel mit Gipfelrestaurant, Sende- und Aussichtsturm, Liegewiese und Kinderspielplatz. Die Aussicht über den Zürichsee und die Linthebene zu den Alpengipfeln kann man auch von der Terrasse des Restaurants geniessen, eine Panoramatafel erklärt die vielen Gipfel.

Das nächste Ziel ist der **Bachtelspalt** 08: In südlicher Richtung steigen Sie, dem Wegweiser Bachtelspalt folgend, ab, zuerst auf einem Pfad. Über eine Waldstrasse und einen Waldweg erreichen Sie dann das Naturphänomen, den tiefen Spalt im Nagelfluhfelsen, an der schmalsten Stelle nur 40 cm breit. Ein kleiner Rundweg führt durch den Spalt – nur für Schlanke!

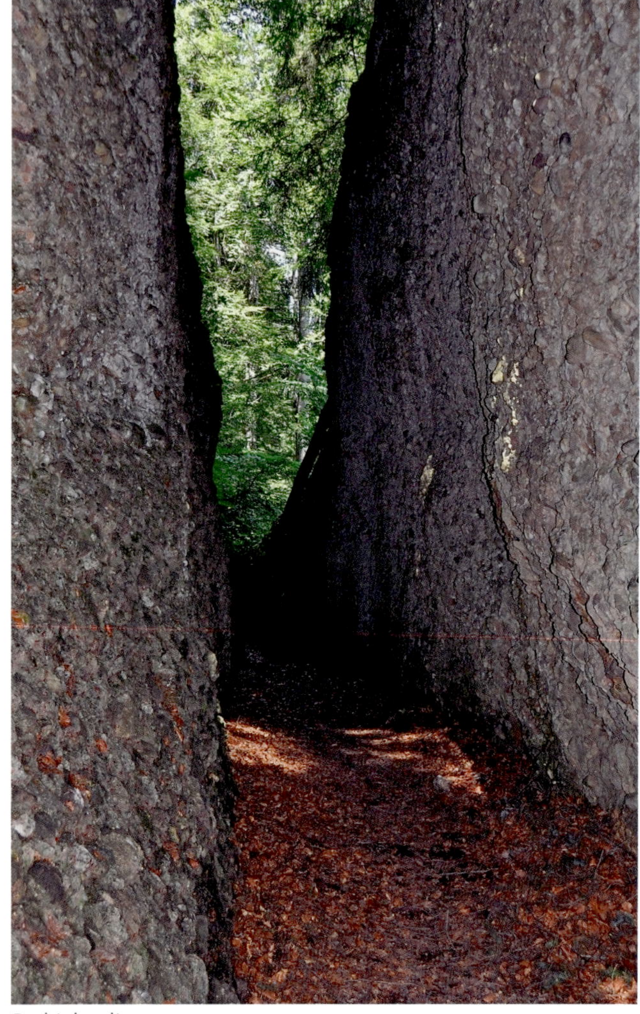

Bachtelspalt

Anschliessend bietet sich vom Wiesenpfad eine schöne Sicht über das Tösstal zu den Tössbergen mit Scheidegg (Tour 19) und Hörnli im Norden (Tour 21). Der Weiterweg verläuft über Wiesen und Wald hinunter in das Dorf **Wald** 09, nach dem Weiler Tänler kurz auf der Strasse und dann links die Fahrspuren hinunter und den Schildern zum Bahnhof folgen.

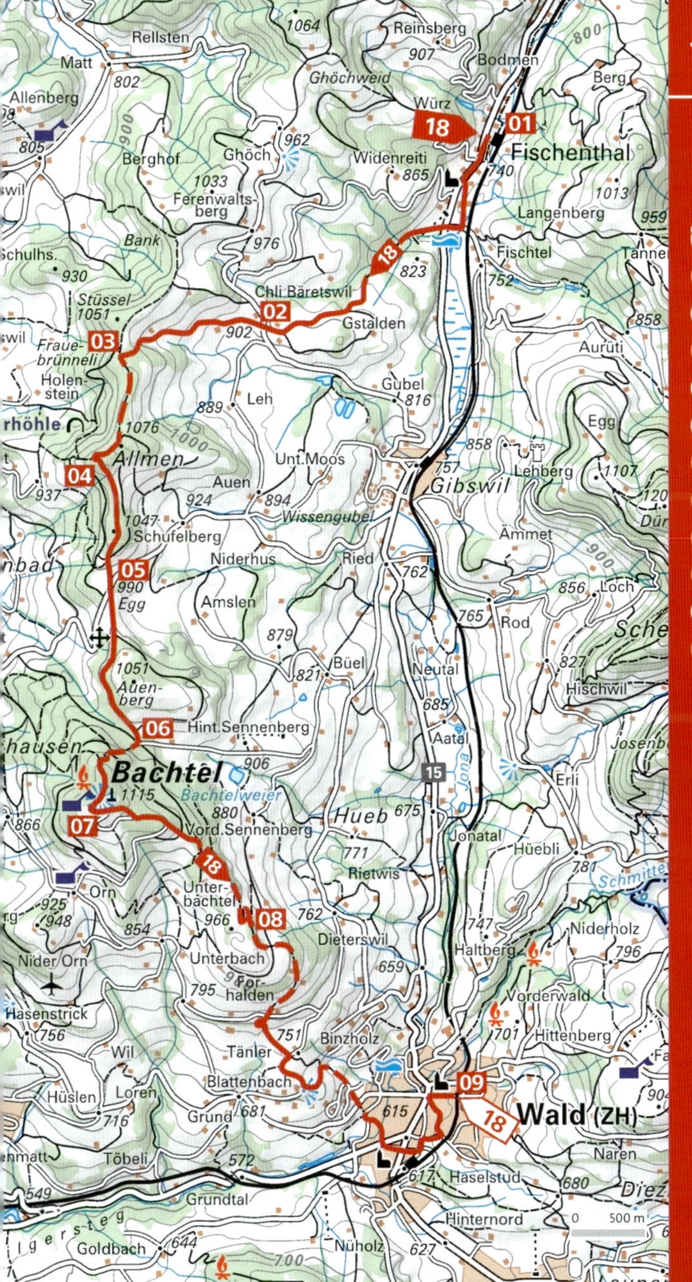
Fischenthal
Bachtel
Wald (ZH)
Gibswil
01
02
03
04
05
06
07
08
09
18

SCHEIDEGG • 1.200 m

Flache Ufer, steile Flanken

  13,5 km 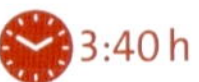 3:40 h 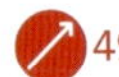 498 hm  617 hm 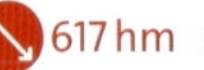  14

START | Bahnhof Fischenthal
[GPS: UTM Zone 32 x: 494.145 m y: 5.242.255 m].
Anfahrt: S 26, Rückfahrt von Wald: S 26.
CHARAKTER | Bergwanderung zu hervorragenden Aussichtspunkten mit Berggasthaus. Gelbe Markierung, steiler Aufstieg, überwiegend schattig.

Die Alp Scheidegg ist wegen der herrlichen Aussicht ein zu allen Jahreszeiten gern besuchtes Wander- und Ausflugsziel. Der Alpgasthof ist von Weiden umgeben, daneben liegt der Startplatz für Gleitschirmflieger. Ein besonderes Erlebnis ist der gemütliche Rückweg durch den romantischen Sagenraintobel.

▶ Folgen Sie vom **Bahnhof Fischenthal** 01 den Wegweisern Tannen, Hüttchopf, Scheidegg. Kurz auf der Strasse beginnt nach dem Ortsteil Fischtel der kräftige Anstieg: Pfade und Wege kürzen die Serpentinen des Strässchens ab, über Wiesen und durch Wald geht's hinauf zu den Höfen von **Tannen** 02.

Der Weiterweg führt durch das Wild- und Pflanzenschutzrevier Tössstock: Nach einem weiteren Anstieg erreichen Sie einen ersten hervorragenden Aussichtspunkt bei einem Egg (1.098 m) mit weitem Blick zu den Alpen, dem Bachtel und der Allmenkette auf der anderen Talseite. Auf dem Gratweg wandern Sie weiter durch Alpweiden, Info zu den Mutterkühen bei den allgemeinen

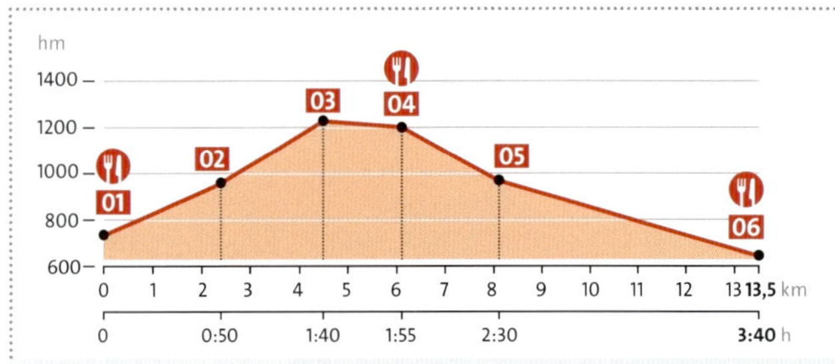

01 Bahnhof Fischenthal, 734 m; 02 Tannen, 959 m; 03 Hüttchopf, 1.232 m; 04 Scheidegg, 1.200 m; 05 Wolfsgrueb, 972 m; 06 Bahnhof Wald, 615 m

Tössbergland

Im Osten des Kantons Zürich liegt das Tössbergland mit seinen markanten Reliefunterschieden. Der Kernraum, besonders die steilen Hänge der Kerbtäler, ist von ausgedehnten Wäldern bedeckt, auf den weniger steilen Flächen finden sich Wiesen und Weiden. Früher lebten die Bewohner von der Viehwirtschaft, der Forstwirtschaft und der Köhlerei, was zu einer starken Abholzung führte. Dadurch kam es zu verstärkter Erosion, Hochwasser bedrohte und verwüstete immer wieder die Dörfer und das Kulturland an der Töss, deshalb galt die Töss, die Tosende, früher als der gefährlichste der Flüsse im Kanton Zürich.

Um die Gefahr zu bannen, wurde Ende des 19. Jhs. der Fluss reguliert, aber auch das stark abgeholzte Quellgebiet am Tössstock musste wieder aufgeforstet werden. Zu diesem Zweck kaufte der Kanton eine Anzahl von Heimwesen an der Vorder und Hinter Töss und wandelte die Äcker und Wiesen in Wald um. Dieser erstreckt sich nun zusammenhängend von den Höhen des Schnebelhorns, des Dägelsberges, des Tössstockes und des Hüttchopfes bis zur Talsohle und gibt dem Boden die erforderliche Festigkeit. Um die Massnahmen dauerhaft abzusichern, wurde die Region bereits 1912 zum ersten Wild- und Pflanzenschutzrevier des Kantons erklärt, viel Rotwild, aber auch Gämsen und Luchse haben hier ihren Lebensraum.

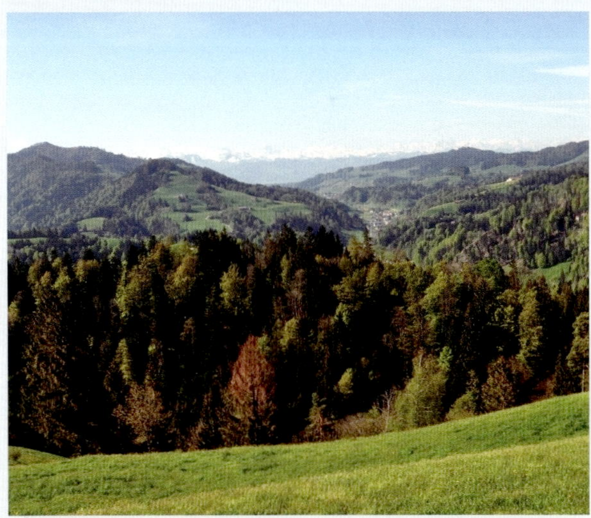

Blick über das Tössbergland zu den Alpen

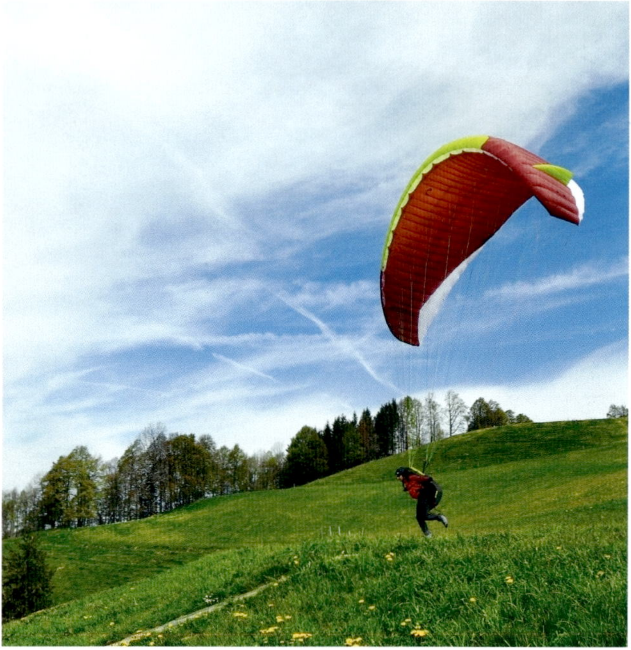

Scheidegg – ein beliebter Startplatz für Gleitschirmflieger

Tourenhinweisen beachten. Die Hauptroute führt auf einem Pfad über den grasbewachsenen **Hüttchopf** 03, ein breiter Weg unten vorbei zur Alp Überzütt. Der Hüttchopf am Westrand des Wild- und Pflanzenschutzgebietes gelegen, bietet neben der umfassenden Aussicht in die Bergwelt des Zürcher Oberlandes auch den besten Überblick über das Quellgebiet der Töss.

Von der Alp Überzütt geht es auf einem Fahrweg durch lichten Wald zum Alpgasthof **Scheidegg** 04 mit Panoramablick zum Alpenkranz – eine ideale Einkehrmöglichkeit (Mi bis So; www.alpscheidegg.ch). Nach der Einkehr folgen Sie vom Parkplatz hinter dem Gasthaus dem Wegweiser Wolfsgrueb. Auf einem Waldpfad im Zick-Zack durch Wald und Weiden den Steilhang hinunter und dann auf dem Fahrweg und Strässchen zum Wegpunkt **Wolfsgrueb** 05.

Vom Strässchen abwärts führt nach 50 m links der Pfad mit schönem Blick talauswärts hinunter zum Hof Ger. Dort beginnt die romantische Schlussetappe durch den Sagenraintobel immer dem Schmittenbach mit seinen vielen kleinen Kaskaden entlang, gegen Ende tief eingeschnitten ein schöner Wasserfall. Durch das Dorf mit Einkehrmöglichkeiten gelangen Sie von der Kirche links zum **Bahnhof Wald** 06.

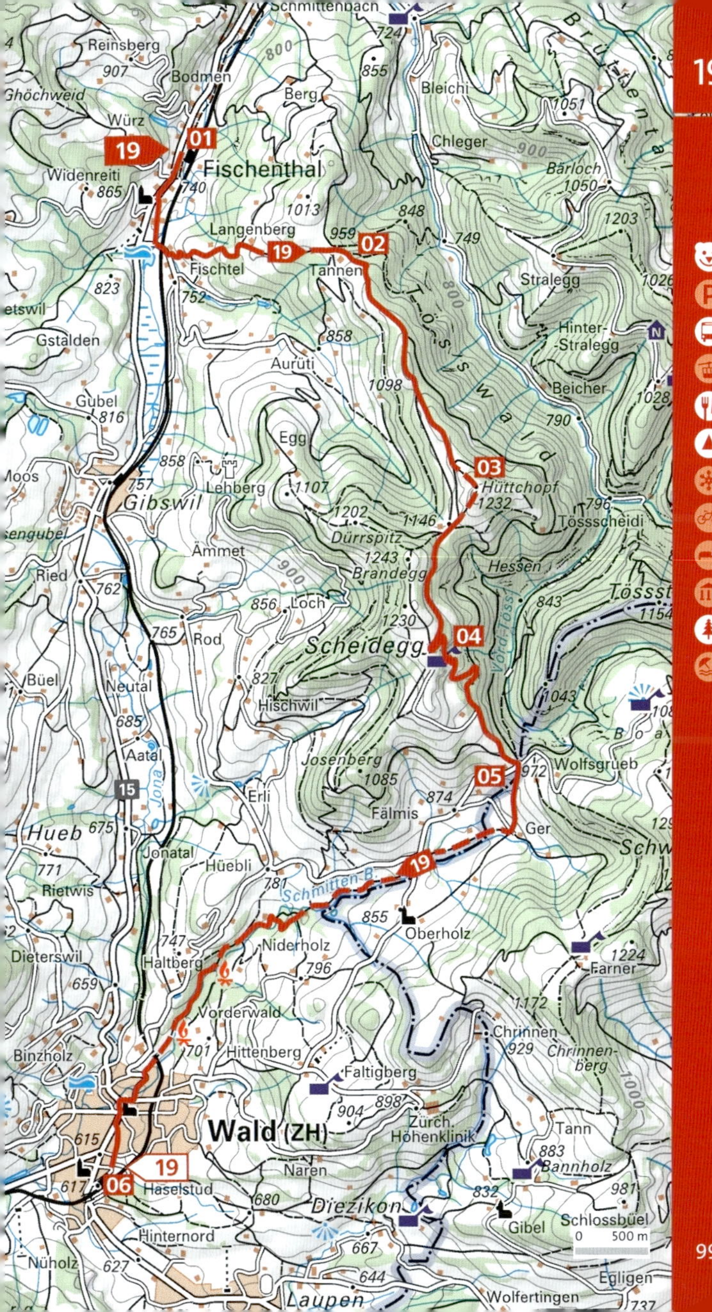
Fischenthal
Gibswil
Scheidegg
Wald (ZH)
Tössswald
Hüttchopf
Langenberg
Tannen
Fischtel
Dürrspitz
Brandegg
Josenberg
Fälmis
Ger
Wolfsgrueb
Oberholz
Niderholz
Vorderwald
Hittenberg
Faltigberg
Zürch. Höhenklinik
Naren
Haselstud
Diezikon
Laupen
Hinternord
Chrinnen
Bannholz
Gibel
Schlossbüel
Stralegg
Bleichi
Chleger
Bärloch
Hinter-Stralegg
Beicher
Tössscheidi
Hessen
Farner
Egg
Lehberg
Aurüti
Ämmet
Loch
Rod
Hischwil
Erli
Hüebli
Haltberg
Neutal
Aatal
Hueb
Jonatal
Rietwis
Dieterswil
Binzholz
Ried
Büel
Gubel
Gstalden
Widenreiti
Würz
Reinsberg
Bodmen
Ghöchweid
Berg
Schmittenbach
Tann
Egligen
Wolfertingen
Nüholz
01
02
03
04
05
06
19
0 500 m

SCHNEBELHORN • 1.292 m

Auf den höchsten Berg des Kantons Zürich

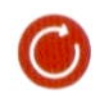

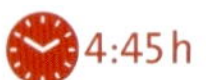

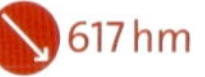

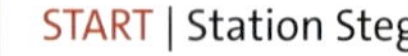
START | Station Steg
[GPS: UTM Zone 32 x: 495.014 m y: 5.244.436 m]. Anfahrt: S 26.
CHARAKTER | Abwechslungsreiche Bergwanderung mit herrlichen Aussichten. Gelbe Markierung, streckenweise steile An- und Abstiege, halb schattig. Einkehr im Bergrestaurant Tierhag (Mi – So).

Die Route von Steg über Rütiwis gilt als der schönste und interessanteste Aufstieg auf das **Schnebelhorn.** Immer wieder bieten sich spektakuläre Blicke auf das zerklüftete Tössbergland, am umfassendsten ist die Sicht vom Gipfel. Der Abstieg führt über Tierhag, Stralegg und durch das abgelegene Brüttental zurück nach Steg.

▶ Sie starten Ihre Wanderung an der **Station Steg** 01, Parkplatz. Bis zum Ortsteil Boden geht's 10 Min. der Strasse entlang, vorbei am Café (Bäckerei, Proviant Voland; Mo – Fr ab 6 Uhr, Sa und So ab 7 Uhr), ideal für den Kaffee vor der Tour. 300 m nach dem Café biegen Sie im Ortsteil **Boden** 02 die paar Stufen links in den Weg hinauf, Wegweiser „Schnebelhorn 2.20 Std.".

Nach einem steilen Anstieg durch Wald gelangen Sie zum **Hof Vorderegg** 03, danach geht's auf dem Fahrweg weniger steil über Brustel zum Weiler **Rütiwis** 04 – schöner Blick zum Hörnli. Hier zweigt rechts der steile Weg über Wie-

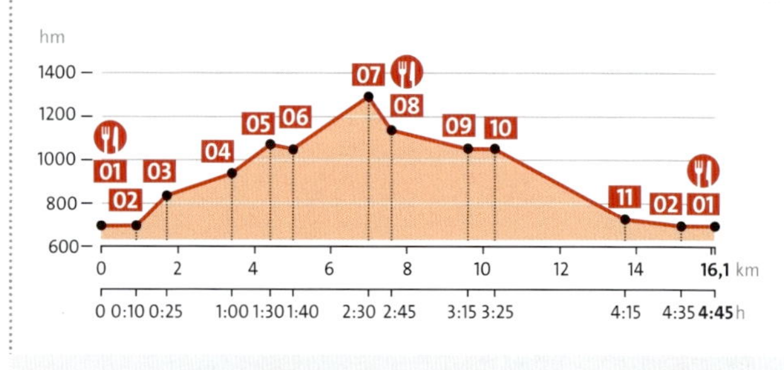

01 Station Steg, 695 m; 02 Boden, 696 m; 03 Vorderegg, 827 m; 04 Rütiwis, 940 m; 05 Rotengübel, 1.070 m; 06 Hirzegg, 1.050 m; 07 Schnebelhorn, 1.292 m; 08 Bergrestaurant Tierhag, 1.140 m; 09 Stralegg, 1.054 m; 10 Bärloch, 1.050 m; 11 Orüti, 724 m

sen- und Waldgrate hinauf zum Hirzegg ab, die Gegend ist geprägt durch Gräben, Eggen, steile Hänge, Erosionskessel und senkrecht abfallende Nagelfluhwände. Bei einer Weggabelung vor einem Waldgrat führt der Wanderweg geradeaus weiter hinauf über den Wegpunkt Roten Süd und wieder hinunter zum Wegpunkt **Rotengübel 05**, der rot markierte Pfad (Bergweg) führt direkt hin. Hier treffen Sie auf den Toggenburger Höhenweg Nr. 48 und den Züri-Oberland-Höhenweg Nr. 69, die beide über das Schnebelhorn verlaufen. Sie wandern nun auf dem Grenzgrat zum Kanton St. Gallen weiter, links an der Kuppe **Hirzegg 06**, Gipfelkreuz, vorbei.

Einen herrlichen Blick ins Toggenburgerische geniessen Sie

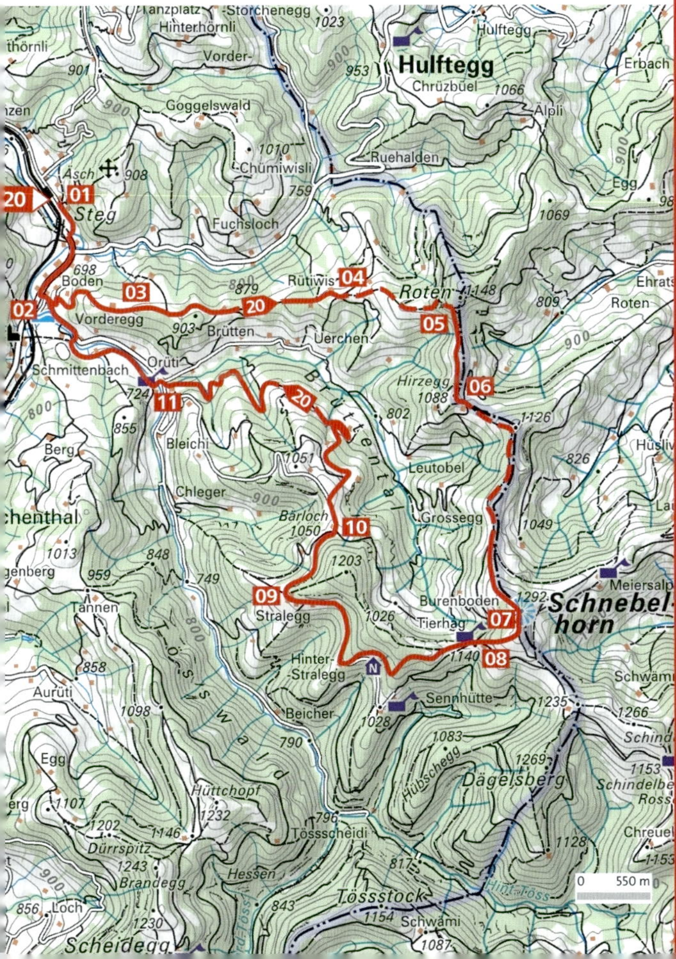

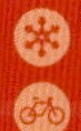
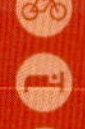

vom Grat beim Aufstieg zum **Schnebelhorn** 07. Vom Gipfel bietete sich eine umfassende Sicht ins Toggenburg, ins Tössbergland, über das Tösstal, den Zürichsee, ins Mittelland und auf den Halbkreis der Alpenketten im Süden. Kurz noch dem Grat entlang weiter, biegen Sie bei den Wegweisern steil nach rechts hinunter zum **Bergrestaurant Tierhag** 08 zur Einkehr. Von hier gibt's einen direkten, teilweise steilen Weg nach Bärloch, gemütlicher ist es, auf der Kiesstrasse, später asphaltiert, mit schöner Aussicht nach **Stralegg** 09 zu wandern. Lange stand in dem Weiler das höchst gelegene Schulhaus des Kantons, 2014 wurde es geschlossen.

Auf dem Strässchen weiter nach **Bärloch** 10, wo kurz nach dem Wegpunkt der Pfad nach rechts abzweigt. Er führt steil den Hang hinunter zum Fahrweg durchs Brüttental mit seinen Nagelfluhwänden, auf dem Sie über Eggweg nach **Orüti** 11 wandern. Über die Strasse und Holzbrücke geht's dann auf einem Kiesweg talauswärts, gegen Ende wieder über eine Brücke zur Strasse, in **Boden** 02 treffen Sie wieder auf den Herweg. Einkehren können Sie in der Bäckerei Voland oder im Gasthaus Zum Steg schräg gegenüber, Gastgarten etwas abseits der Strasse.

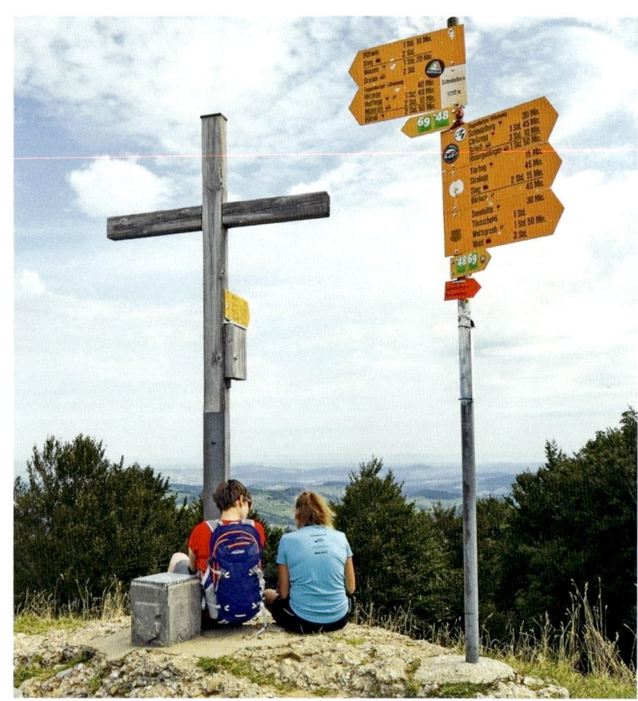

Am Schnebelhorn

HÖRNLI • 1.133 m

Zum Berggasthaus auf dem Aussichtsgipfel

  10,3 km 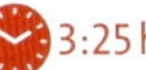 3:25 h 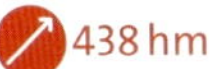 438 hm 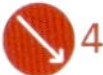 495 hm 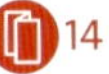 14

START | Steg [GPS: UTM Zone 32 x: 495.012 m y: 5.244.440 m]
Anfahrt und Rückfahrt: S 26.
CHARAKTER | Aussichtsreiche Voralpentour. Gelbe Markierung, überwiegend schattig.

Der nahe der Grenze dreier Kantone isoliert stehend **Hörnligipfel** bietet eine der umfassendsten Aussichten im ganzen Land. Er ist trigonometrischer Punkt erster Ordnung, neben dem Berggasthaus ragt die hohe Antenne als Landmarke in den Himmel. Die Rundumsicht reicht hunderte Kilometer vom Hochvogel im bayerischen Allgäu bis zum Alpenkranz.

▶ Die kürzeste Aufstiegsroute startet in **Steg** 01; gegenüber der Station beginnt der Anstieg. Der Weg kreuzt mehrmals den Fahrweg, zuerst steil durch den Wald hinauf, dann mit zunehmend weiter Aussicht über einen Wiesengrat. Auf einem Fahrweg geht es in einer Schleife über den Hof Tanzplatz und danach auf einem Fussweg zum **Hörnligipfel** 02 mit seiner herrlichen Rundumsicht und dem Berggasthaus zur Einkehr (Mo bis So, Betriebsferien erste Julihälfte; www.berggasthaus-hoernli.ch).

Für den Abstieg folgen Sie dem Wegweiser Heiletsegg, Bauma. Auf einem Treppenweg steigen Sie durch Wald zu einem Sattel ab. Geradeaus weiter führt ein aussichtreicher Weg über den Wald- und Wiesengrat hinunter zum Bauernhof am **Heilet-**

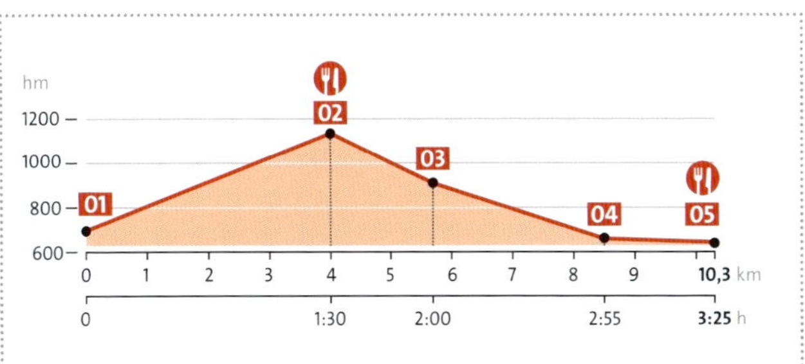

01 Steg, 695 m; 02 Hörnli, 1.133 m; 03 Heiletsegg, 910 m; 04 Tüfenbach, 661 m; 05 Bauma, 638 m

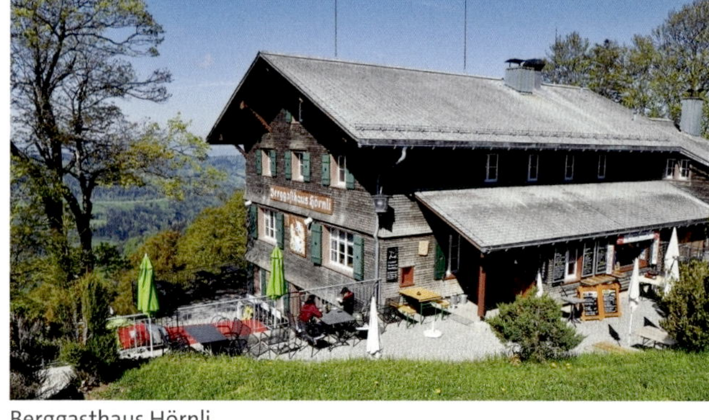

Berggasthaus Hörnli

segg **03**. Der Abstieg setzt sich auf breitem Weg fort, bald durch Hochwald mit Fichten und Buchen auf oder nahe dem Grat. Gegen Ende geht's durch eine Wiese und auf steilem Waldweg hinunter nach **Tüfenbach** **04** im Tal und auf dem Tössuferweg nach **Bauma** **05**, Station, mehrere Einkehrmöglichkeiten.

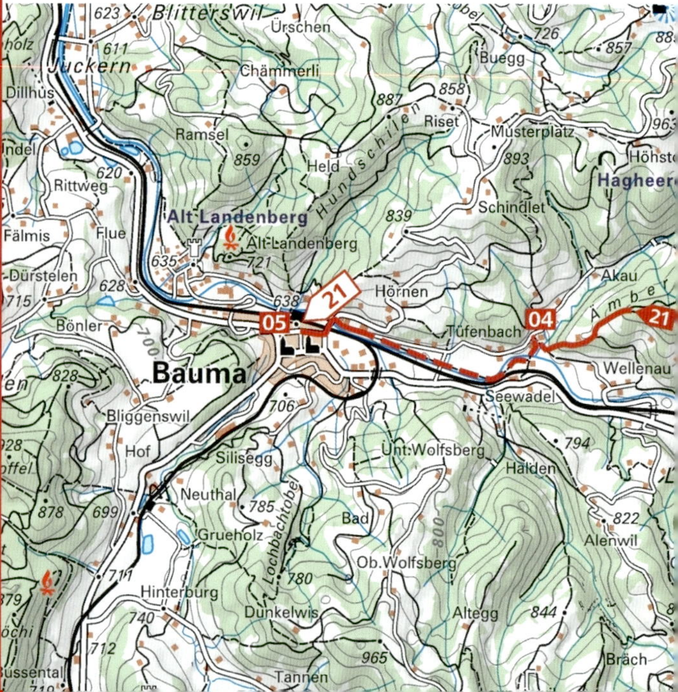

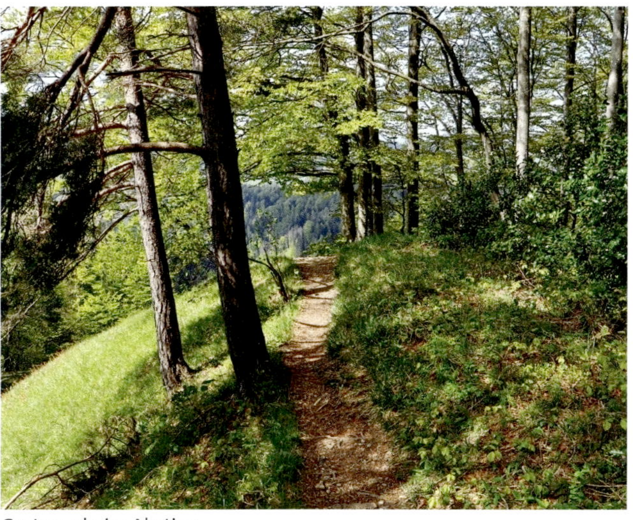

Gratweg beim Abstieg

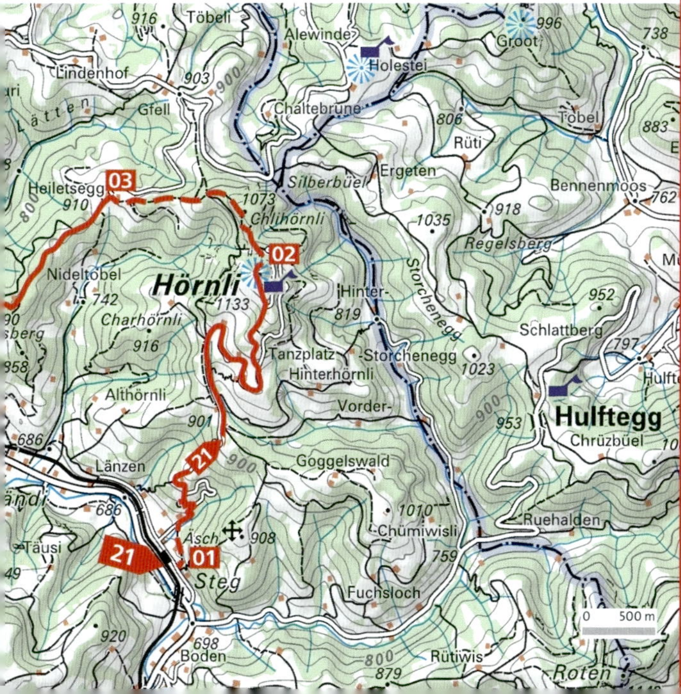

TÄUFERHÖHLE

Vom Tösstal über das Allmenplateau nach Bäretswil

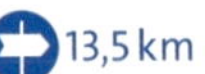

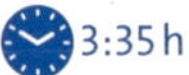

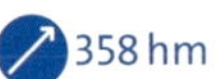

START | Station Steg
[GPS: UTM Zone 32 x: 495.015 m y: 5.244.437 m].
Anfahrt: S 26, Rückfahrt: Bus 850 von Bäretswil nach Bauma.
CHARAKTER | Ruhige und aussichtsreiche Wanderung, steiler Abstieg auf Treppenweg zur imposanten Täuferhöhle. Gelbe Markierung, überwiegend sonnig.

Ausgedehnte Weiden und Wiesen prägen das Plateau der Allmenkette. Am nördlichen Abhang liegt die grosse **Täuferhöhle**, ein sehenswertes Naturdenkmal mit interessanter Geschichte, siehe Info. Am Ende geht's vorbei an der alten Sagi und durch das schluchtartige Tal des Aabaches nach Bäretswil.

▶ Von der **Station Steg** 01 folgen Sie dem Wegweiser Ghöch, auf der Strasse talaufwärts, über die Töss und die Bahn. Danach beginnt der kräftige Anstieg über die Wiese und den Steilhang hinauf zur Kante. Anschliessend geht's in Etappen weiter durch Wald und dem Waldrand entlang aufwärts, vorbei am Hof Burgböl zum **Hof Schloss** 02.

Ab nun wandern Sie über Wiesen und Weiden über die Allmenkette, immer mit herrlicher Sicht auf die bewaldeten Tössberge mit dem Schnebelhorn, im Süden der Bachtel. Vorbei am Hof Wil erreichen Sie den **Hof Ghöchweid** 03. Auf einem Wiesenweg wandern Sie weiter nach **Ghöch** 04 mit

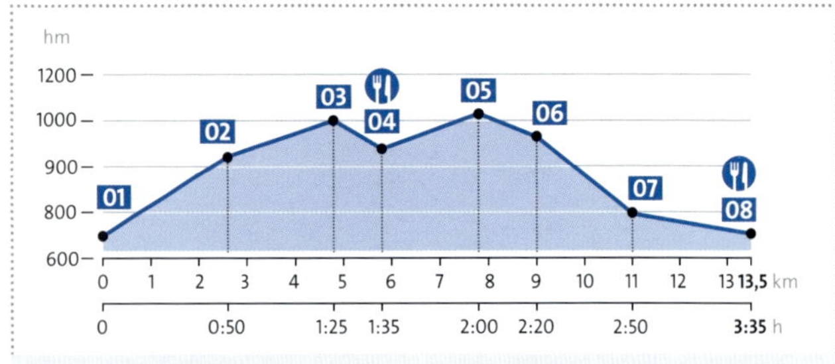

01 Station Steg, 695 m; 02 Hof Schloss, 940 m; 03 Hof Ghöchweid, 1.000 m; 04 Ghöch, 977 m; 05 Frauebrünneli, 1.030 m; 06 Täuferhöhle, 930 m; 07 Sagi Stockrüti, 795 m; 08 Bäretswil, 706 m

Täuferhöhle

Die Täuferhöhle ist die bekannteste der vielen Höhlen im Umkreis der Tösser Berge. Alle gehören der Molasseformation an, deren Gesteinsarten Nagelfluh, Sandstein und Mergel sind. Das feste Nagelfluhgestein bleibt gewöhnlich bei diesen Höhlen als überhängende Wand, „Gubel" genannt, lange Zeit erhalten. Darunter lagern oft weichere Schichten von Mergel und Sandstein, die, vom Sickerwasser gelockert, nach und nach herauswittern und durch das Wasser fortgespült werden, sodass unter dem Nagelfluhdach Hohlräume entstehen.

Ihren heutigen Namen erhielt die Täuferhöhle, weil sie der Sekte der Wiedertäufer als Rückzugs- und Zufluchtsort diente. Im Zürcher Oberland hatten die Wiedertäufer, die die Taufe der Kinder für etwas Unchristliches hielten und eine neue Kirche gründen wollten, viele Anhänger, 1525 entstand in Zürich die erste Täufergemeinde. Sie wurde auch von Zwinglis evangelischer Lehre als radikale Konkurrenz verfolgt und verboten. Einige Anhänger flüchteten in die Holensteinhöhle und machten sie bewohnbar, auch gemeinsame Gottesdienste wurden hier abgehalten. Durch die brutale Verfolgung und die Hinrichtung des letzten Anführers wurde die Bewegung schliesslich im Jahr 1677 endgültig zerschlagen.

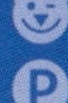

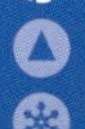

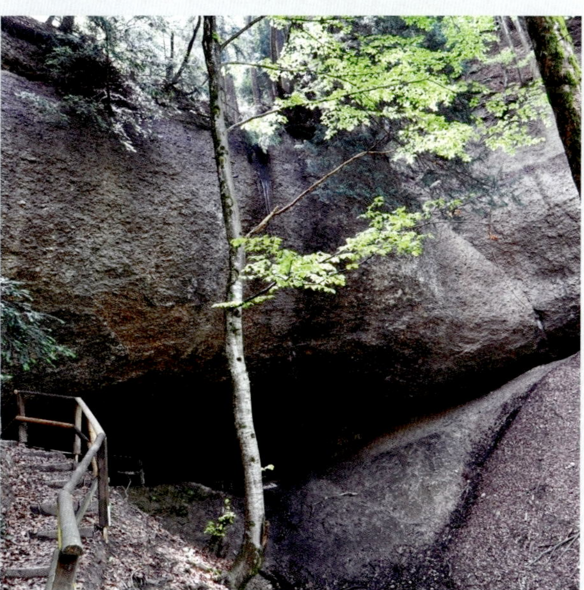

passender Einkehrmöglichkeit im Ausflugsrestaurant Berg (Mi – So) mit geschützter Aussichtsterrasse (www.berg-ghoech.ch).

Auf der Strasse kurz weiter nach Fehrenwaltsberg, hier nach rechts, Wegweiser Bäretswil. Auf dem Strässchen zum Waldrand und dem Wegweiser Frauebrünneli folgen, hier nicht nach Bäretswil absteigen. Auf schönem, aussichtreichem Pfad wandern Sie dem Waldrand unterhalb des Stüssels entlang zum **Frauebrünneli** 05, mit 1.030 m der höchste Punkt der Wanderung; Rastplatz beim Quellbrunnen.

In zwei Etappen geht's dann teils steil auf Treppenwegen durch die

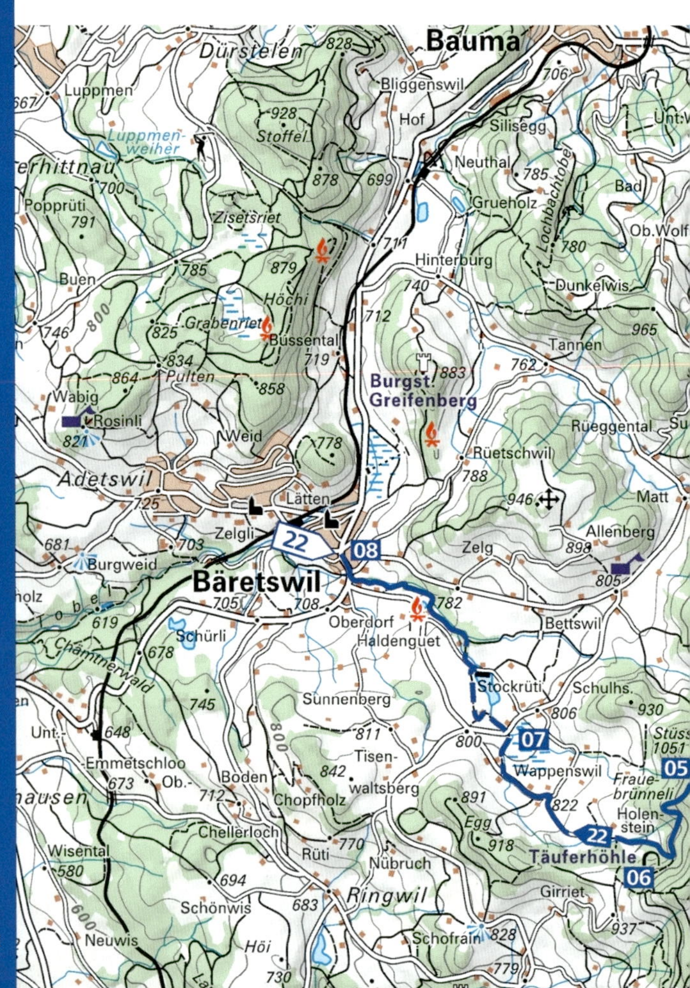

zerfurchte Steilflanke hinunter zur grossen **Täuferhöhle** **06** in der Nagelfluhwand, nach Regenfällen mit Wasserfall. Nach dem Besuch der Höhle steigen Sie ab zur Talebene, nach Wappenswil gelangen Sie auf einem Pfad zur alten **Sagi Stockrüti** **07**. Sie ist die letzte von einem Wasserrad angetriebene Säge im Zürcher Oberland, heute Museum. Am Stöckweiher vorbei wandern Sie am Ende durch das schluchtartige Tal des Aabachs, zuerst am Hang und dann dem Bach entlang ins Dorf **Bäretswil** **08** mit mehreren Einkehrmöglichkeiten.

Der Weg dem Bach entlang setzt sich durch den Kemptertobel fort (siehe Tour 25).

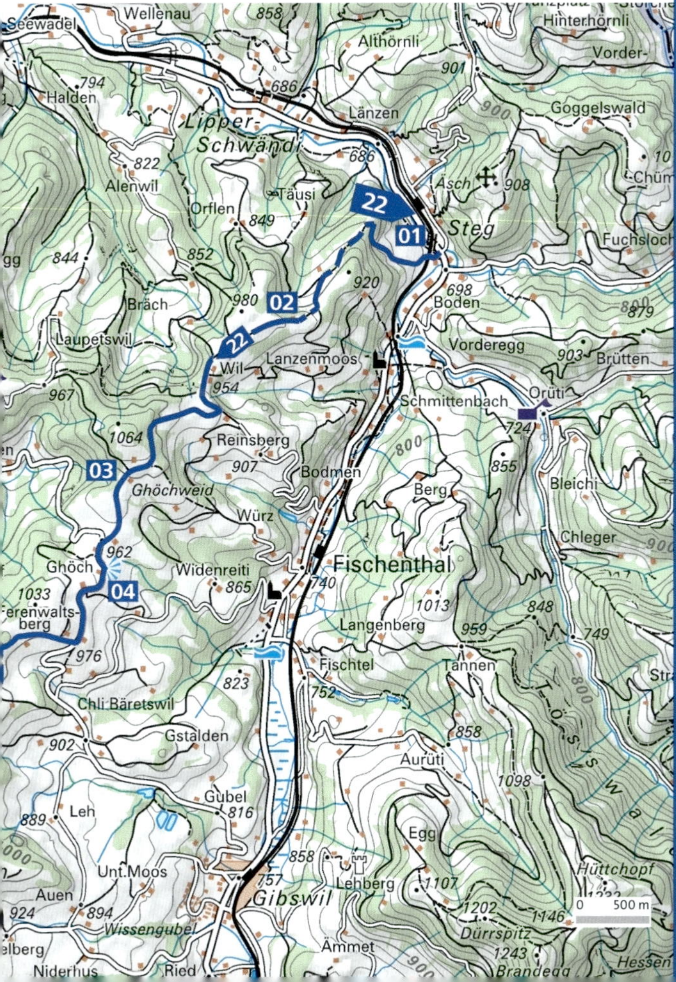

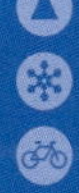

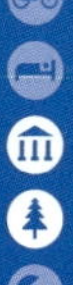

LOCHBACHTOBEL

Spektakuläre Talschlucht und aussichtsreiche Höhen

 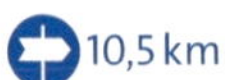 10,5 km 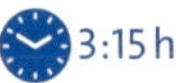 3:15 h 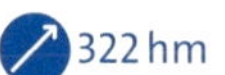 322 hm  322 hm  14

START | Bauma, Station
[GPS: UTM Zone 32 x: 490.833 m y: 5.246.095 m].
Anfahrt und Rückfahrt: S 26.
CHARAKTER | Eindrückliche Rundwanderung durch einen Tobel und über Hügel und Grate. Steiler Auf- und Abstieg, teilweise auf Treppenwegen. Gelbe Markierung, überwiegend schattig.

Ein aufwendig angelegter **Guyer-Zeller-Weg** mit vielen Brücken und Steiganlagen führt durch den **Lochbachtobel** mit seinen hohen Nagelfluhfelsen und grossen Wasserfällen. Von den Höhen, den Gratwegen und dem Einkehrgasthof Sunehof (Do – So) bieten sich weite Aussichten auf die bewaldeten Tössberge. Nach einem steilen Abstieg geht's gemütlich dem Kollerbach und der Töss entlang zurück nach Bauma.

▶ Sie starten Ihre Wanderung an der **Station in Bauma** 01 und folgen für den Weg durch den Lochbachtobel dem Wegweiser Hohenegg. Zur Kirche, Hauptstrasse links und die Wolfsbergstrasse rechts hinauf zum Bahnübergang, hier halbrechts auf dem Strässchen zum Hof Loch am Eingang zum Tobel. Auf dem gut ausgebauten Guyer-Zeller-Weg steigen Sie in zwei Etappen an, vorbei an mächtigen Steilwänden mit grossen Wasserfällen, am Ende auf einer langen Eisentreppe direkt über die Felsen hinauf.

Beim Querweg auf der Höhe des **Lochbachtobels** 02 folgen Sie dem Wegweiser Sunnenhof nach links.

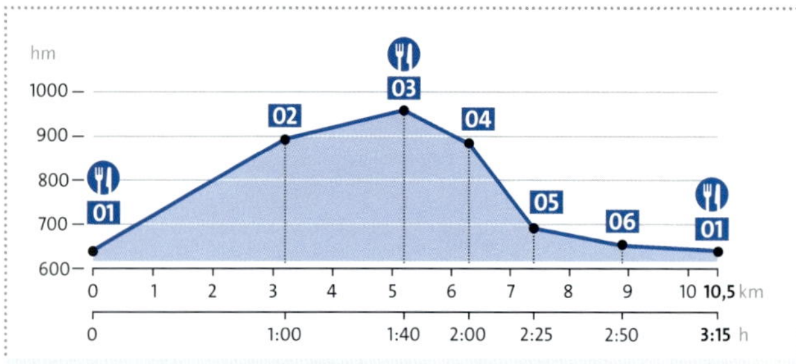

01 Bauma, 638 m; 02 Lochbachtobel, Höhe, 890 m; 03 Sunnehof, 960 m; 04 Unterlaubetswil, 884 m; 05 Kollerbach, 690 m; 06 Seewadel, 653 m

Über Waldgrate und Wiesen geht's in leichtem Auf und Ab zu einem kleinen Rast- und Grillplatz am Tännler, vom Wiesengrat geniessen Sie einen herrlichen Blick auf das Hörnli mit seiner grossen Antenne und die Tösstaler Berge. Anschliessend zum Strässchen und auf diesem zum Bergrestaurant **Sunnehof** **03**, eine gemütliche Einkehr mit Terrasse.

Auf dem Strässchen wandern Sie weiter um den Taleinschnitt bis zum Weiler **Unterlaubetswil** **04**, vis-a-vis sehen Sie die Teufelskanzeln, eine senkrecht abfallende Steilwand. Danach geht's über einen Wiesengrat und dann auf einem Pfad und Treppenweg steil den Waldgrat hinunter zum **Kollerbach** **05**. Den Schluss bilden zwei angenehme Uferwege – zuerst dem Kollerbach entlang bis **Seewadel** **06** und dann nach 200 m auf dem Gehsteig der Töss entlang zurück nach **Bauma** **01** mit mehreren Einkehrmöglichkeiten.

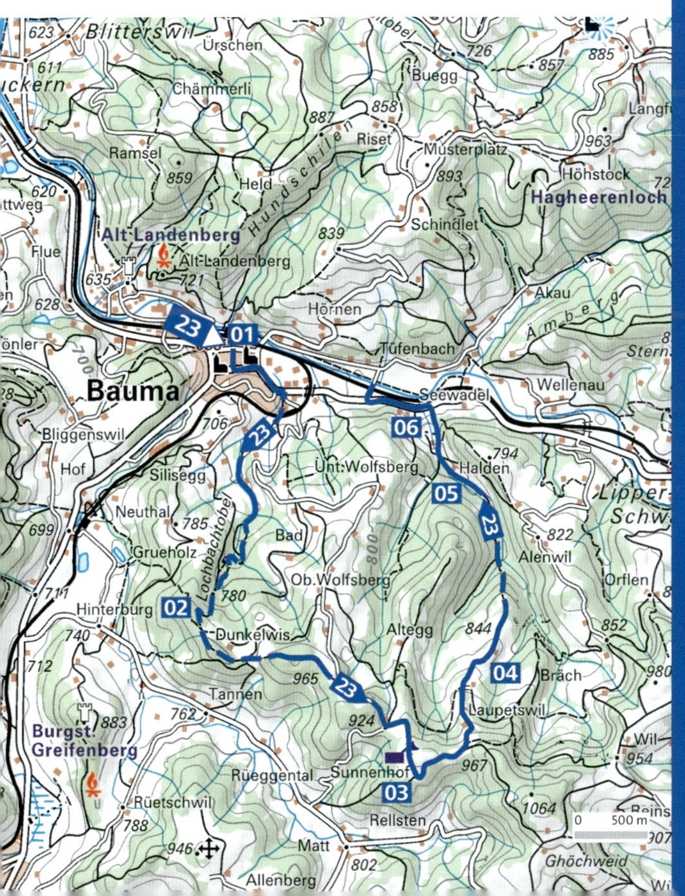

Guyer-Zeller-Wege

In der Umgebung von Bauma gibt es viele herrliche Wanderrouten, die unter dem Namen „Guyer-Zeller-Wege“ bekannt sind und die Naturschönheiten der Region erschliessen. Über eiserne Brücken und Treppen führen sie durch Waldtobel des Tössberglandes, vorbei an Nagelfluhwänden mit Wasserfällen und über aussichtsreiche Höhen.

Sie sind das Werk des Textilindustriellen und Naturfreundes Adolf Guyer-Zeller, der sie Ende des 19. Jhs. anlegen liess, um den Einheimischen und Touristen die Schönheiten seiner Heimat zu zeigen. Die „Guyer-Zeller-Wege“ nehmen mit ihren 29 km, den 74 Brücken und 85 Treppenanlagen bis heute eine Sonderstellung im 400 km langen Wegenetz des Zürcher Oberlandes ein und werden in aufwendiger Arbeit von den örtlichen Verkehrsvereinen erhalten.

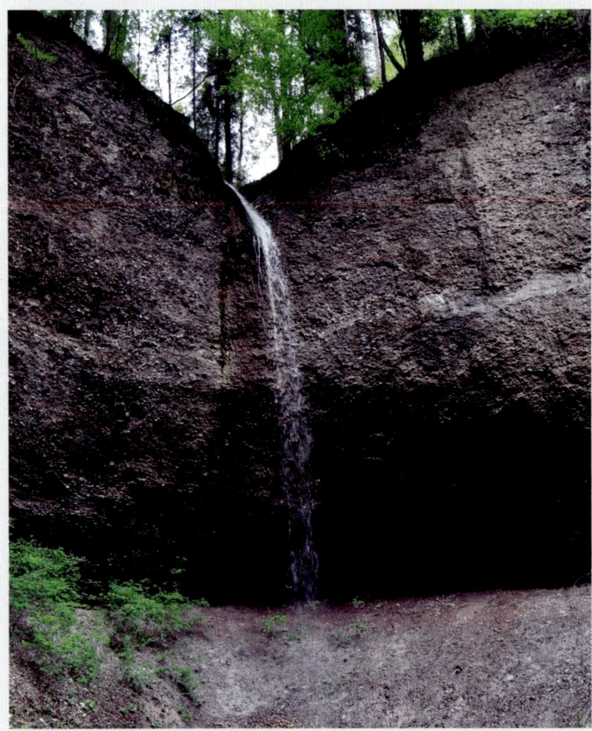

Wasserfall im Lochbachtobel

ALTLANDENBERG – HOCHLANDENBERG

Burgruinen und Waldschluchten

 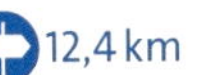 12,4 km 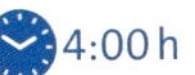 4:00 h 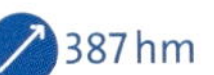 387 hm  387 hm  14

START | Station Bauma
[GPS: UTM Zone 32 x: 490.832 m y: 5.246.094 m]. Anfahrt: S 26.
CHARAKTER | Romantische Wanderung, im ersten Teil auf Guyer-Zeller-Wegen durch Tobel und über Höhenrücken, im zweiten Teil Flusswanderung. Gelbe Markierung, halb schattig.

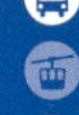

Ein kunstvoll angelegter Guyer-Zeller-Weg erschliesst die waldigen Schluchten mit interessanten Felsformationen und Wasserfällen zwischen den Ruinenhügeln Altlandenberg und Hochlandenberg. Auf dem gemütlichen Tössuferweg geht's dann zurück nach Bauma.

▶ Von der **Station Bauma** 01 folgen Sie den Wegweisern Ruine Altlandenberg, Hochlandenberg. Kurz den Gleisen entlang talabwärts, durch die Bahnunterführung, über die Tössbrücke und auf dem Pfad den Hang hinauf zur **Ruine Altlandenberg** 02.

Die Burg Altlandenberg wurde um 1200 als typische Rodungsburg mit Ringmauer, Torbau, Innenhof und Palas erbaut. Nachdem die letzten Burgherren 1315 in der Schlacht am Morgarten auf Seiten der Habsburger gefallen waren, wechselte die Burg oft ihre Besitzer, verfiel langsam und diente als Baumaterial u.a. für einen Kirchenbau, 1958 wurden die letzten, vollständig zugewachsenen Reste freigelegt und konserviert.
Ein schöner Waldweg führt anschliessend hinein ins Tobel des Rüeggenbaches. Über Eisenbrücken, Treppen und Waldwegen

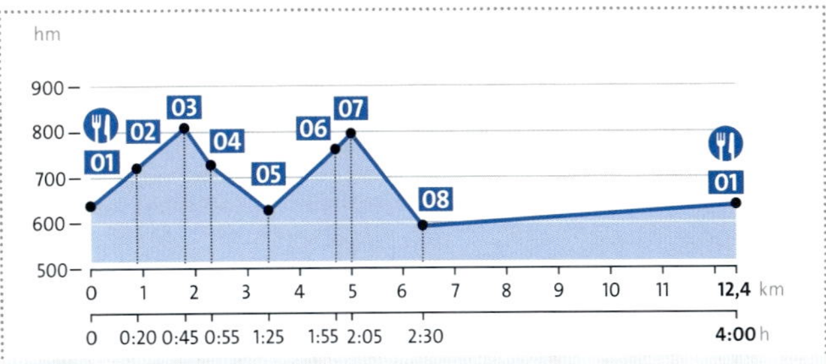

01 Bauma, 638 m; 02 Ruine Altlandenberg, 721 m; 03 Waldwiese, 809 m; 04 Chämmerli, 728 m; 05 Strasse, 626 m; 06 Vordereich, 761 m; 07 Hochlandenberg, 795 m; 08 Tössufer, 591 m

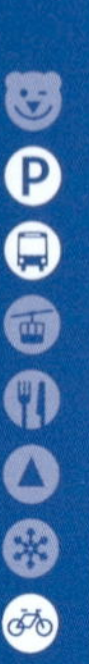

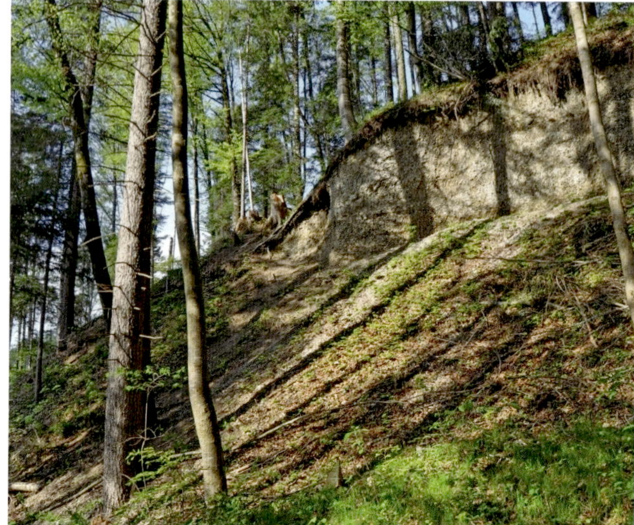

Felsen am Schlossberg

steigen Sie hinauf zum Grill- und Rastplatz bei einer grossen **Waldwiese** 03 und anschliessend hinunter zum **Hof Chämmerli** 04. Der Wanderweg führt weiter zum Bachsteg und durch den Chämmerlitobel mit seinen romantischen Wasserfällen. Auf aufwendig angelegten Hangbrücken queren Sie die Steilflanken mit Nagelfluhfelsen. Am Tobelausgang stossen Sie auf die **Strasse** 05 von Juckern nach Choltobel.

Es folgt ein kräftiger Anstieg durch Wiese und Wald zum Fahrweg, auf diesem dann fast eben links mit schöner Aussicht weiter zu den Höfen von **Vordereich** 06 auf der Hangschulter. In 10 Min. sind Sie dann auf dem bewaldeten Gipfelplateau des **Hochlandenbergs** 07, auf dem einst eine Burg stand, schöner Rast- und Grillplatz. Die Burg wurde gegen 1300 von den Herren von Landenberg auf dem künstlich abgeflachten Plateau errichtet und bereits 1344 von den Zürchern und Habsburgern zerstört, Burgherr Beringer II. hatte sich der Räuberei und Falschmünzerei schuldig gemacht. Die Steine der zerfallenden Ruine wurden beim Bau der ersten Baumwollspinnerei in Turbenthal verwendet.

Eiserne Brücken führen über die früheren Burggräben Richtung Wila, auf einem Grat- und Treppenweg geht's hinunter zu einer kleinen Terrasse. Ein schöner, auch von Guyer-Zeller angelegter Weg quert nun die Steilflanke des Schlossberges mit etlichen Hangbrücken unter Nagelfluhfelsen, das **Tössufer** 08 erreichen Sie bei einem grossen Rastplatz. Auf dem Tössuferweg wandern Sie dann flussaufwärts nach **Bauma** 01 zurück; Abkürzungsmöglichkeit nach 25 Min. zur Station Saland.

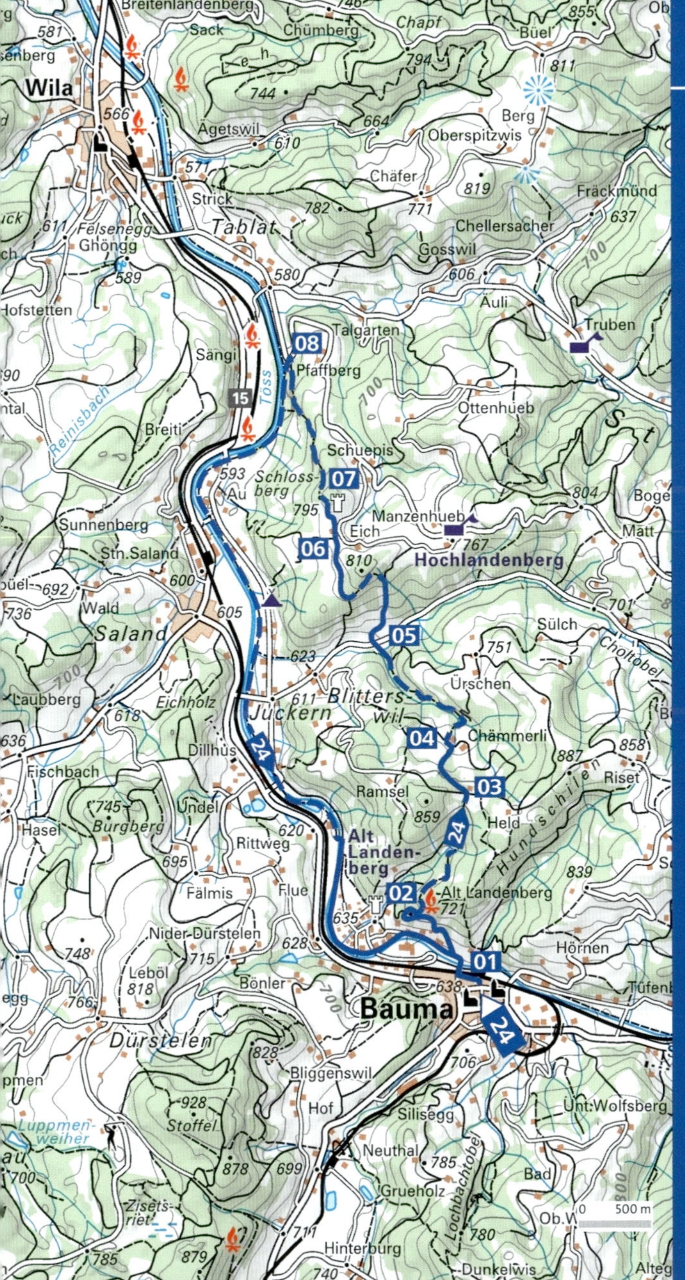
Breitenlandenberg
Sack
Chümberg
Chapf
Büel
Wila
Ägetswil
Oberspitzwis
Berg
Chäfer
Strick
Tablat
Felsenegg
Ghöngg
Fräckmünd
Chellersacher
Gosswil
Äuli
Hofstetten
Talgarten
Truben
Sängi
Pfaffberg
Töss
Reinisbach
Breiti
Ottenhueb
Schuepis
Schloss-
berg
Au
Sunnenberg
Stn.Saland
Manzenhueb
Eich
Hochlandenberg
Boge
Matt
Wald
Saland
Sülch
Choltobel
Laubberg
Eichholz
Jückern
Blitters-
wil
Ürschen
Chämmerli
Dillhus
Fischbach
Ramsel
Riset
Undel
Burgberg
Hasel
Held
Hundschilen
Rittweg
Alt
Landen-
berg
Alt Landenberg
Fälmis
Flue
Nider-Dürstelen
Hörnen
Leböl
Bönler
Bauma
Tüfenb
Dürstelen
Bliggenswil
Hof
Silisegg
Unt.Wolfsberg
Luppmen-
weiher
Stoffel
Neuthal
Grueholz
Bad
Lochbachtobel
Zisets-
riet
Ob.W
Hinterburg
Dunkelwis
Alteg
0 500 m
01
02
03
04
05
06
07
08
15
24

ROSINLI – KEMPTERTOBEL

Aussichtspunkt mit Bergwirtschaft und romantischer Tobel

  12 km  3:25 h  305 hm  391 hm  14

START | Station Bauma
[GPS: UTM Zone 32 x: 490.830 m y: 5.246.096 m].
Anfahrt: S 26, Rückfahrt: S 3.
CHARAKTER | Abwechslungsreiche Wanderung über aussichtsreiche Höhen, Abstieg durch Talschlucht. Gelbe Markierung, schattig.

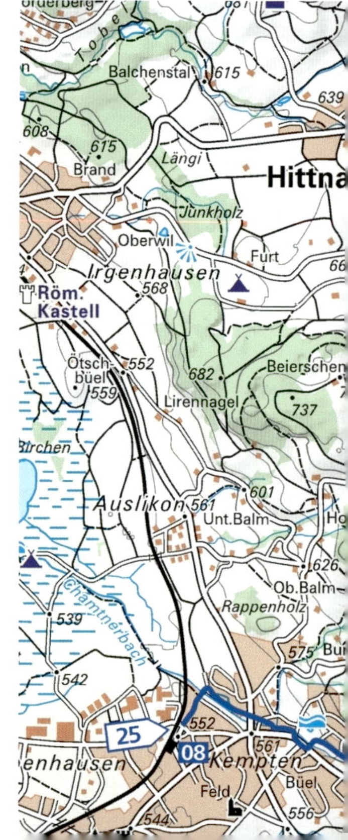

Das **Rosinli** mit dem Drei-Seen-Blick ist einer der bekanntesten und dankbarsten Ausflugsorte im Oberland. Ebenso reizvoll ist der Abstieg durch den **Kemptertobel** mit seinen Naturschönheiten und alten Technikdenkmälern.

▶ Von der **Station Bauma** **01** folgen Sie den Wegweisern Bliggenswil, Stoffel, Kempten. Kurz den Gleisen entlang talabwärts, biegen Sie vor der Unterführung nach links und über die Strasse. Nun wandern Sie auf dem Guyer-Zeller-Weg, vorbei an Nagelfluhwänden, den bewaldeten Hang hinauf nach **Bliggenswil** **02**. Nach den letzten Häusern geht's links steil, teils auf Treppenweg, bergan auf das bewaldete Plateau. Vom Aussichtspunkt **Stoffel** **03** bietet sich ein schöner Blick zu den Tössbergen.

Leicht abfallend wandern Sie weiter zum Wegpunkt Lättenweid und dann halbrechts Richtung Grabenriet, Rosinli. Auf einem Waldweg und Fahrweg, vorbei am Golfplatz des Country Clubs Hittnau, gelangen Sie zum **Naturschutzgebiet Grabenriet** **04**, Moor und Riet-

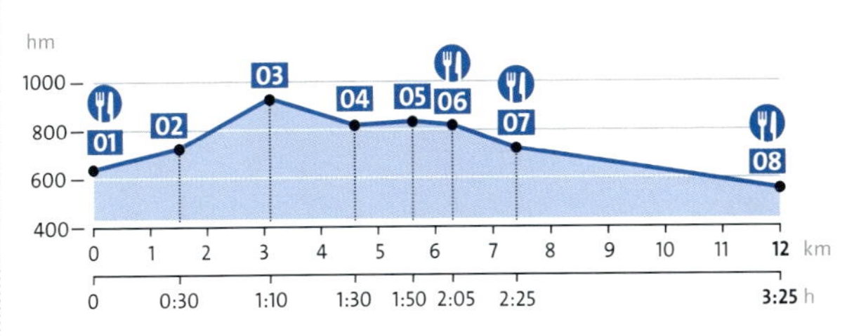

01 Station Bauma, 638 m; 02 Bliggenswil, 716 m; 03 Stoffel, 928 m; 04 Naturschutzgebiet Grabenriet, 820 m; 05 Pulten, 835 m; 06 Rosinli, 823 m; 07 Adetswil, 724 m; 08 Station Kempten, 552 m

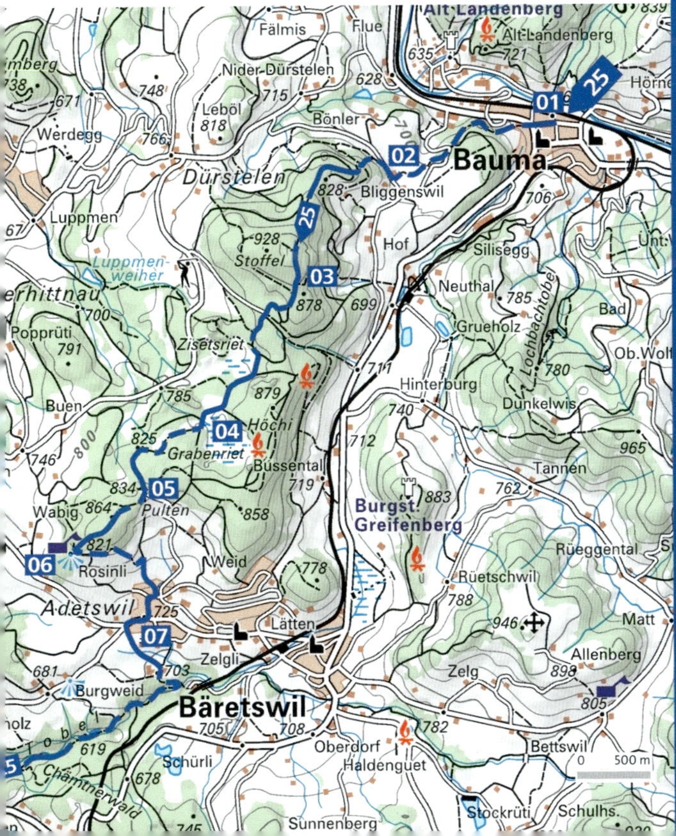

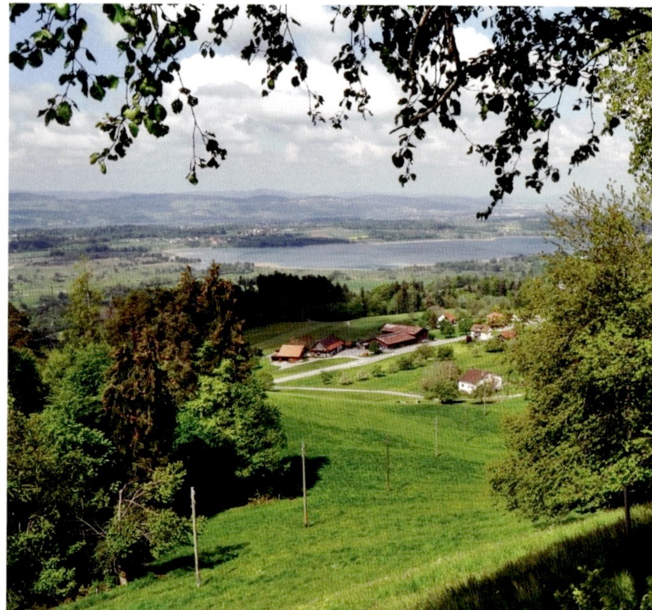

Blick vom Rosinli zum Pfäffikersee

Kemptertobel

Der Chämptner Aabach hat nach der Eiszeit einen tiefen Tobel in die Seitenmoräne des ehemaligen Linth-Rhein-Gletschers und die darunterliegende Molasse aus Nagelfluh und Mergel gegraben. Dabei wurden die weicheren Sandsteinmergel schneller wegerodiert als die härteren Nagelfluhschichten, es bildeten sich Rippen und Kaskaden, über die sich Wasserfälle ergiessen.

Um 1850 wurde begonnen, das Wasser für die Industrialisierung zu nutzen. Da im engen Tobel zu wenig Platz für die Fabriksgebäude vorhanden war und man Elektrizität noch nicht kannte, errichtete man Türme, von denen aus mittels Drahtseilen die Maschinen in den Spinnereien auf der Talschulter angetrieben wurden. So bildete sich am Chämptnerbach in der 2. Hälfte des 19. Jhs. eine ganze Webereikette, die heute wieder weitgehend verschwunden ist. Die zwei Tobeltürme sind noch Zeugen der beginnenden Industrialisierung, heute ist der Tobel ein beliebtes Wander- und Erholungsgebiet, besonders attraktiv durch sein spezifisches Mikroklima mit vielen spezialisierten Pflanzen- und Tierarten.

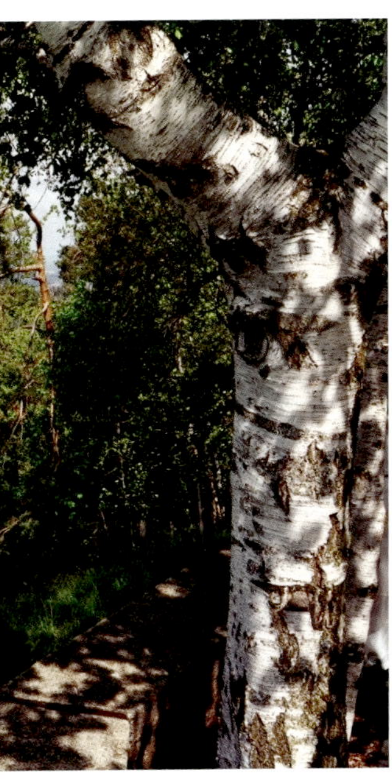

wiesen in einer Waldlichtung mit schönem Rast- und Grillplatz.

Auf einer Forststrasse erreichen Sie den Aussichtspunkt **Pulten** 05 am Rand des Ebnerberges mit weitem Blick zum Hörnli. Leicht ansteigend und wieder abfallend geht's dann über das Plateau zum **Rosinli** 06 mit herrlichem Blick auf die Seen, das Glatttal und den Alpenkranz. Das Berggasthaus Rosinli ist täglich ab 9 Uhr geöffnet. Bergwärts hinter dem Gasthaus führt der Weg hinunter nach **Adetswil** 07, auf der Strasse rechts aus dem Dorf heraus und links auf der Tobelstrasse zum Kemptertobel. Beim Abstieg entlang des Aabaches durch den Tobel passieren Sie die zwei Tobeltürme, den Tobelweiher und den grossen Wasserfall im Felsenkessel. Im Siedlungsgebiet weiter dem Bach entlang gelangen Sie am Ende links zur **Station Kempten** 08.

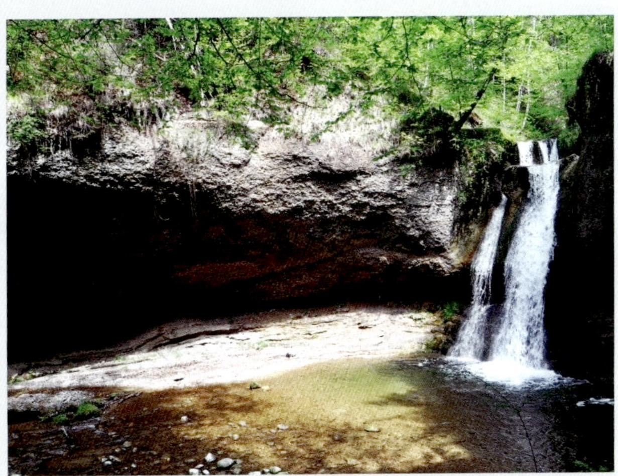

Wasserfall im Kemptertobel

UM DEN GREIFENSEEE

Im beliebten Naherholungsgebiet

 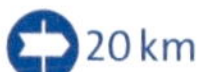 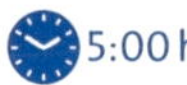 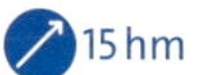  

START | Station Nänikon-Greifensee
[GPS: UTM Zone 32 x: 476.306 m y: 5.246.206 m]. Anfahrt: S 14.
CHARAKTER | Lange Seeuferwanderung mit mehreren Bade- und Einkehrmöglichkeiten. Gelbe Markierung, wenig Schatten.

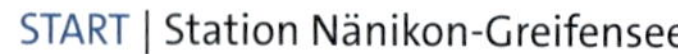

Die ausgedehnte Rundwanderung um den **Greifensee** führt immer dem Ufer- oder Schilfsaum entlang. Der Greifensee ist ein beliebtes Ausflugsziel, besonders stimmungsvoll ist der See am Morgen und am Abend. Wer eine ruhige Wanderung unternehmen möchte, sollte jedoch die Wochenenden meiden. Die Tour lässt sich durch die Schifffahrt von Niederuster nach Maur auch abkürzen. Umrundung des oberen Seeteils: Anfahrt von Uster mit Bus bis Niederuster, mit Bus von Maur nach Zürich oder von Maur mit Schiff zurück nach Niederuster. Wegen der flachen Wege und günstigen Abkürzungsmöglichkeit wurde die Tour trotz ihrer Länge, die Kondition erfordert, als leicht eingestuft.

▶ Von der **Station Naänikon-Greifensee** 01 leiten Sie Wegweiser zum Seeufer, wo **„Im Städtli"** 02 der alte Ortskern mit dem Schloss, der Wehrkirche und stattlichen Riegelhäusern liegt.

Sie umrunden den See im Uhrzeigersinn: Auf dem Uferweg wandern Sie zwischen See und Strasse, überqueren den Aabach und erreichen **Niederuster** 03 (Schiffsanleger) mit Strandbad, Parkplatz und dem Restaurant Am See (in der Saison Mo – So). Das folgende Teilstück durch den bewaldeten

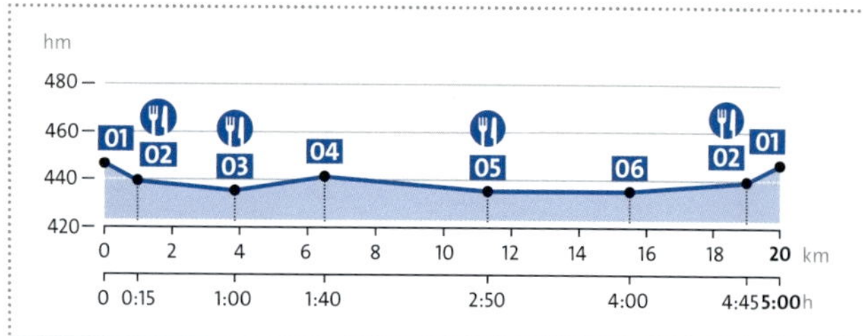

01 Station Nänikon-Greifensee, 446 m; 02 „Städtli", 439 m; 03 Niederuster, 436 m; 04 Riedikon, 441 m; 05 Maur, Schiffslände, 436 m; 06 Fällanden/See, 436 m

Greifensee

Auch der 8,45 km^2 grosse Greifensee östlich der Pfannenstielkette ist durch die Eiszeit entstanden, die zahlreichen Hügel östlich von Dübendorf sind deutlich als Endmoränen erkennbar, die das Wasser gestaut haben. An den Ufern entstanden ausgedehnte Flachmoore, Riedwiesen und Schilfgürtel, die früher regelmässig überflutet wurden. Ähnlich wie am Pfäffikersee wurden an den Ufern vorgeschichtliche Pfahlbauten entdeckt, bereits in der Jungsteinzeit vor etwa 8000 v. Chr. siedelten hier Menschen. Durch die Seeregulierung im Jahr 1890 sank der mittlere Wasserspiegel um 80 cm, der grösste Teil der Riedwiesen wurde trockengelegt und landwirtschaftlich genutzt. Für die verbliebenen Flächen wurde 1941 eine erste Schutzverordnung erlassen und 1994 erneuert, um ein gedeihliches Nebeneinander von Mensch und Natur zu ermöglichen. Die zahlreichen Pflanzenarten der Riedwiesen und die vielfältige Vogelwelt im Schilfgürtel sollen dadurch in ihrem Bestand gesichert, die Buchten des Sees für die vielen Zugvogelarten als Rast- und Überwinterungsorte erhalten werden.

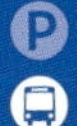

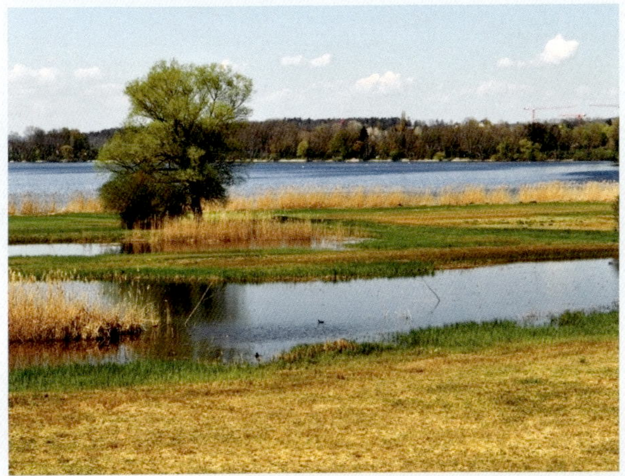

Riedwiesen am Greifensee

Ufersaum ist besonders schön und lädt zum Verweilen ein. Der Weg schwenkt dann hinauf zur Strasse in **Riedikon** 04 und anschliessend durch das Riediker Ried wieder hinunter zum See. Von einer Aussichtplattform bietet sich ein weiter Blick über den See und die ausgedehnten Riedwiesen, hier sind oft Schreitvögel wie Störche und Graureiher zu beobachten, versteckt nistet der kleine Kiebitz, die Naturstation Silberweide liegt jenseits der Strasse.

Danach lädt das Strandbad Egg zur Abkühlung und die Badibeiz zur Einkehr. Entlang des Schilfgürtels und von Wiesen geht's dann weiter nach **Maur** 05 mit Schiffslände, Busstation und dem Restaurant Schiffländе (Mo – So).

Am folgenden Uferweg liegen mehrere Campingplätze, danach wandern Sie wieder durch geschützte Riedwiesen – Sie passieren beim Rohrbach den **Schiffsanleger Fällanden/See** 06, überqueren die Glatt und kommen zum Strandbad von Greifensee und zurück zum **„Städtli“** 02, wo Sie gemütlich einkehren und die Tour ausklingen lassen können.

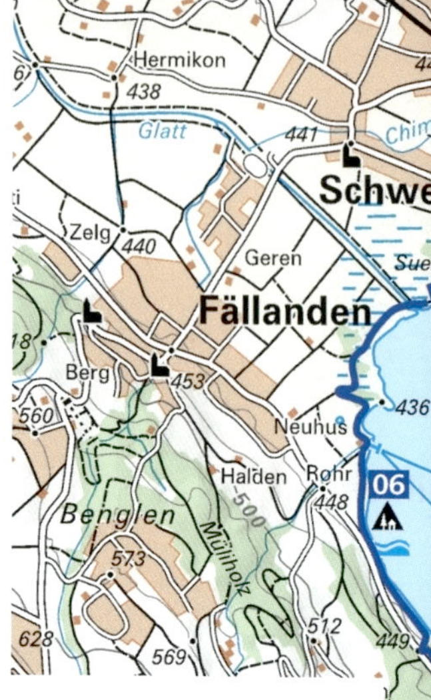

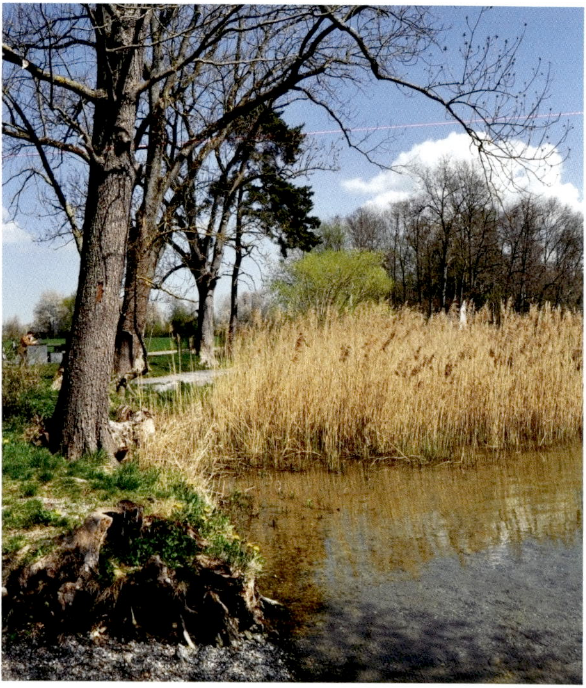

Idyllischer Greifensee

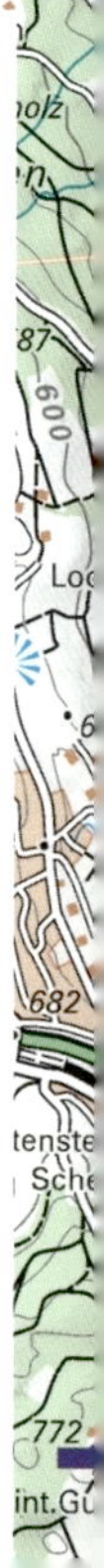

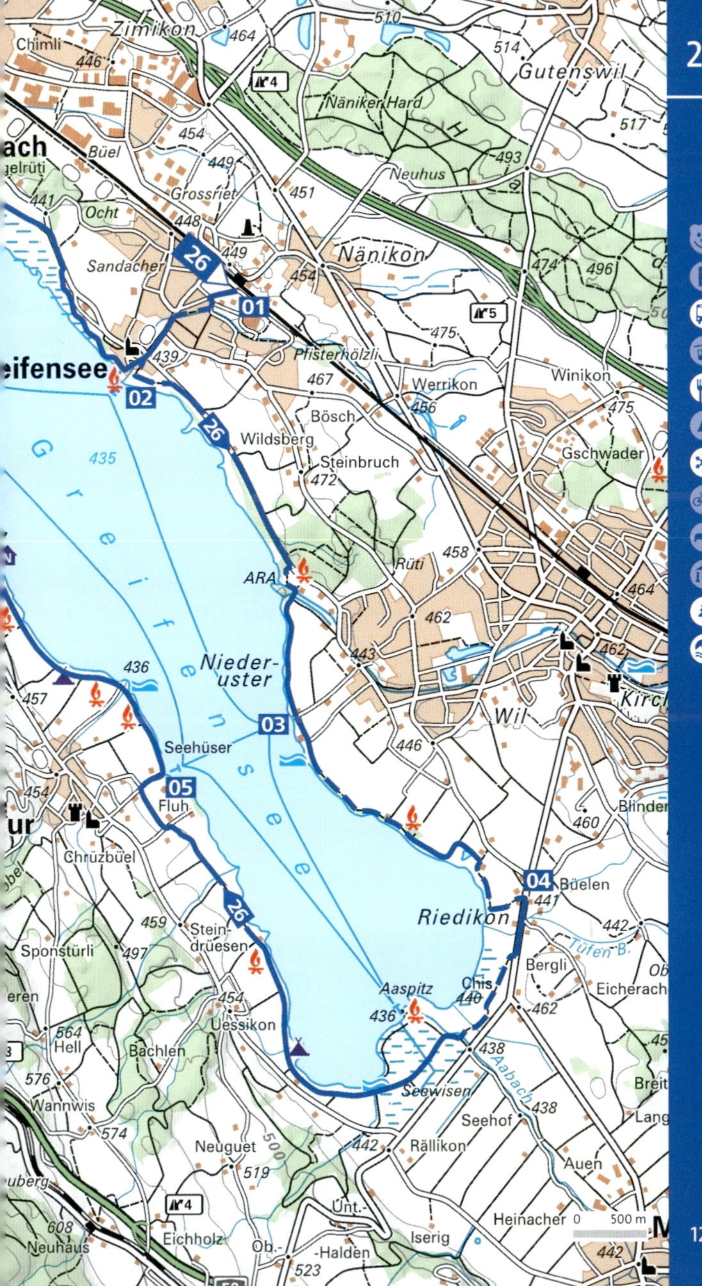

Zimikon
Chimli
Gutenswil
Näniker Hard
Neuhus
Grossriet
Büel
Ocht
Sandacher
Nänikon
Pfisterhölzli
Werrikon
Winikon
Bösch
Wildsberg
Steinbruch
Gschwader
Greifensee
Rüti
ARA
Nieder-
uster
Seehüser
Fluh
Wil
Chrüzbüel
Riedikon
Büelen
Stein-
drüesen
Sponstürli
Bergli
Eicherach
Aaspitz
Chis
Uessikon
Hell
Bachlen
Seewisen
Aabach
Seehof
Wannwis
Neuguet
Rällikon
Auen
Heinacher
Eichholz
Iserig
Neuhaus
Ob.-
Unt.-
-Halden
Tüfen B.
0
500 m

UM DEN PFÄFFIKERSEE

Erlebnishof, Badis und ein Römerkastell

 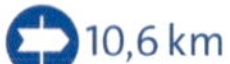

START | Bahnhof Pfäffikon ZH
[GPS: UTM Zone 32 x: 483.801 m y: 5.245.944 m].
CHARAKTER | Gemütliche Familienwanderung auf guten Wegen rund um den See. Gelbe Markierung, wenig Schatten.

Die Wanderung um den **Pfäffikersee** gestaltet sich abwechslungsreich: Am Erlebnishof Jucker gibt's einen Abenteuerspielplatz für Kinder und einen schönen Gastgarten für Erwachsene, drei Strandbäder laden zum Schwimmen und das Römerkastell erinnert an die lange Siedlungsgeschichte des Seeufers.

▶ Wegweiser leiten Sie vom **Bahnhof Pfäffikon ZH** 01 durch die Unterführung zum Ortskern und zum **See** 02. Sie umrunden den See nun gegen den Uhrzeigersinn: Auf breitem Weg wandern Sie dem Schilfgürtel entlang, einige Fischerstege führen zum offenen See, rechts des Weges breitet sich Flachmoor mit vielen Moorbirken aus.

Das neue Naturzentrum Pfäffikersee informiert über Geologie, Lebensraum und Nutzung des Sees (Mi 14 – 18, Sa und So 10 – 18 Uhr). Ein grosser Wegweiser weist zum **Jucker-Erlebnishof** 03 in Panoramalage über dem Südwestende des Sees (www.juckerfarm.ch).

Vom Gastgarten des Restaurants unter Kirschbäumen (Mo – So) geniessen Sie bei hofeigenen Produkten einen herrlichen Blick über den See. Im Hofladen gibt's eine Vielzahl von Produkten des

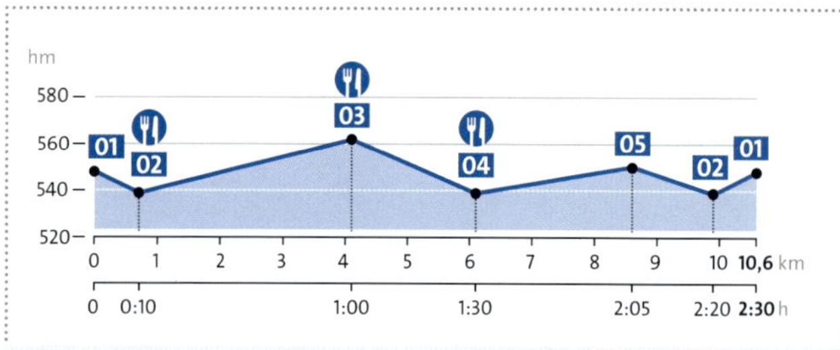

01 Bahnhof Pfäffikon ZH, 547 m; 02 See, 538 m; 03 Jucker-Erlebnishof, 561 m; 04 Strandbad Auslikon, 538 m; 05 Römerkastell Irgenhausen, 549 m

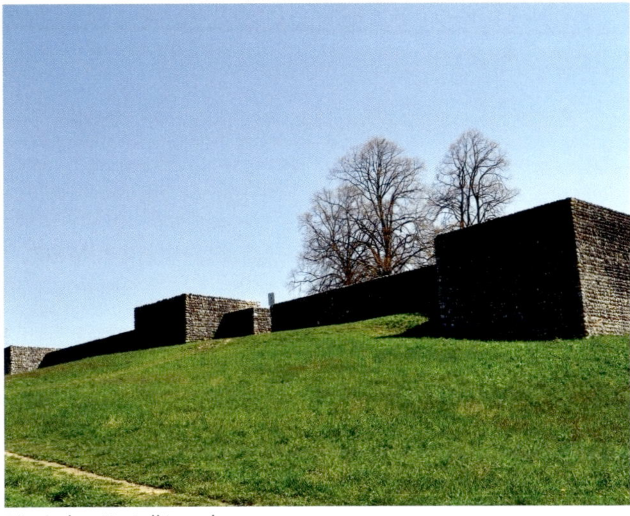

Römisches Kastell Irgenhausen

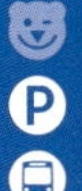
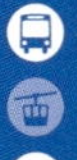
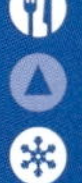

Hofes wie Äpfel, Kirschen, Heidelbeeren oder Wein, Brot und Gebäck aus hauseigener Bäckerei.

Durch den Weinberg führt der Pfad wieder hinunter zum See, Grillplatz, Badi. Durch die Seegräben, ein Flachmoor mit Kiefern und Moorbirken, geht's weiter zum **Strandbad Auslikon** 04 beim Camping, gemütliche Badibeiz.

Auf dem Weg zum Römerkastell passieren Sie den Rastplatz Ötschbüel, hier war in der Mittelsteinzeit (9000 – 5500 v. Chr.) einer der vielen saisonalen Lagerplätze der Jäger und Sammler am damaligen Ufer des Sees. Ein schöner Picknickplatz mit herrlicher Aussicht befindet sich im **Römerkastell Irgenhausen** 05 auf der Anhöhe über dem See. Das Kastell gehörte zur Befestigungskette der rückwärtigen Linie des spätantiken Donau-Iller-Rhein-Limes und ist das besterhaltene und umfangreichste römische Bauwerk der Ostschweiz. Es war ein Sperrfort auf einem Hügel oberhalb des Pfäffikersees, zwei Meter dicke Mauern bilden ein Quadrat von je 60 m Seitenlänge, versehen mit acht viereckigen Türmen. Es wurde gegen Ende des 3. Jhs. zur Sicherung des Verkehrsweges von Winterthur zum Zürichsee errichtet und war bis zum Ende des 4. Jhs. in Gebrauch. Nachdem das aufgegebene Kastell lange Jahre als Materiallieferant gedient hatte, kaufte es 1898 die Antiquarische Gesellschaft Zürich, untersuchte es wissenschaftlich, konservierte die Reste und richtete den schönen Picknickplatz ein.

Die Tour gemütlich ausklingen lassen können Sie in der Badi am Rande von Pfäffikon oder im **Biergarten** 02 nahe dem Naturzentrum, bevor Sie zum **Bahnhof** 01 zurückgehen.

Pfäffikersee

Mit einer Fläche von 3,3 km² ist der Pfäffikersee nicht einmal halb so gross wie der Greifensee. Die Uferlänge beträgt 7,8 km, die grösste Tiefe 36 m, das Seeufer begleitet eine seichte, 100 bis 200 m breite und nur wenige Meter tiefe Zone. Der See liegt in einer weiten Talmulde, die vom Linthgletscher ausgeschürft worden ist. Unterhalb von Pfäffikon befindet sich ein dreifacher Gürtel von Endmoränen, der den Abfluss talabwärts gegen Illnau verhinderte und das Wasser staute, der Ausfluss erfolgte nun in Richtung Robenhausen. Durch die allmähliche Verlandung bildete sich rund um den See ein Schilf- und Sumpfgürtel, der im Robenhuser Riet im Süden eine Breite von rund einem Kilometer erreicht. In der ersten Hälfte des 19. Jhs. wurde hier Torf gestochen, durch den so erweiterten Abfluss sank der Wasserspiegel um 90 cm und die Fundamente der Pfahlbausiedlung bei Robenhausen kamen zum Vorschein.

Das Gebiet am Südende des Pfäffikersees ist ein uralter Siedlungsraum, während der Mittelsteinzeit errichteten Jäger und Sammler

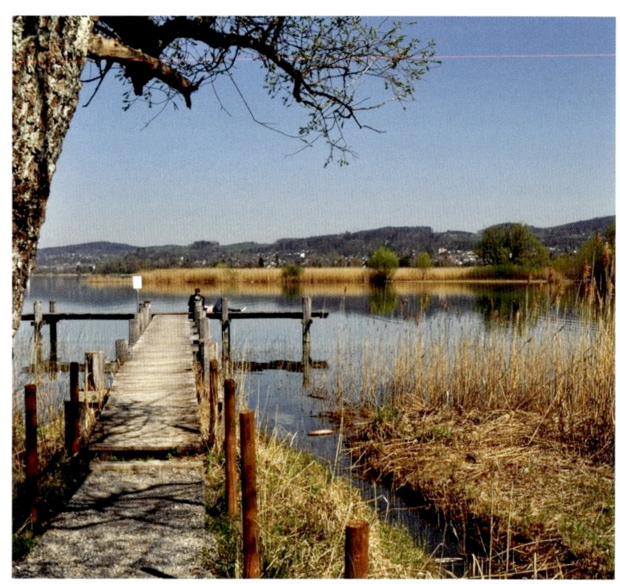

Am Pfäffikersee

hier Lagerplätze, in der Jungsteinzeit vor 10.000 Jahren entstanden verschiedene kleine, dauerhaft bewohnte Siedlungen in Ufernähe. Im Boden entdeckte man eine grosse Menge von Gegenständen wie Steinbeile, Pfeilspitzen von Feuerstein, Werkzeuge aus Knochen, Stricke und Schnüre aus Flachs, Knochen wilder und gezähmter Tiere usw. Aus den Fundgegenständen konnte man schliessen, dass die Pfahlbauer bereits das Spinnen, Flechten und Weben gekannt haben, nach einem Brand wurde die Pfahlbausiedlung verlassen.

Heute ist der See mit seinem Schilfgürtel ein beliebtes Natur- und Erholungsgebiet, seit 1977 Naturreservat. Streng geschützt sind die nicht zugänglichen Kernzonen mit der typischen Flora von Hoch- und Flachmooren mit vielen Orchideenarten, Moosbeeren, Wollgras oder Sonnentau, im Schilfgürtel brüten zahlreiche Wasservögel wie Haubentaucher, Wasserralle oder die Zwergdommel. Die Wege dürfen nicht verlassen werden, beim Schwimmen ist ein Abstand von 25 m zum Schilf einzuhalten.

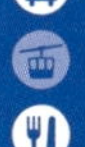

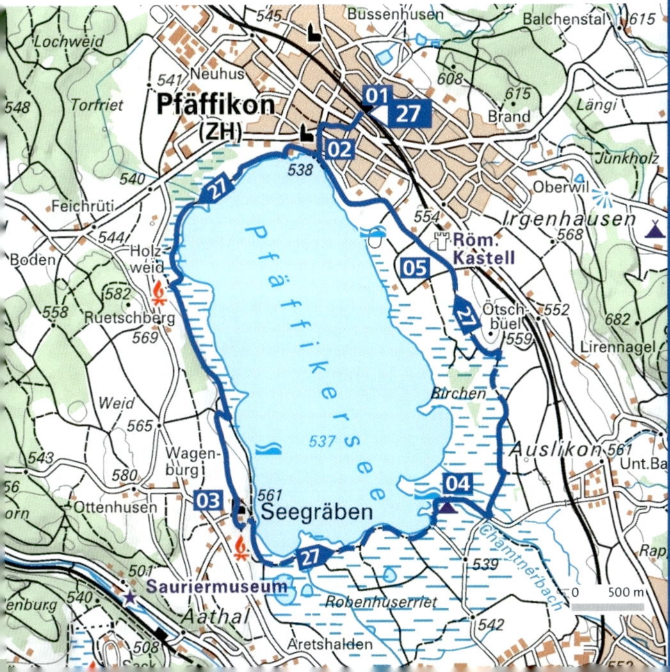

UM DEN TÄMBRIG

Romantische Tobel und weite Blicke vom Rand des Plateaus

 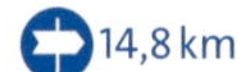 14,8 km  4:15 h 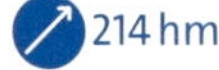 214 hm 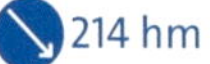 214 hm 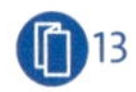 13

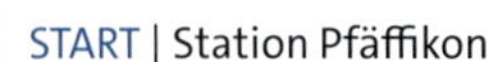
START | Station Pfäffikon
[GPS: UTM Zone 32 x: 483.853 m y: 5.245.959 m].
Anfahrt: S 3 und S. 19.
CHARAKTER | Abwechslungsreiche Rundwanderung durch Tobel, Wiesen und Wälder zu schönen Aussichtspunkten. Gelbe Markierung, halb schattig.

Der **Tämbrig**, eine Verkürzung von „Tannenberg“, ist ein bewaldetes Hochplateau nordöstlich von Pfäffikon. Verstreut liegen kleine Bauerndörfer, vom Rand des Höhenrückens bieten sich einige schöne Aussichten, gegen Pfäffikon hin haben sich Schwarzenbach und Luppmen Tobels in die Molasse gegraben. Die Stauweiher erinnern daran, dass das Wasser früher für die Stromproduktion genutzt wurde. Streckenweise folgt die Route dem Jakob-Stutz-Weg mit Schautafeln mit Zitaten aus den Werken des Heimatdichters.

▶ Von der **Bahnstation Pfäffikon** 01 folgen Sie dem Wegweiser Wallikon, im ersten Abschnitt auch Jakob-Stutz-Weg. Durch die Siedlung ansteigend passieren Sie die Lindenbaum-Stiftung, ein stattlicher Riegelbau, früher Mädchenschule, heute Betreuungseinrichtung für Jugendliche und Restaurant (Mo – Fr). Der Weg führt anschliessend vorbei an den zwei Weihern des ehemaligen Elektrizitätswerkes Weiherholz, von 1891 bis 1968 wurde hier Strom produziert, heute sind es Biotope mit Pfadiheim. Sie wandern weiter

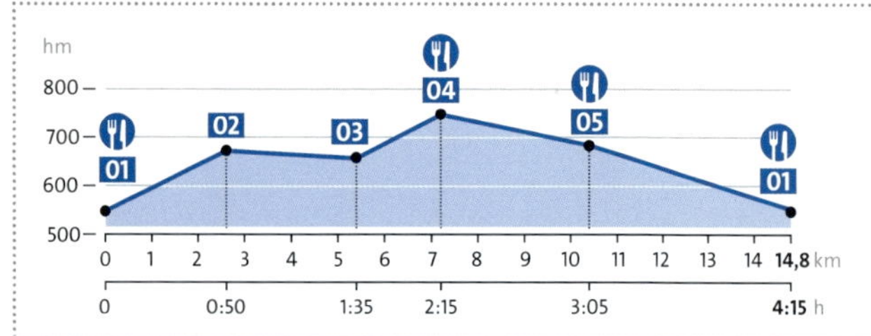

01 Bahnstation Pfäffikon, 547 m; 02 Wallikon, 671 m; 03 Gündisau, 656 m; 04 Hermatswil, 746 m; 05 Isikon, 681 m

durch Wald und Wiesen durch den Luppmentobel zum Tobelweiher. Ein Guyer-Zeller-Weg führt an Nagelfluhwänden dem Ufer entlang zum schönen Grill- und Rastplatz am Ende des Weihers und dann steil hinauf nach **Wallikon** 02 zum Restaurant Alpenrösli (Mi – So).

Dem Wegweiser Gündisau folgend, steigen Sie weiter auf, kurz auf einer Nebenstrasse dann am Waldrand mit schönem Blick über den Pfäffikersee zu den Alpen. Es folgt eine Etappe auf Güterwegen über das weite Plateau nach **Gündisau** 03, geschützt in einer Mulde gelegen. Durch Wiesen und Wald hinauf und über die Hochebene Niderfeld, vorbei am Schützenhaus gelangen Sie nach **Hermatswil** 04 mit dem charakteristischen Schulhaus mit dem Türmchen und Gasthaus zur Eintracht (Do – So). Kurz auf der Strasse weiter, bietet sich von der Passhöhe beim Wasserreservoir eine herrliche Sicht auf die bewaldeten Tössberge. Nach rechts geht's nun durch hochstämmigen Fichten- und Buchenwald, beim Waldaustritt öffnet sich ein weiter Blick auf **Isikon** 05, dem Geburtsort des Oberländer Volksdichters Jakob Stutz, im Ort Restaurant zur frohen Aussicht (Mi – So).

An der Strasse links aus dem Dorf heraus, rechts hinunter zum Schwarzenbach und dem Bach entlang nach Balchenstal. Die Mühle Balchenstal ist eine der verbliebenen Handelsmühlen, im 19. Jh. gab es 3.000 Getreidemühlen im Kanton Zürich, heute sind es noch rund 100. Auf dem Jakob-Stutz-Weg wandern Sie anschliessend durch den Walliker- und Luppmentobel wieder zurück nach **Pfäffikon** 01.

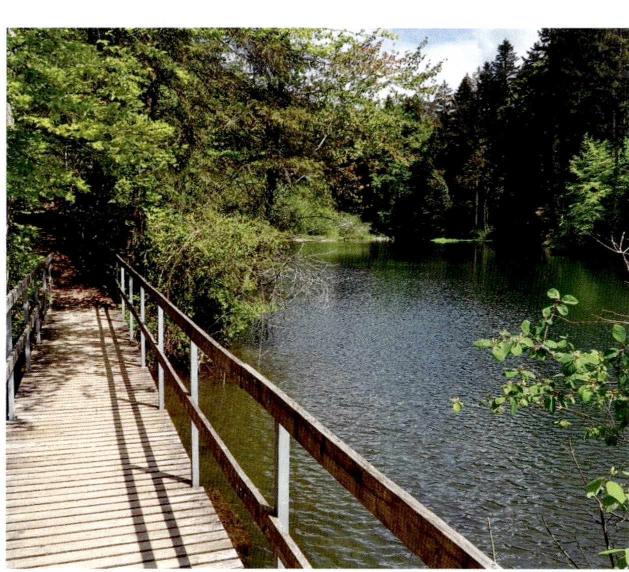
Guyer-Zeller-Weg am Tobelweiher

Jakob Stutz, 1801 – 1877

Der Oberländer Volkspoet Jakob Stutz wurde 1801 in Isikon geboren. Er stammte zwar aus wohlhabenden Verhältnissen, war aber früh verwaist und musste sich als Hirte, Knecht und Weber seinen Lebensunterhalt verdienen. 26-jährig wurde er Arbeitslehrer an der Blindenanstalt in Zürich, bald erschienen seine ersten dichterischen Versuche unter dem Titel „Gemälde aus dem Volksleben". Sie fanden grossen Anklang, weil er darin Licht und Schattenseiten des Volkes schilderte. Wegen seiner Homosexualität verlor er seine Anstellung, als Vierzigjähriger zog er sich in eine Einsiedelei, die Jakobszelle, bei Sternenberg zurück. Er widmete sich nun der Schriftstellerei, setzte sich für Volksbildung ein und propagierte ein moralisches Leben. In

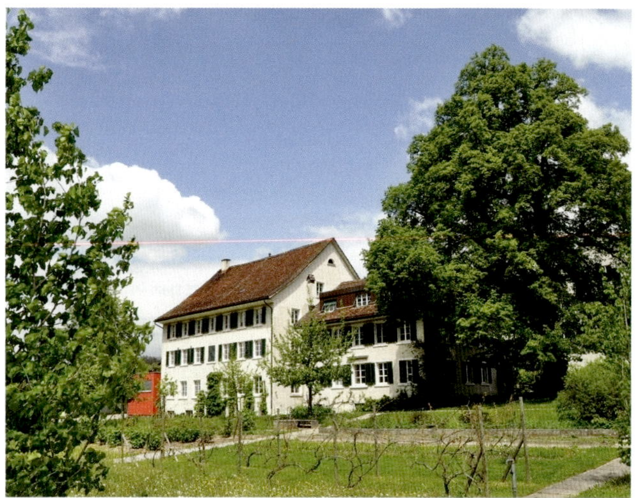

Lindenhof

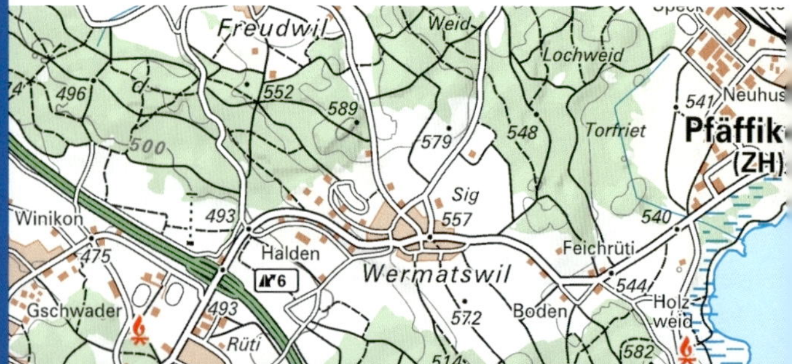

seinem Werk „Der Brand von Uster“ beschreibt er den verzweifelten Kampf der Textilarbeiter gegen die Verelendung durch die Mechanisierung im Frühkapitalismus, als verarmte Textilarbeiter 1832 aus Verzweiflung die Spinnerei in Uster anzündeten. Nach einer neuerlichen Verurteilung wegen homosexueller Vergehen schlug er sich zehn Jahre als Tagelöhner auf Wanderschaft durch, seinen Lebensabend verbrachte er in Bettswil bei einer Nichte. In seiner Autobiografie „Sieben mal sieben Jahre aus meinem Leben“ zeichnet er die Zeit und sein Leben mit den schweren Schicksalsschlägen nach. Sein Werk stellt heute eine wichtige Quelle für Sozialgeschichte und Volkskunde im Zürcher Oberland dar.

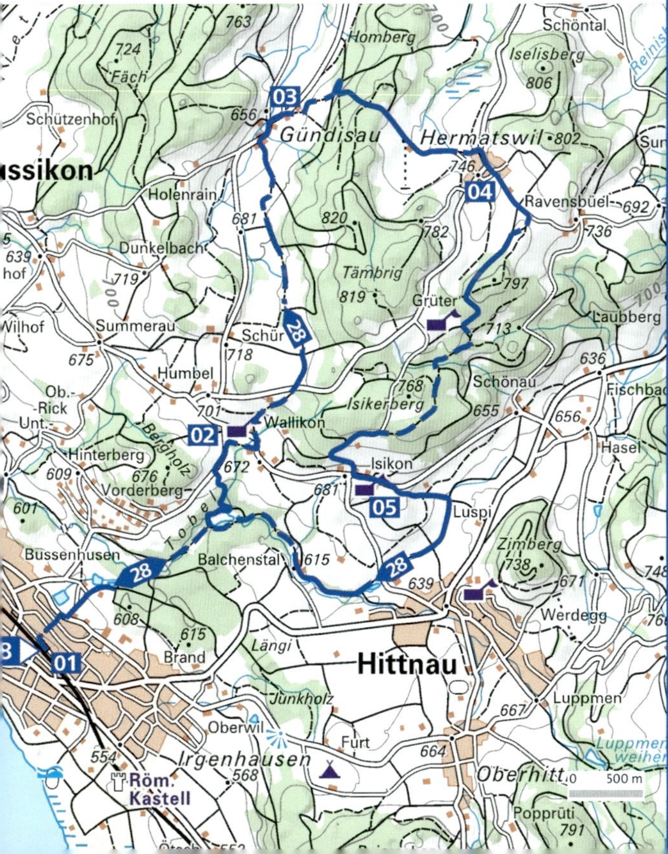

SCHAUENBERG • 887 m

Von Elgg über den Aussichtsgipfel nach Turbenthal

  10,5 km  3:35 h 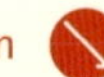 378 hm 337 m  8

START | Elgg [GPS: UTM Zone 32 x: 489.818 m y: 5.260.484 m]. Von Elgg über den Aussichtsgipfel nach Turbenthal.
CHARAKTER | Lohnende Wanderung zu einem der besten Aussichtspunkte im Zürcher Oberland. Gelbe Markierung, überwiegend schattig, teils steiler Aufstieg.

Die herrliche Aussicht vom Gipfel des Schauenbergs lohnt die Mühen des Anstiegs. Die Etappen durch den Farenbachtobel und Hutziker Tobel geben der Tour einen zusätzlichen Reiz, ebenso die Einkehrgasthäuser Guhwilmühle und Schnurrberg.

▶ Vom **Bahnhof Elgg** 01 folgen Sie dem Wegweiser Farenbachtobel Richtung Dorfzentrum. Nach dem COOP rechts und dann nach links dem Bach entlang, die Wegweiser leiten Sie zum Eingang des **Farenbachtobels** 02. Auf einem schönen Weg geht's über Brücken und Stege im Tobel dem Bach entlang aufwärts, vor der **Guwilmühle** 03 an einem grossen Wasserfall vorbei. In der idyllischen Gartenwirtschaft (Mi – So ab 9 Uhr) lohnt sich eine Einkehr. Durch Wiesen und Wald steigen Sie anschliessend zum Teil auf Treppenwegen auf, vorbei an den Höfen Scheunberg gelangen Sie schliesslich zum Gipfel des **Schauenbergs** 04 mit Triangulationspunkt. Hier geniessen Sie eine phantastische Rundsicht, einst stand die mächtige Burg der Beringer auf dem Gipfel, heute zeugen nur

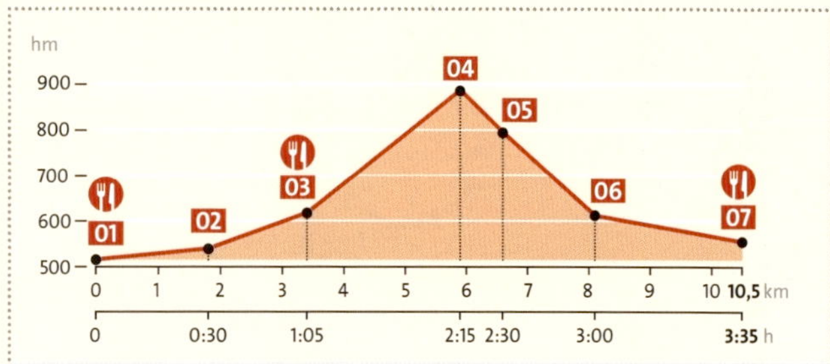

01 Bahnhof Elgg, 509 m; 02 Farenbachtobel, 538 m; 03 Guwilmühle, 616 m; 04 Schauenberg, 887 m; 05 Tannenweid, 792 m; 06 Hutziger Tobel, 611 m; 07 Turbenthal, 550 m

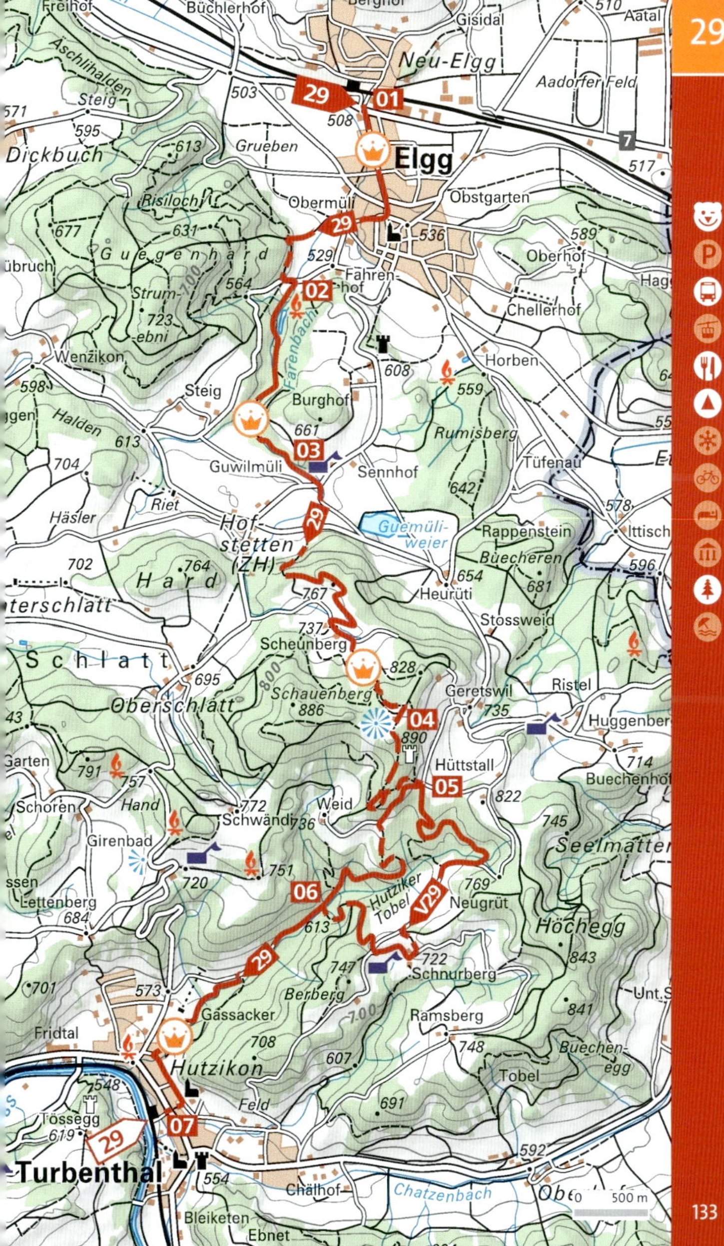

Eulach
497
671
Freihof
Büchlerhof
Berghof
Gisidal
510
Aatal
Aschlihalden
Neu-Elgg
Aadorfer Feld
503
29
01
Steig
571
595
508
7
613
Dickbuch
Grueben
Elgg
517
Risiloch
Obermüli
Obstgarten
677
631
29
536
589
G u e g e n h a r d
529
Oberhof
Fahren-hof
02
Strum-
564
723
-ebni
700
Chellerhof
Farenbach
Wenzikon
608
Horben
598
Steig
559
Burghof
Halden
661
613
Rumisberg
03
704
Guwilmüli
Sennhof
Tüfenau
642
Riet
Häsler
Hof-stetten (ZH)
29
Guemüli-weier
Rappenstein
578
Ittisch
702
764
Büecheren
H a r d
654
681
596
767
Heurüti
terschlatt
Stossweid
737
Scheunberg
S c h l a t t
828
695
800
Ristel
Geretswil
Schauenberg
Oberschlatt
735
886
04
Huggenberg
890
Garten
714
Hüttstall
791
05
Buechenhof
757
822
Schoren
Hand
772
Weid
745
Schwändi
736
Seelmatten
Girenbad
751
720
769
06
Hutziker Tobel
V29
Neugrüt
Lettenberg
684
613
Höchegg
843
29
722
747
Schnurberg
701
573
Berberg
Unt.S
700
841
Gassacker
Ramsberg
Fridtal
708
748
Buechen-egg
607
Hutzikon
548
Tobel
Feld
Tössegg
691
619
07
29
592
Turbenthal
554
Chälhof
Chatzenbach
0 500 m
Bleiketen
Ebnet
664
568
738
700
768

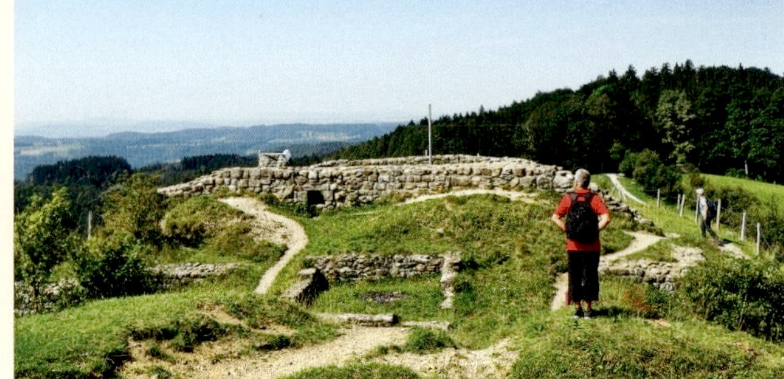

Am Schauenberg

noch die Grundmauern von der Dynastie der Hochlandenberger.

Der Abstieg führt zunächst auf dem Züri-Oberland-Höhenweg 69 Richtung Süden dem bewaldeten Grat entlang und dann zum Parkplatz **Tannenweid** **05**. Wer einkehren will, hat hier die Wahl: Einen Abstecher 15 Min. geradeaus weiter zum Restaurant Schauenberg, Mi – So, oder wer in der Bergwirtschaft Schnurrberg, Mi – So, einkehren möchte, folgt halbrechts dem Fahrweg und geht dann vom Gasthaus rechts zum Wegpunkt Hutziker Tobel. Der direkte Weg führt vom Wegpunkt Tannenweid rechts, anfangs asphaltiert, durch schönen Laubmischwald zum **Hutziker Tobel** **06**, wo der Abstieg dem Bach entlang beginnt. Nach dem romantischen Tobelweg leiten Sie die Wegweiser durch Hutzikon zur nahen **Station Turbenthal** **07** mit Café und Restaurant beim Bahnhof.

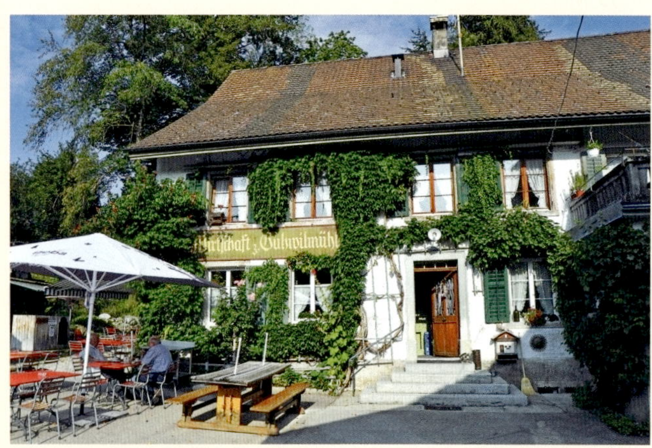

Gasthaus Guhwilmühle

TÜFELS CHILEN – GIRENBAD

Auf dem Züri Höhenweg zur Tuffquelle

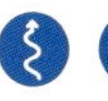 12,1 km 4:00 h 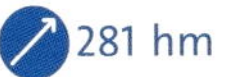281 hm 243 hm 8

START | Kollbrunn [GPS: UTM Zone 32 x: 483.013 m y: 5.256.084 m]. Anfahrt: S 26, Rückfahrt von Rämismühle: S 26.
CHARAKTER | Waldwanderung zu einer interessanten Tuffquelle mit schönen Aussichtspunkten und einem historischen Landgasthof. Gelbe Markierung, überwiegend schattig.

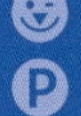
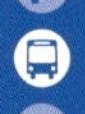

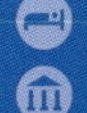

Die **Tüfels Chilen** ist eine der wenigen noch natürlich belassenen Quellen im Schweizer Mittelland, wegen ihres hohen Anteils an Quelltuff steht sie unter Naturschutz. **Girenbad** war jahrhundertelang ein bekannter Kurort, das ehemalige Badhaus ist heute ein Landgasthof mit historischem Ambiente.

▶ Von **Kollbrunn** 01 führen zwei Wege zu den Tüfels Chilen – der Wanderweg durch das Bäntal in 50 Min. und der natürlichere Gratweg mit vielen Wurzeln in einer Stunde. Sie folgen diesem, gleichzeitig Züri Oberland Höhenweg Nr. 69. Er führt von der Station über die Gleise, den Hang hinauf und durch eine Siedlung zum Wald. Nun steigen Sie auf zum Waldgrat und wandern auf diesem durch den Hochwald. Nach kurzem Abstieg auf einem Treppenweg treffen die beiden Wege zusammen, dem Bach entlang geht's nun talaufwärts, bei einem Grill- und Rastplatz rechts auf dem Treppenweg hinauf zur Tuffquelle **Tüfels Chilen** 02.

Dem Züri Höhenweg folgend wandern Sie weiter durch Wald,

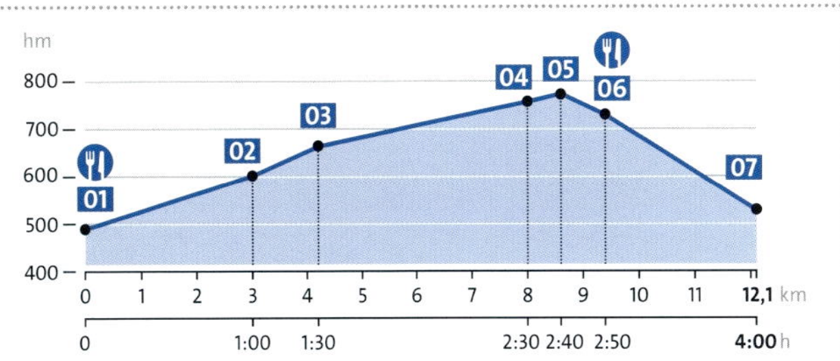

01 Kollbrunn, 491 m; 02 Tüfels Chilen, 602 m; 03 Wolfbrunnen, 664 m; 04 Hand, 757 m; 05 Schwändi, 772 m; 06 Girenbad, 730 m; 07 Station Rämismühle, 529 m

Tüfels Chilen

An der Quelle Tüfels Chilen tritt kalkhaltiges Wasser aus, an der Luft fällt der Kalk langsam aus und bildete einen harten Kegel am Hang. Seit dem 17. Jh. wurde hier Kalktuff als Baumaterial mit einer Steinsäge abgebaut, dadurch entstand die heutige Treppenform. 1873 wurde der Abbau aufgegeben und Moose besiedelten den porösen Quelltuff.

vor einer Wiese links und wieder rechts dem Wiesenrang entlang, im Wald über eine Treppe hinauf zum Wegpunkt **Wolfbrunnen** 03. Von der oberen Feuerstelle geniessen Sie eine weite Sicht über die Schulter des Tösstales und Winterthur bis zur Lägern und Irchel im Zürcher Unterland.

Am Waldrand entlang und dann auf Fahr- und Waldwegen wandern Sie anschliessend über die welligen Höhenrücken Wissenberg und Höchholz durch Mischwald mit vielen Stechpalmen, die schönen, roten Beeren sind giftig! Beim Wegpunkt **Hand** 04 überqueren Sie die Strasse nach Girenbad, nach 10 Min. verlassen Sie beim Wegpunkt **Schwändi** 05 den Züri Höhenweg. Dieser führt weiter nach Schauenberg, Sie biegen nach rechts Richtung **Girenbad** 06.

Mit weitem Blick ins Tösstal geht's hinunter zum Landgasthof Gyrenbad. Jahrhundertelang wurden in der Kuranstalt Girenbad vor allem Gicht und Rheumatismus behandelt, das heilkräftige Wasser stammte aus zwei Quellen oberhalb des Badhauses. Im Jahr 1500 begann der Badebetrieb, seine Blütezeit erlebte er am Ende des 19. Jhs., auch der bekannte Heimatdichter Jakob Stutz kurte 1851 hier. 1968 wurde der Badebetrieb eingestellt, geblieben ist der historische, unter Denkmalschutz stehende Landgasthof Gyrenbad, ein stimmungsvoller Ort zur Einkehr (Mi – Mo).

Der ausgeschilderte Weg führt oberhalb des Gasthofs vorbei, hinter dem Parkplatz treffen Sie auf der Nebenstrasse wieder auf die Wegweiser Richtung Lettenberg, Rämismühle. Auf dem Strässchen nach Lettenberg und bald danach links in einen Fahrweg zum Wald und schattig hinunter zur **Station Rämismühle** 07.

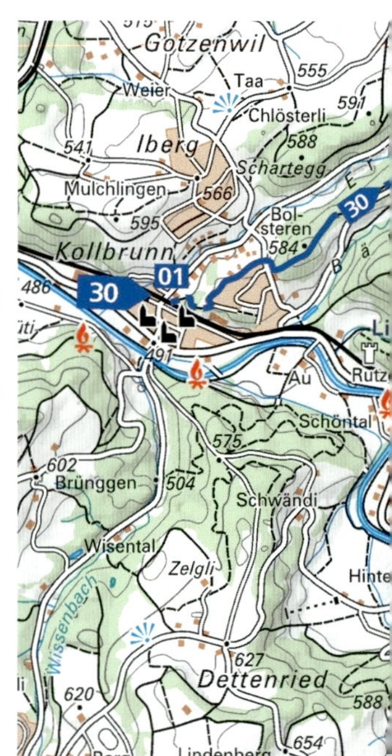

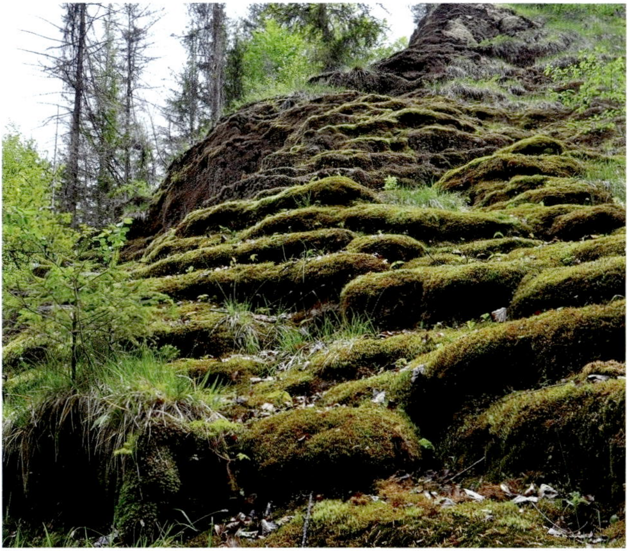

Tuffquellen Tüfels Chilen

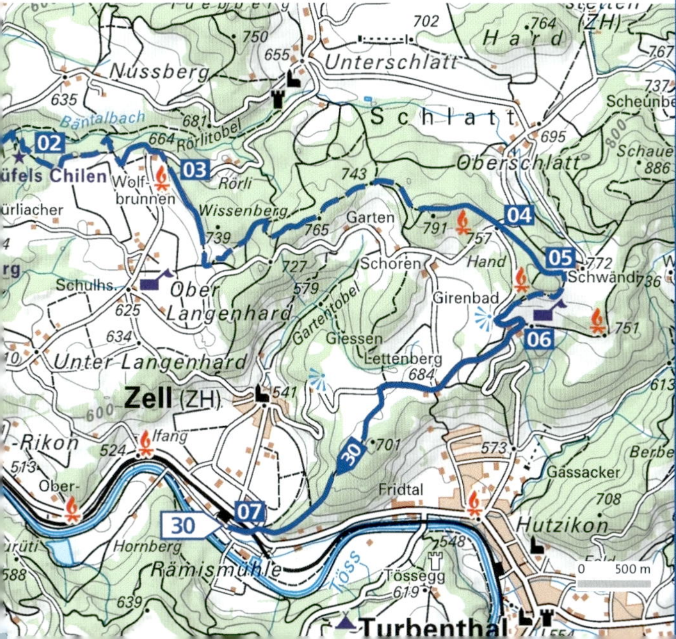

WINTERTHUR: WILDPARK – KYBURG

Natur und Kultur nahe der Stadt

  10,4 km 2:55 h 250 hm  248 hm 8

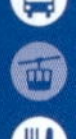
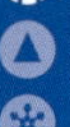

START | Winterthur, Bushaltestelle Breite [GPS: UTM Zone 32 x: 479.406 m y: 5.259.690 m]. Anfahrt: Bus 4, 12 vom Bahnhof, Rückfahrt: S 26.
CHARAKTER | Waldwanderung mit den Höhenpunkten Wildpark und Kyburg, der bedeutendsten Burganlage der Ostschweiz, kräftiger Anstieg auf Treppenweg. Gelbe Markierung, schattig.

Viele Wege durchqueren das bewaldete Naherholungsgebiet Eschenberg. Die Route führt zunächst zum 1890 gegründeten **Wildpark Bruderhaus**, in dem 6 ha grossen Areal sind 80 Tiere von acht Arten zu bestaunen, darunter am Wanderweg Wisente, Luchse und Wildschweine, freier Eintritt.

Das **Schloss Kyburg** geht auf eine mittelalterliche Burg zurück, die mehrmals umgebaut wurde. Mit ihren Türmen, Mauern, Toren, Höfen und der Kapelle präsentiert sie sich als romantische Burganlage, ein Schlossrundgang führt die Besucher durch 900 Jahre Geschichte.

▶ Von der **Bushaltestelle Breite** 01 folgen Sie den Wegweisern Bruderhaus durch den Wald zum Wildpark, Einkehrmöglichkeit im Restaurant Bruderhaus. Sie gehen am Vietnamsikahirsch- und Wisentgehege vorbei und biegen vor dem Luchsgehege beim zweiten Wegpunkt **Wildpark Bruderhaus** 01 nach rechts, zunächst dem Wegweiser Kemptthal folgend, vorbei am Wildschweingehege und Grillplatz zur Kreuzung beim Weiher. Nun kurz gerade-

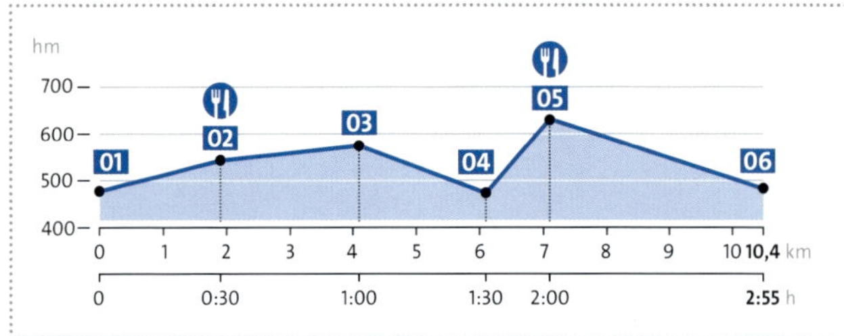

01 Winterthur, Bushaltestelle Breite, 477 m; 02 Wildpark Bruderhaus, 542 m; 03 Gamser, 572 m; 04 Kyburger Brugg, 473 m; 05 Kyburg, 628 m; 06 Station Sennhof, 484 m

aus die Langriemenstrasse leicht ansteigend und beim Wegweiser Gamser nach links. Auf dem schönen Schwesternweg wandern Sie durch Hochwald zum **Gamser** 03, Grillstelle mit Hütte, den freien Blick hinüber zur Kyburg gibt es 5 Min. später. Folgen Sie dem Wegweiser Eschenberg, Seen. Bei einem Querweg rechts und bei der grossen Wegkreuzung danach unmarkiert rechts die Kalberweidstrasse hinunter ins Leisental. Im Talboden bei der Kreuzung versetzt geradeaus an einem Gebäude vorbei weiter zum Mülauer Kanal und auf dem Uferpfad links talaufwärts zur **Kyburger Brugg** 04.

Nach der gedeckten Brücke beginnt der kräftige Anstieg auf einem Treppenweg zur Kyburg auf dem Plateau. Tafeln eines Waldlehrpfades informieren über die vielen verschiedenen Bäume und Sträucher des Waldreservates Kyburg. Neben den dominierenden Fichten und Buchen finden sich u. a. auch Eschen, Ahorne, Ulmen, Eichen und Eiben. Nach 30 Min. erreichen Sie die romantische **Kyburg** 05, Einkehr im Gasthaus Hirschen (Di – So).

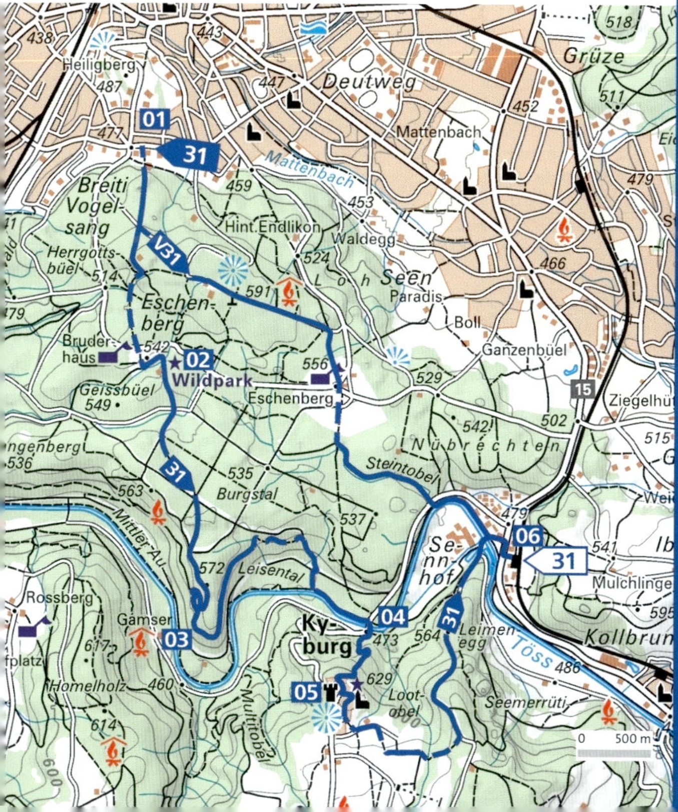

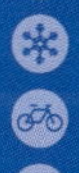

Nach der Besichtigung des Schlosses folgt der schöne Abstieg: Durch das kleine Dorf mit stattlichen Riegelhäusern und über Felder führt der Weg zum Wald und quert dann den Brüelbachtobel. Nach einem kurzen Gegenanstieg geht's auf einem Fahrweg, vorbei am Aussichtsplatz Brünggberg, dann auf einem Waldweg über das Leimenegg hinunter ins Tösstal und über die Brücke zur **Station Sennhof** **06**.

Rundwanderung
Wer weiter gehen und eine schöne Rundwanderung machen möchte, folgt vom Wegpunkt Sennhof an der Brücke den Wegweisern Richtung Eschenberg: Der Töss entlang und nach rechts durch den Steintobel hinauf nach Eschenberg, Landgasthof Eschenberg (Mi – So), dann zum Aussichtsturm und zurück nach **Breite** **01**, Dauer rund 1 Stunde.

Kyburg

Die Kyburg thront auf einem Molassehügel 150 m über der Töss. Sie wurde 1027 erstmals erwähnt, bis 1264 war sie das Stammschloss des Grafengeschlechtes gleichen Namens, danach herrschten hier die Habsburger. 1424 ging die Grafschaft an die Stadt Zürich über, deren Landvögte bis 1798 auf der Kyburg residierten und das Land verwalteten. Mehr als ein Jahrhundert lang war die Burg dann in Privatbesitz, 1917 erwarb sie der Kanton Zürich, restaurierte sie und richtete ein Museum ein. Besonders sehenswert neben der Gesamtanlage ist der Bilderzyklus in der Kapelle aus dem Jahr 1440, eine Dauerausstellung widmet sich der Geschichte der häufig umgebauten Burg. Eintrittsgebühr, geöffnet 1. April – 31. Okt. Di – So.

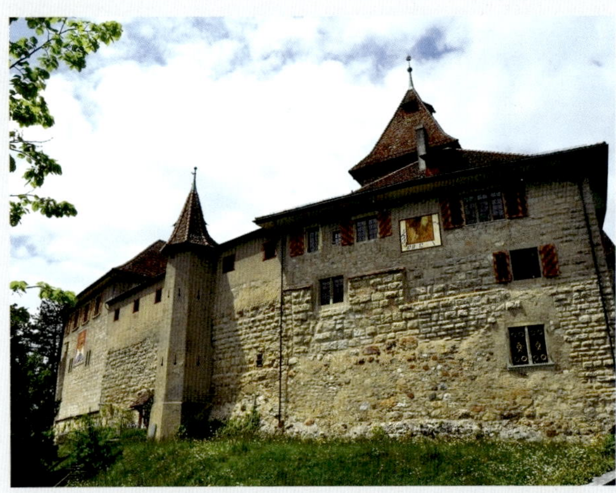

WINTERTHUR: LEISENTAL

Der Töss entlang

 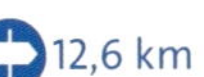  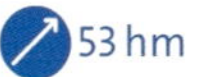  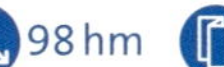 

12,6 km | 3:10 h | 53 hm | 98 hm | 8

START | Station Sennhof
[GPS: UTM Zone 32 x: 481.841 m y: 5.256.872 m]. Anfahrt: S 26.
CHARAKTER | Flusswanderung auf gutem Uferweg. Gelbe Markierung, halb schattig.

Im ersten Abschnitt wandern Sie immer den Mäandern der Töss entlang durch das bewaldete Leisental. Der Rückweg nach Winterthur führt über die Flanke des Eschenbergs mit Abstechermöglichkeit zum Wildpark Bruderhaus.

▶ Sie starten Ihre Flusswanderung an der **Station Sennhof** 01 und folgen dem Wegweiser Richtung Winterthur, Töss. Bald sind Sie am Uferweg, nun geht's immer dem Fluss entlang. Am Weg gibt's immer wieder schöne Rast- und Grillplätze, Schautafeln informieren über die besondere Geschichte der Töss und das Phänomen der Wasserversickerung im Mittel- und Oberlauf, über Geologie, Tier- und Pflanzenwelt.

Sie passieren den Mülkanal, dessen Wasser ein kleines Kraftwerk betreibt, und erreichen nach 30 Min. die erste gedeckte Brücke, die **Kyburger Brugg** 02, nach weiteren 50 Min. die **Brunibrugg** 03. Diese mächtige Holzbrücke wurde ursprünglich 1839 im Bruni oberhalb von Pfungen errichtet, später verstärkt und nach dem Bau der neuen Tössbrücke hierher versetzt. Heute dient sie vorwiegend als Fussgängerbrücke, weiter talabwärts führt dann ein grosser Holzsteg über den Fluss zum Rossberg.

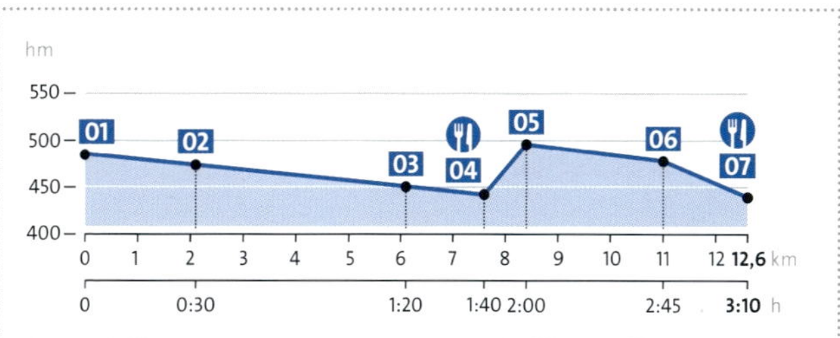

01 Sennhof, 484 m; 02 Kyburger Brugg, 473 m; 03 Brunibrugg, 450 m; 04 Ritplatz, 442 m; 05 Sternenweiher, 495 m; 06 Breiti, 477 m; 07 Winterthur, 439 m

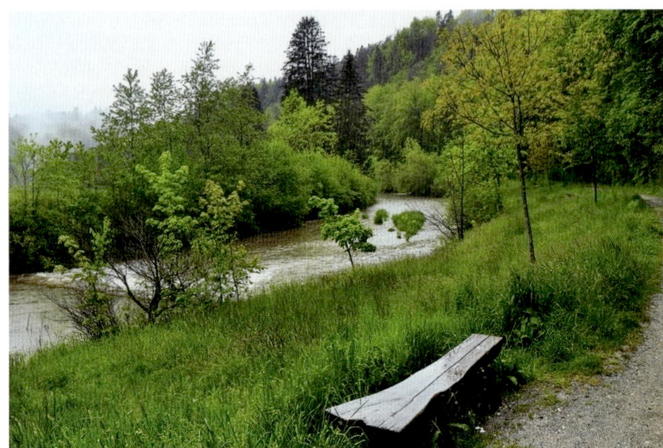

Tössuferweg

Leisental

Das Leisental bei Winterthur ist ein besonders attraktiver Abschnitt der Töss mit eigenem Charakter. Während der letzten Eiszeit bildete die Töss die Abflussrinne der Schmelzwasser zwischen dem Rhein-Linth- und dem Rhein-Bodenseegletscher. Dadurch wurden grosse Mengen an Schotter und Lehm abgelagert, in die sich der Fluss dann in Mäanderform einschnitt.

Das Leisental hat heute eine mehrfache Bedeutung:

- Rund ein Viertel des Trinkwassers von Winterthur stammt aus dem Grundwasser um das Leisental, die gute Qualität ist auch dem Wald zu verdanken, das Gebiet ist deshalb Wald- und Wasserschutzgebiet.
- Früh wurde bereits die Kraft des Tösswassers genutzt, es wurden Kanäle angelegt – zuerst zum Betreiben der Mühlen, dann der mechanischen Webstühle der Spinnereien. Das Wasser des Mülenkanals wurde früher von der Bühler Spinnerei genutzt, heute treibt es ein kleines Kraftwerk.
- Sehr geschätzt ist das bewaldete Leisental seit langem als Naherholungsgebiet. Ende des 19. Jhs. wurde die Töss auf ihrer gesamten Länge aus Hochwasserschutzgründen begradigt und verbaut. Im Leisental hat man nun wieder ein Renaturierungskonzept umgesetzt: Das Flussbett wurde stellenweise wieder verbreitert und die Uferverbauung aufgebrochen, so soll wieder eine Flusslandschaft mit Haupt- und Seitenarmen entstehen, die dem ursprünglichen Zustand der Töss gleicht.

Beim **Ritplatz** 04 verlassen Sie den Fluss und biegen nach rechts an den Sportanlagen vorbei zum Gasthaus „Zum Reitplatz" (März – Okt. Mo – So) zur Einkehr im Gastgarten. Der Weiterweg führt dem hinteren Chrebsbach entlang auf der Waldstrasse hinauf zum **Sternenweiher** 05, danach geht es auf schönem Weg weiter durch den Wald und gegen Ende am oberen Ortsrand zum Wegpunkt **Breiti** 06, Bus 4, 12. Gelbe Rhomben leiten geradeaus in die schöne Altstadt von **Winterthur** 07 und weiter zum Bahnhof.

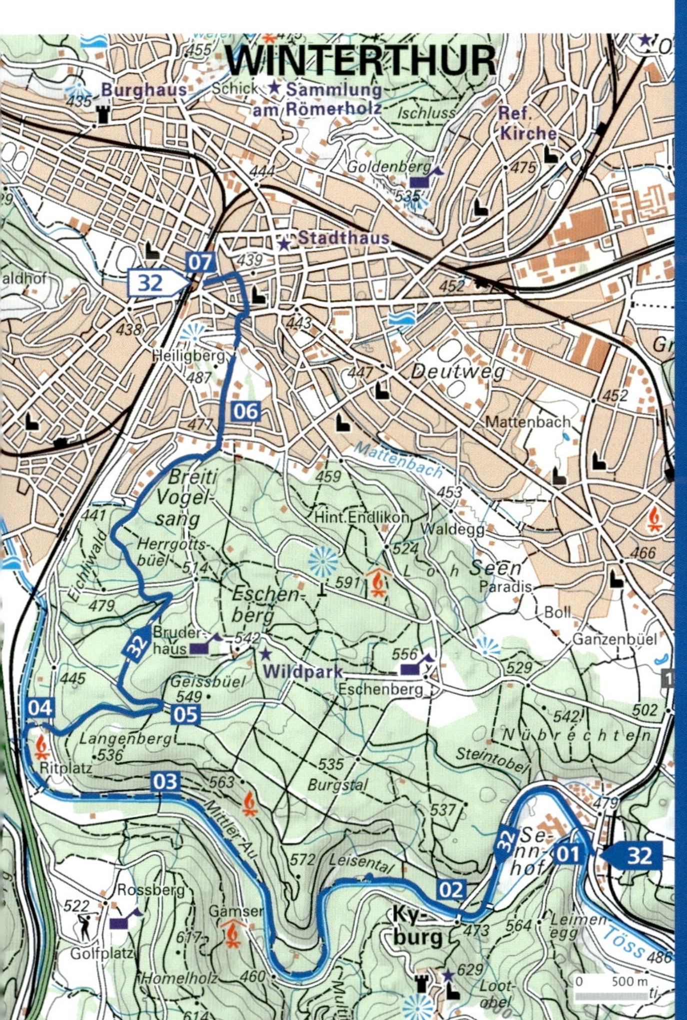

ALTBURG – CHATZENSEE

Beliebte stadtnahe Ausflugsziele

 12,9 km  3:45 h  111 hm 158 hm 8

START | Zürich, Bucheggplatz
[GPS: UTM Zone 32 x: 464.795 m y: 5.249.489 m].
Anfahrt: Tram 11, 15; Rückfahrt: S 9, S 15.
CHARAKTER | Lohnende Tour durch die Naherholungsgebiete der Stadt. Gelbe Markierung, halbschattig.

Die Wanderung verbindet das Limmat-, Furt- und Glatttal und führt dabei an zwei beliebten Ausflugszielen – **Ruine Alt-Regensberg** und **Chatzensee** – vorbei. Bei Badewetter bietet sich eine Abkühlung im Strandbad Chatzensee an.

▶ Vom Verkehrsknoten **Bucheggplatz** 01 gehen Sie über die Fussgängerspinne zum Waidberg, beim Hotel Guggach beginnt der gelb markierte Wanderweg. Der bewaldete Waidberg ist ein beliebtes Naherholungsgebiet mit Grill- und Spielplätzen, Vitalparcours, Finnenbahn, gepflegten Wegen... Die **gelben** Wegweiser leiten Sie hinauf zu den Tennisplätzen, Restaurant Tessin Grotto, beim Wegpunkt **Waidberg** 02.

Sie folgen nun zunächst den Wegweisern Gubrist, nach dem Wald eröffnet sich der Blick über die Stadt zum Zürichsee und ins Limmattal, im Hintergrund der Uetliberg, rechts die neuen Gebäude der Eidgenössischen Technischen Hochschule. Der Weg führt nun hinunter, durch eine Fussgängerunterführung und über eine

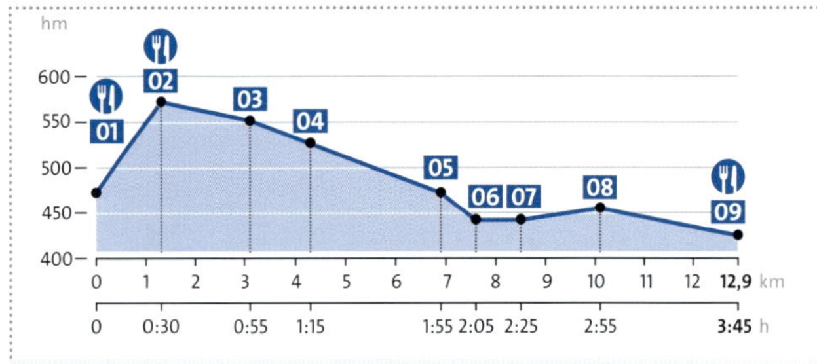

01 Zürich-Bucheggplatz, 472 m; 02 Waidberg, 570 m; 03 Kappenbühlstrasse, 551 m; 04 Werkhof, 527 m; 05 Altburg, 471 m; 06 Gut Katzensee, 442 m; 07 Chatzensee, 442 m; 08 Chatzenrüti, 455 m; 09 Rümlang, 425 m

Überführung zur **Kappenbühlstrasse** 03. Hier geradeaus auf der verkehrsfreien Kappenbühlstrasse über den Hönggerberg bis zum Ende: Bei einem Aussichtspunkt ist ein kleiner Findlingsgarten aus dem Bündner- und Glarnerland eingerichtet, bei der Wegkreuzung danach weiter geradeaus (nicht über Affoltern nach Chatzensee!) bis zum **Werkhof** 04 des Stadtforstamtes, davor liegen links der Friedhof, rechts Familiengärten.

Nach dem Werkhof folgen Sie dem Wegweiser Chatzensee nach rechts. Durch hochstämmigen Mischwald, vorbei an einem kleinen Rastplatz mit Brunnen, führt der Weg zur Regensdorferstrasse, der Sie auf dem Rad- und Fussweg kurz folgen. Nach 5 Min. biegen Sie rechts in die Zufahrt zum Hof Geissberg am Hang des Furttales. Das Furttal hat sich zu einer bedeutenden Wirtschaftsregion entwickelt und ist stark verbaut.
Im Tal sehen Sie den Ruinenzacken der Altburg aus einem Wäldchen ragen. Sie queren die Talstrasse und gehen rechts halb um den Moränenhügel herum, der Zugang zur **Altburg** 05 befindet sich in der Burgholzstrasse. Die Alt-Burg wurde im 11. Jh. als Stammburg der „Feiherren von Regensberg", einem mächtigen Adelsgeschlecht, das auch die Städtchen Grüningen, Kaiserstuhl und Regensberg sowie die Klöster Fahr und Rüti gründete, erbaut. Nach dem Niedergang der Regensberger zerfiel die Burg und diente als Steinbruch für die Bauten der Umgebung. Ein letzter Rest des Burgfrieses inmitten der Ringmauer zeugt heute noch von der einst mächtigen Burg.

Nördlich der Altburg geht es über die Bahnlinie zum **Gut Katzensee** 06. Von hier kann man rechts oder links um den See gehen, der Weg rechts führt zwar 200 m der stark befahrenen Strasse entlang, dann aber sehr schön dem Ufer entlang zum **Strandbad Chatzen-**

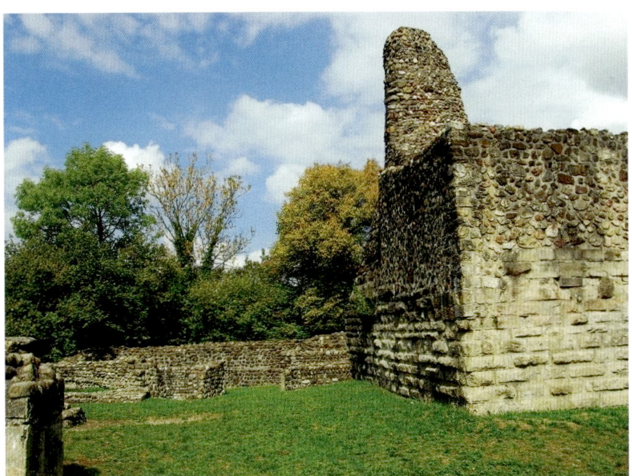

Ruine Altburg

see **07**, bei schönem Wetter ein Publikumsmagnet mit vielen Grillplätzen und Kiosk. Am Waldrand nach links, Wegweiser Chatzenrüti, hier sieht man besonders schön den langsamen Verlandungsprozess mit Hochmooren, Riedwiesen und Moorbirken, vor dem **Gut Chatzenrüti** **08** treffen beide Wege wieder zusammen.

Etwas oberhalb des Weges hat am Sonntag das Seeholzbeizli geöffnet, von Mittwoch bis Sonntag der Hofladen. Kurz darauf treffen Sie auf den alten, vorbildlich renovierten Chatzenrütihof. Hier wirkte von 1769 bis 1785 der philosophierende Bauer Jakob Gujer, genannt Kleinjogg. Mit seinen zukunftsweisenden Neuerungen in der Landwirtschaft wurde er über die Grenzen hinaus berühmt. Der Weg führt dann hinauf zum Wald, vom Waldrand bietet sich ein letzter Blick auf den Uetliberg, bevor Sie durch Hochwald und dann durch neue Wohnsiedlungen und den alten Ortskern bei der Kirche zum **Bahnhof Rümlang** **09** gelangen.

Jakob Gujer

Im 18. Jh. wurden in der Schweiz die Ideen von Jean-Jacques Rousseau, der in Frankreich nach dem Erscheinen seines Buchs „Émile" auf Parlamentsbeschluss zu Gefängnis und Exil verurteilt wurde, heftig diskutiert.

Viele waren der Meinung, dass die Grundsätze des „Contrat social" – Volkssouveränität und Theorie des freien Menschen – im System der Eidgenossenschaft besser verwirklicht werden konnten als in einem Feudalsystem.

Johann Caspar Hirzel, Arzt und Politiker in Zürich, veröffentlichte 1761 das Buch „Die Wirtschaft des philosophischen Bauern" und machte damit den Musterbauern Jakob Gujer weltberühmt, sein Hof wurde zum Wallfahrtsort der Schweiz-Reisenden, auch Goethe besuchte ihn zweimal.

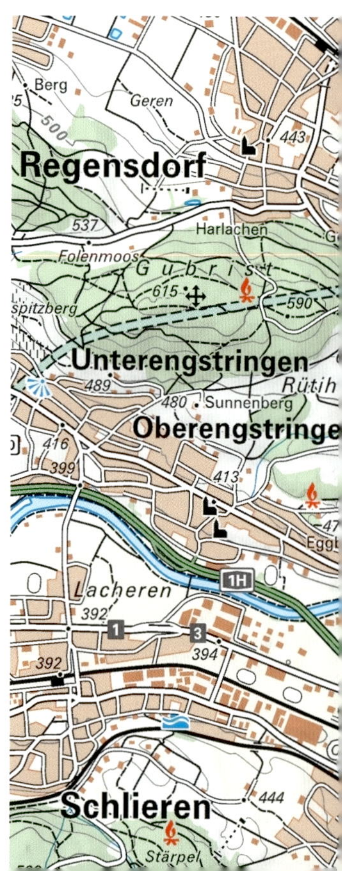

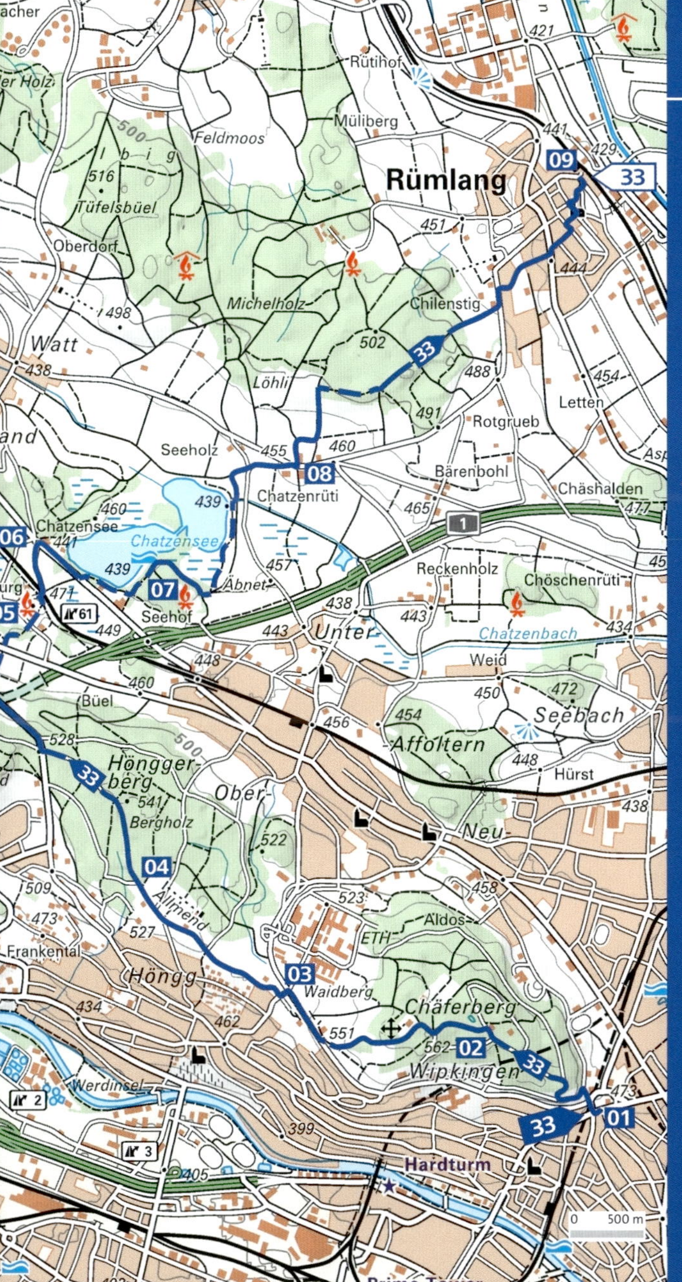
Riedmatt
Rütihof
Müliberg
Feldmoos
Rümlang
09
33
Tüfelsbüel
Oberdorf
Michelholz
Chilenstig
Watt
Löhli
33
Rotgrueb
Letten
Seeholz
08
Chatzenrüti
Bärenbohl
Chäshalden
06
Chatzensee
Chatzensee
07
Äbnet
Seehof
05
Reckenholz
Chöschenrüti
Unter
Chatzenbach
Weid
Seebach
Büel
Affoltern
Hürst
33
Hönggerberg
Ober-
Bergholz
Neu
04
Allmend
Aldos
ETH
Frankental
Höngg
03
Waidberg
Chäferberg
02
33
Wipkingen
Werdinsel
33
01
Hardturm
Prime Tower
0 500 m

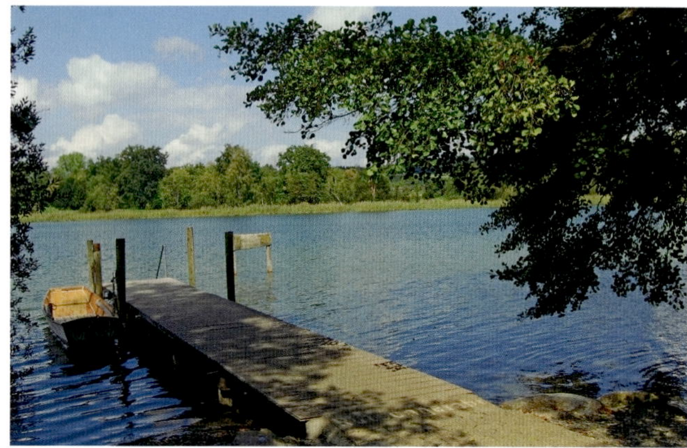

Chatzenseen

Bei seinem Rückzug nach der letzten Eiszeit vor 12.000 Jahren hinterliess der Linthgletscher die zwei Seen in den flachen Mulden. Sie speisen sich vorwiegend vom Grundwasser, im Laufe der Zeit hat ein Verlandungsprozess eingesetzt, an den flachen Ufern ist so eine ökologisch vielfältige Riedlandschaft entstanden. Bereits 1915 wurde das Naturjuwel unter Schutz gestellt, heute ist es ein wichtiges Naherholungsgebiet, zur Hälfte noch auf dem Boden der Stadt Zürich.

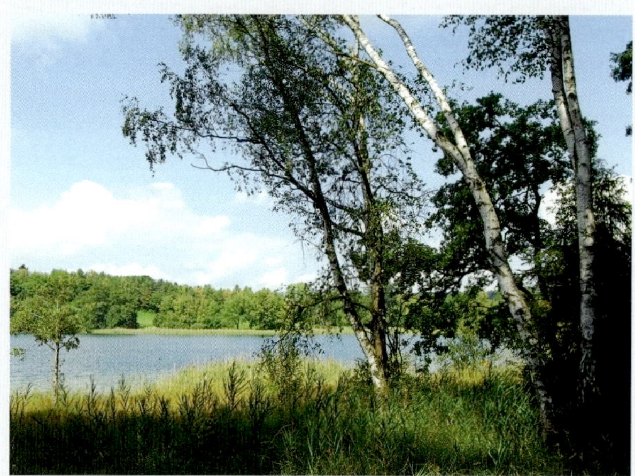

ALTBERG • 631 m

Über Zürichs dritten Hausberg

  13,9 km 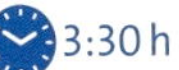 3:30 h 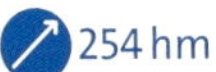 254 hm  296 hm 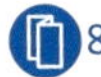 8

START | Zürich-Höngg, Meierhofplatz [GPS: UTM Zone 32 x: 462.216 m y: 5.249.979 m]. Anfahrt: Tram 13; Rückfahrt: S 6.

CHARAKTER | Waldwanderung mit schönen Aussichtspunkten und Einkehrmöglichkeiten. Gelbe Markierung, überwiegend schattig.

Der **Altberg** ist nach dem Uetliberg und dem Zürichberg der dritte Hausberg der Stadt, die Südhänge sind bevorzugte Lagen für den Weinbau. Die Wanderung führt über den bewaldeten Grat, auf dem Gipfel sorgen ein Aussichtsturm für weite Rundsicht und die Waldschenke für leiblichen Genuss.

▶ Vom **Meierhofplatz** 01, dem alten Dorfkern der ehemaligen Winzergemeinde Höngg, folgen Sie den Wegweisern Gubrist, Altberg. Durch die Regendorferstrasse, nach der Kelterei Zweifel, gehen Sie den schattigen Hohlweg zum Plateau des Hönggerberges hinauf, wo Sie auf die Kappenbühlstrasse (siehe Tour 33) treffen. Links bis zum **Werkhof** 02, davor sind links der Friedhof und rechts die Familiengärten.

Beim Wegpunkt nach dem Werkhof wieder links, ein Waldlehrpfad führt durch einen artenreichen Mischwald mit Buchen, Fichten, Föhren, Kastanien, Eichen, Ulmen... und vielen Sträuchern; am Weg liegt auch ein eisenzeitlicher Grabhügel. Sie kommen zum **Restaurant Grüenwald** 03 mit Gastgarten unter alten Bäumen (Mo bis So). Weiter geht es durch Wald, bei einer Gabe-

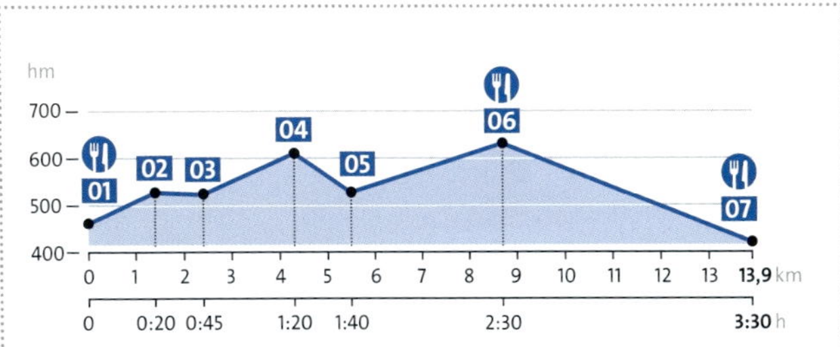

01 Zürich-Höngg, Meierhofplatz, 462 m; 02 Werkhof, 527 m; 03 Restaurant Grüenwald, 524 m; 04 Gubrist, 609 m; 05 Aussichtspunkt, 527 m; 06 Altberg, 631 m; 07 Bahnhof Würenlos, 420 m

Familiengärten – Zürichs Schrebergärten

Zürich gilt als Hochburg der Familiengärten mit einer langen Tradition, bereits 1692, als eine Hungersnot drohte, wurden von der Stadt die ersten Pflanzplätze vergeben. Im Industriezeitalter kam zur Selbstversorgung die Erholung im Grünen für alle, in Kriegszeiten erlebten die „Kriegsgärten“ einen Boom.

Ein vom sozialistischen Stadtrat Paul Pflüger 1915 initiierter Verein betreut heute die rund 6000 Familiengärten auf insgesamt 150 ha Stadtland, Tendenz steigend.

lung halten Sie sich rechts, leicht ansteigend gelangen Sie zum grossen Rast- und Grillplatz Glaubeneich. Der Lüftungsschacht danach erinnert daran, dass im Berg der Verkehr durch den Gubristtunnel rollt.

Schon bald nach dem Wegpunkt **Gubrist** 04 beginnt der Weg abzufallen, durch Wald geht's hinunter zum **Aussichtspunkt** 05 am Waldrand mit Rastbank. Hier geniessen Sie einen schönen Blick über das Limmattal und das Winzerdorf Weiningen. Weiningen ist die drittgrösste Weinbaugemeinde des Kantons Zürich, sein gut erhaltenes Ortsbild wird von alten Riegelhäusern geprägt.

Oberhalb des Rebhanges wandern Sie zur Strasse, danach gibt es zwei Möglichkeiten: Der gelb markierte Weg verläuft auf der gekiesten Waldstrasse zum Altberg. Als Alternative gibt's einen schönen Waldweg: Vom Wegpunkt

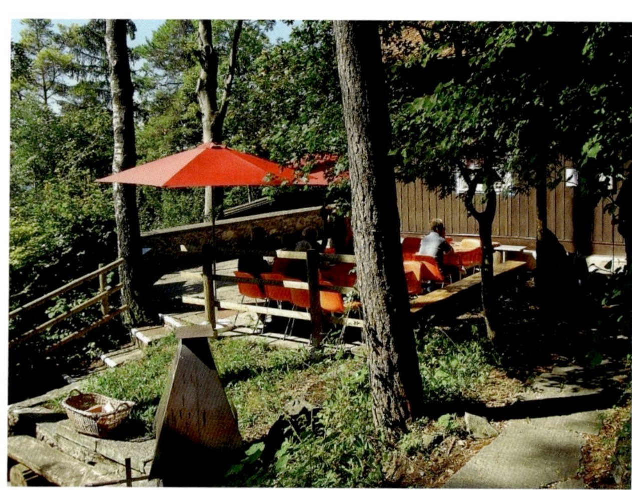

Höggerhütte am Altberg

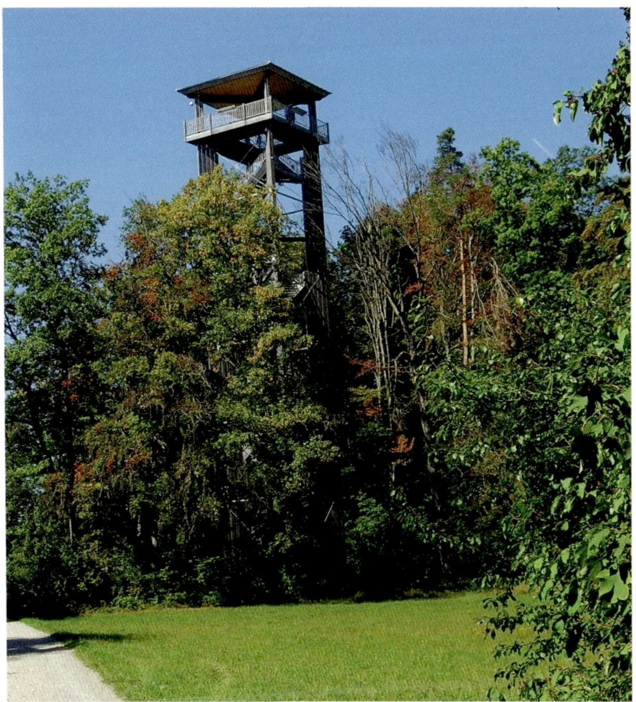

Aussichtsturm am Altberg

nach der Strasse kurz auf dem Weg Richtung Dällikon, nach dem ersten Querweg unmarkiert nach links in den von Mountainbikern benutzten Waldweg. Immer auf diesem Weg bleiben, nach rund 35 Min. treffen die Wege 10 Min. vor der Waldschenke wieder zusammen. Auf dem höchsten Punkt des **Altbergs** 06 steht der Aussichtsturm, daneben die beliebte Waldschenke (Mi – Mo), wo man gemütlich unter Bäumen Hunger und Durst stillen kann.

Für den Abstieg folgen Sie dem Wegweiser Hüttikerberg, auf einem schönem Waldweg wandern Sie hinunter zum Plateau des Hüttikerberges und folgen dann dem Wegweiser Würenlos. Sie überqueren die Strasse, nach dem Parkplatz überschreiten Sie die Kantonsgrenze Zürich/Aargau.

Vom Waldrand bietet sich ein offener Blick auf Würenlos, wo Furttal und Limmattal zusammentreffen, im Hintergrund die Lägern. In der Gegend gab es einige Steinbrüche, aus dem harten Würenloser Muschelkalk wurden Bausteine, Brunnentröge und Statuen geschaffen.

Die gelben Wegweiser leiten Sie dann durch das Dorf zum **Bahnhof Würenlos** 07 mit mehreren Einkehrmöglichkeiten.

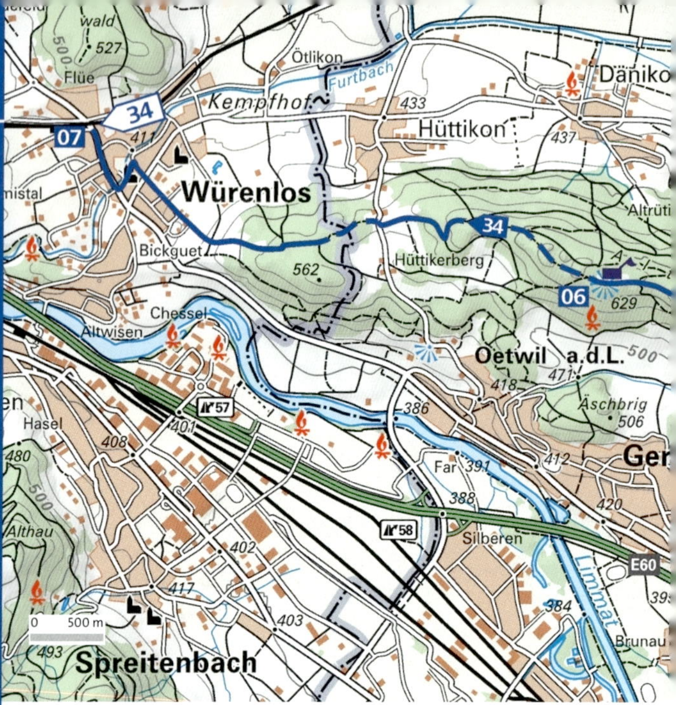

wald
527
500
Flüe
Ötlikon
Furtbach
Kempfhof
Däniko
34
07
411
433
Hüttikon
437
Würenlos
mistal
Altrüti
34
Bickguet
Hüttikerberg
562
06
629
Chessel
Altwisen
Oetwil a.d.L.
500
418
471
57
Äschbrig
506
386
Hasel
401
408
480
Far
391
412
Ger
500
388
420
Althau
402
58
Silberen
E60
Limmat
417
0 500 m
403
384
393
Brunau
493
Spreitenbach

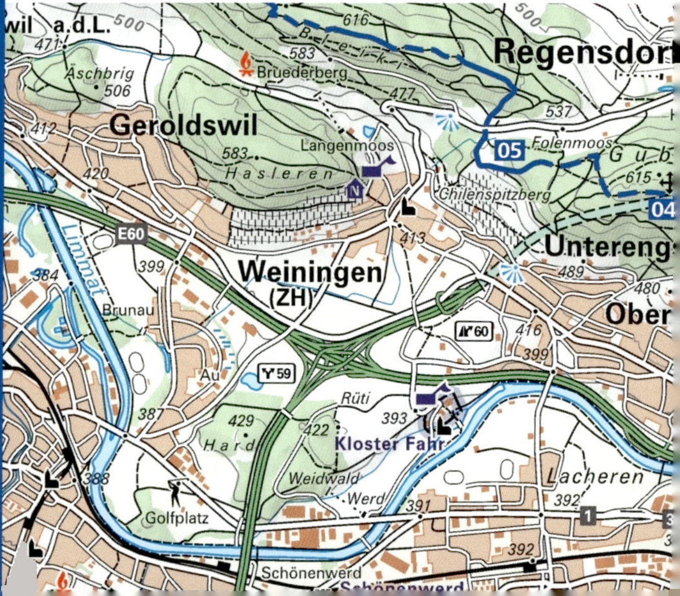

wil a.d.L.
500
616
471
Blelikj
583
Regensdorf
Äschbrig
506
Brüederberg
477
537
Geroldswil
412
Langenmoos
Folenmoos
583
05
Gub
Hasleren
615
420
Chilenspitzberg
04
E60
413
Untereng
Limmat
399
Weiningen (ZH)
489
384
480
Ober
Brunau
60
416
399
Au
59
Rüti
387
429
393
422
Hard
Kloster Fahr
388
Weidwald
Lacheren
Werd
391
392
Golfplatz
392
Schönenwerd

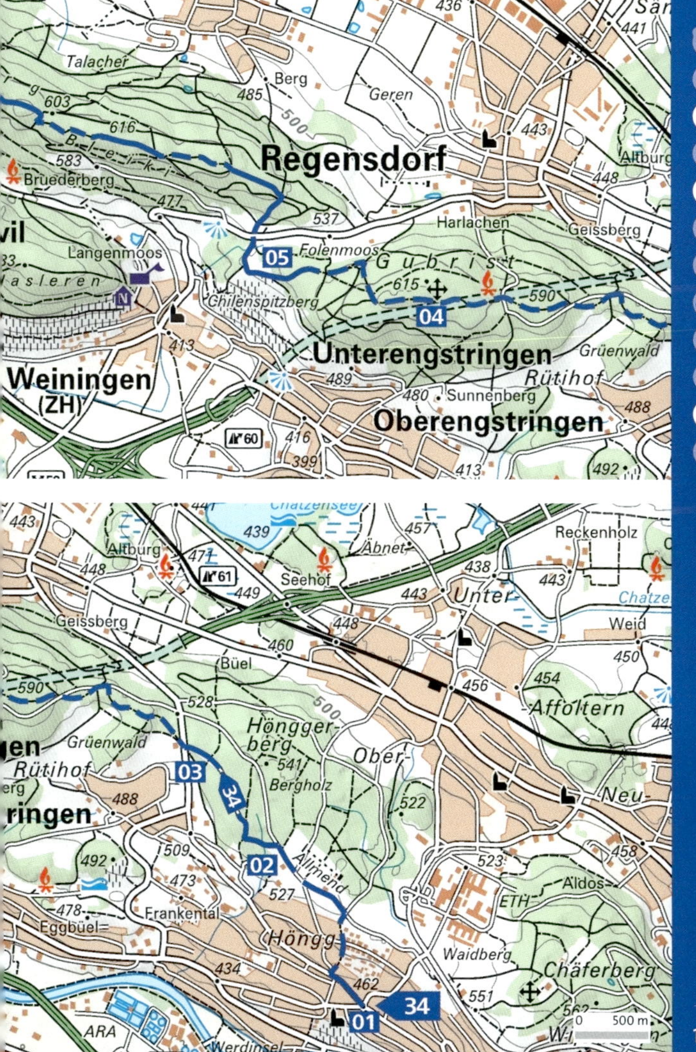

Furthof
Gheid
425
Adlikon
Riethof
Dällikon
Längg
438
436
Sar
441
Talacher
Berg
485
Geren
603
616
583
Bruederberg
Regensdorf
443
Altburg
448
477
537
Harlachen
Geissberg
Langenmoos
05
Folenmoos
Gubrist
615
590
Chilenspitzberg
04
413
Unterengstringen
Grüenwald
Weiningen
(ZH)
489
Rütihof
480
Sunnenberg
488
Oberengstringen
60
416
399
413
492
443
439
457
Reckenholz
Altburg
471
Abnet
448
61
Seehof
438
443
449
443
Unter
Weid
Geissberg
448
460
450
Büel
456
454
590
528
500
Affoltern
Höngger-
berg
Grüenwald
Ober
Rütihof
541
03
Bergholz
34
488
522
Neu-
ringen
509
458
492
02
523
473
Allmend
Aldos
527
ETH
478
Frankental
Eggbüel
Höngg
Waidberg
434
Chäferberg
462
551
34
01
ARA
Werdinsel
2
0
500 m

OTELFINGEN – REGENSBERG – DIELSDORF

Zur „Perle des Unterlandes"

  8,4 km  2:20 h 211 hm 210 hm 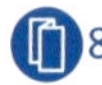 8

START | Station Otelfingen
[GPS: UTM Zone 32 x: 453.665 m y: 5.255.874 m].
Anfahrt: S 6, Rückfahrt: S 15.
CHARAKTER | Aussichtsreiche Wanderung auf guten Wegen an den letzten Ausläufern des Jura. Gelbe Markierung, wenig Schatten.

Ein sanfter Anstieg durch Wald und entlang von Waldrändern bringt Sie über Boppelsen mit seinen schönen Riegelhäusern nach Regensberg, der „Perle des Unterlandes" auf einem Sporn der Lägern. Nach einer Einkehr geht es steil hinunter in den Bezirkshauptort Dielsdorf und durch das alte Zentrum zum Bahnhof.

▶ Sie starten Ihre Wanderung an der **Station Otelfingen** 01 und folgen den Wegweisern Richtung Boppelsen, Regensberg. Auf der Dorfstrasse geht es dem kanalisierten Bach entlang, beim Gasthof Höfli überqueren Sie die Strasse und wandern nun durch den alten Ortsteil vorbei an der Kirche und Restaurant Frohsinn zum schönen Ensemble am oberen Ende. Hier steht u.a. die Untere Mühle, sie wurde Ende des 16. Jhs. als Lehensmühle des Klosters Wettingen erbaut und war bis 1961 in Betrieb, seit 2002 dient sie der „Stiftung Mühle Otelfingen" als Veranstaltungsort. Daneben liegt das 1811 erbaute Haus der Brauerei mit seinem markanten Rundtor, Schankbetrieb seit 1845.

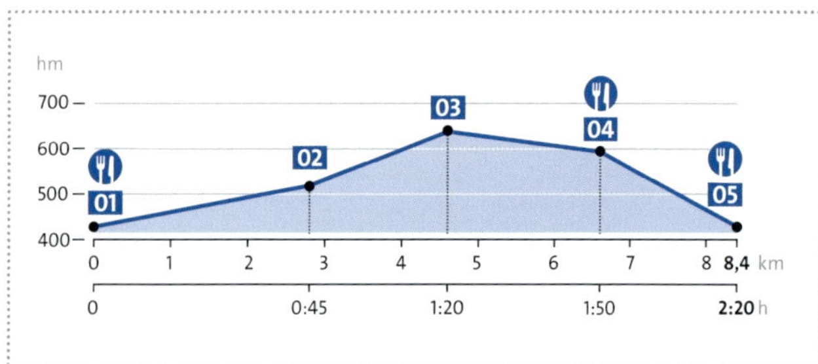

01 Station Otelfingen, 427 m; 02 Boppelsen, 516 m; 03 Mötschen, 638 m; 04 Regensberg, 593 m; 05 Dielsdorf, 428 m

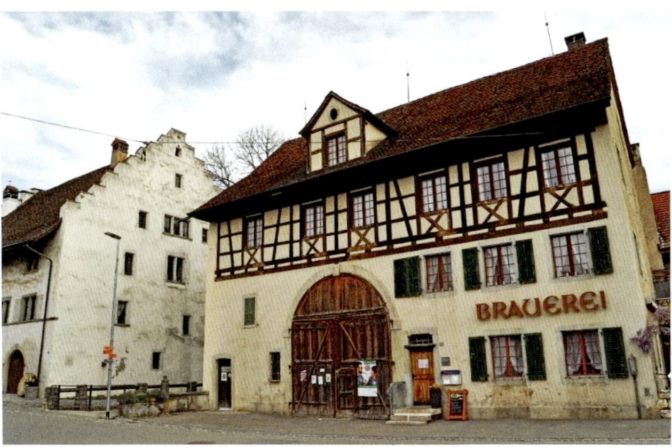

Untere Mühle und Brauerei in Otelfingen

Nun geht's durch eine neue Siedlung hinauf zum Wald. Am Waldrand bietet sich beim Grill- und Rastplatz ein schöner Blick ins Furttal mit Otelfingen, am Gegenhang am Fusse des Altberges Hüttikon, in der Ebene Würenlos bei der Mündung des Furttales ins Limmattal, dahinter der Heitersberg. Durch den Wald gelangen Sie nach **Boppelsen** 02, geschützt in einer Moränenmulde am Hang der Lägern gelegen. Die Wegweiser leiten Sie durch den Ort mit seinen schönen Riegelhäusern, im Zentrum ähnlich wie in Neerach das alte, kleine Schulhaus mit Glockentürmchen, heute Gemeindehaus.

Sie folgen nun dem Wegweiser Mötschen und steigen durch eine neue Hangsiedlung auf einem ehemaligen Rebberg hinauf zum Wald und wandern auf aussichtsreichem Weg dem Waldrand oberhalb der Boppelser Weid entlang. Die Boppelser Weid ist eine artenreiche Hangriedlandschaft mit ca. 250 Pflanzen- und 28 Schmetterlingsarten, seit 1988 steht sie unter Naturschutz. Vom Wegpunkt **Mötschen** 03 geht es auf einem schönen Wiesenweg mit herrlichem Blick auf Regensberg zum Park- und Rastplatz Linden. Über die Strasse und durch eine Wiese hinunter zu einem Güterweg, oberhalb eines Rebhanges dann nach **Regensberg** 04.

Sie erreichen das kleine Städtchen am Zugang bei der Unterburg, Gasthof Linden mit Gastgarten beim Brunnen (Mi – So). Der Weg führt nun zum Hof der Oberburg. Dieser zentrale Platz mit den zwei Brunnen wird von beiden Seiten von alten, aneinander gebauten Häusern begrenzt, die einst auch die Ringmauer bildeten.

Vom Schlossplatz oder von der Aussichtsterrasse des Gasthofs Krone (Di – So), geniessen Sie einen weiten Blick über das Furttal bis zum Alpenkranz, den umfassenden Rundblick bietet der Zinnenkranz am 21 m hohen Rundturm. Sie verlassen das Städtchen durch das ehemalige Osttor und steigen nun steil über den Hang hinunter durch Gärten und dann durch die

Regensberg

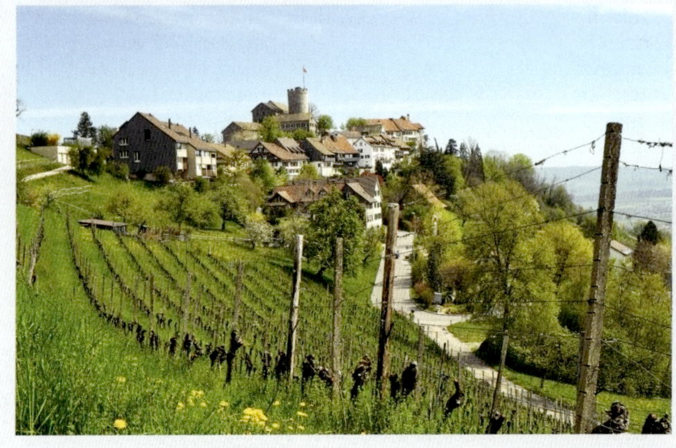

Hangsiedlung zum Zentrum des Bezirkshauptortes **Dielsdorf** 05. Vom schönen alten Dorfkern mit mehreren Einkehrmöglichkeiten folgen Sie weiter den gelben Wegweisern zum Bahnhof.

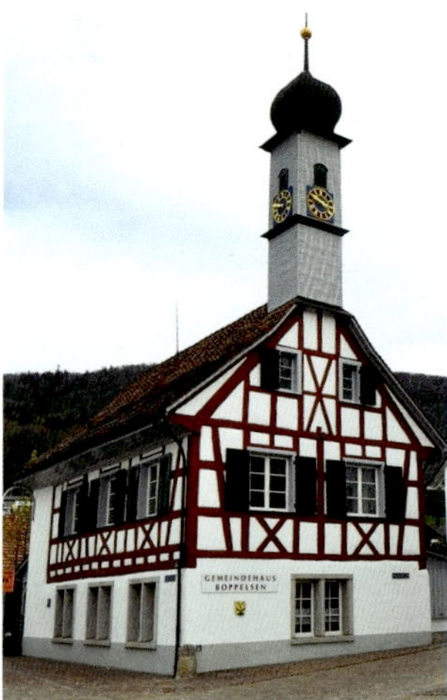

Alte Schule in Boppelsen

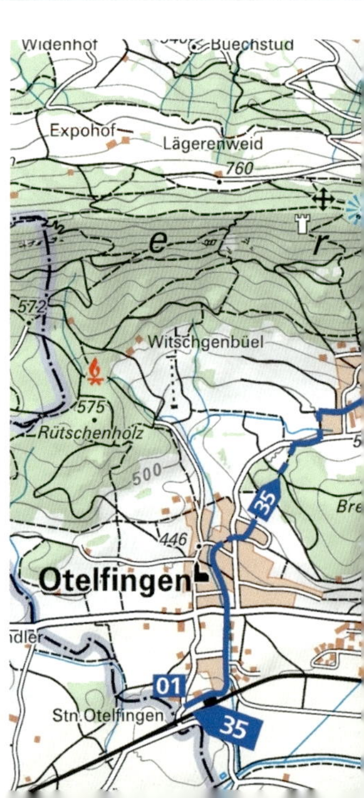

1244 gründete Freiherr Lütold V., der damals noch auf der Altburg am Chatzensee residierte, das Städtchen Regensberg in ausgezeichneter Lage am Lägernsporn an der Handelsstrasse von Zürich nach Zurzach. An der höchsten Stelle steht der für die Ostschweiz ungewöhnliche, 21 m hohe savoyische Rundturm, heute das Wahrzeichen des Städtchens und das einzige erhaltene Gebäude aus dem 13. Jh. Auf der Suche nach Trinkwasser wurde ein Sodbrunnen in den Kalkfelsen gehauen, mit seinen 57 m der tiefste der Schweiz, in Verwendung bis 1632. Die Herrschaft Regensberg ging 1302 an die Herzöge von Österreich-Habsburg über und gelangte am Beginn des 15. Jhs. in den Besitz der Stadt Zürich, die einen Landvogt in Regensberg einsetzte und von hier aus 13 Gemeinden im Glatt-, Furt- und Wehntal bis zum Ende der alten Eidgenossenschaft im Jahr 1798 regierte. Das Landstädtchen hat sich bis heute den einstigen Grundriss mit den drei Hauptteilen Schloss, Oberburg und Unterburg bewahrt. Im Turm ist eine Ausstellung über die Geschichte des Städtchens zu sehen, im Schloss betreut eine private Stiftung Jugendliche mit Lernschwierigkeiten, das frühere Gemeinde- und Gesellenhaus wurde zum Gasthof Krone umfunktioniert.

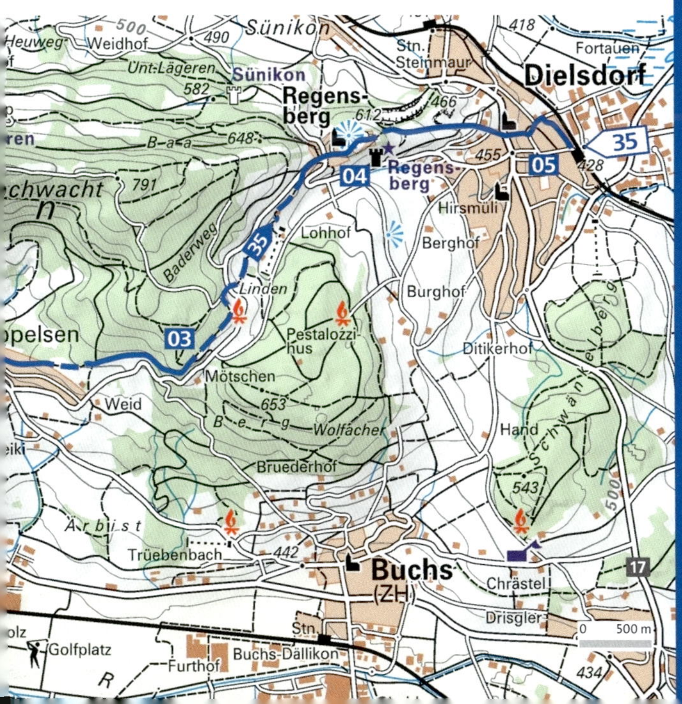

ÜBER DIE LÄGERN

Auf dem Jurahöhenweg von Dielsdorf nach Baden

  12,6 km  4:20 h  431 hm  477 m  7

START | Station Dielsdorf
[GPS: UTM Zone 32 x: 459.231 m y: 5.258.941 m].
Anfahrt: S 15, Rückfahrt: S 6.
CHARAKTER | Anspruchsvolle Wanderung über den Kalkgrat Lägern, im ersten Teil bis Hochwacht auf Waldstrasse, gelbe Markierung, im zweiten Teil auf Gratweg, rote Markierung. Halb schattig.

Die Wanderung über die Lägern ist die anspruchsvollste Tour im Zürcher Unterland, viel begangen wegen ihrer herrlichen Aussichten und dem einzigartigen Charakter in dieser Gegend, auch ein beliebtes Grillrevier. Für den schwierigsten Teil gibt es eine leichtere Alternative, gutes Schuhwerk ist in jedem Fall erforderlich.

▶ Sie starten Ihre Wanderung an der **Station Dielsdorf** 01 und folgen dem Wegweiser Regensberg, Beginn des Jurahöhenweges Nr. 5. Die Route führt nach einer neuen Siedlung durch das Zentrum des Bezirkshauptortes mit schönem altem Dorfkern. Beim Gemeindehaus beginnt der steile Aufstieg durch die Hangsiedlung und dann durch Gärten nach **Regensberg** 02, alternativ mit ZVV-Bus 593, Infos zu Regensberg siehe Tour 35.

Vom Ausgang bei der Unterburg folgen Sie den Wegweisern „Lägern, Hochwacht, Baden". Nach wenigen Minuten auf der Strasse bringt Sie ein Steig rechts zur

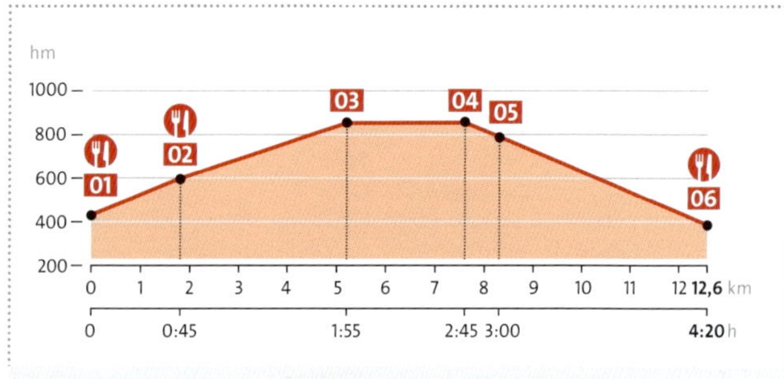

01 Station Dielsdorf, 428 m; 02 Regensberg, 592 m; 03 Hochwacht, 856 m; 04 Burghorn, 859 m; 05 Lägernsattel, 785 m; 06 Baden, 382 m

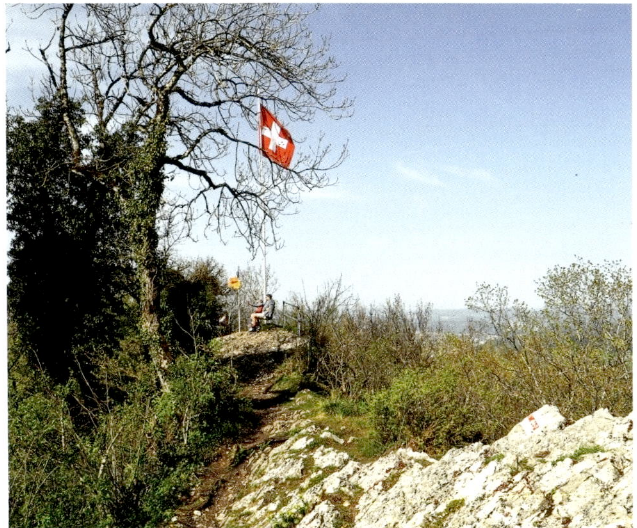

Aussichtsfelsen am Burghorn

Waldstrasse, die leicht ansteigend über den hier noch breiten Kamm führt. Der Kamm wird langsam schmaler, streckenweise begleitet ein Waldpfad an der Kante die Waldstrasse.

Auf der **Hochwacht** 03 (siehe Tour 16), einem trigonometrischen Punkt erster Ordnung, geniessen Sie von der Aussichtskanzel einen herrlichen Blick über das Mittelland, Zürich, den Zürichsee bis zur Alpenkette, eine Panoramatafel erklärt die vielen Gipfel. Der Weiterweg ist nun rot markiert und wird nach den Sendeanlagen zum Pfad. Sie passieren die Burgruine Alt-Lägern, die zusammen mit dem Städtchen 1244 errichtet wurde. Bereits Ende des 13. Jhs. wurde sie, wahrscheinlich in den sogenannte Regensberger Fehden, zerstört und verfiel dann, heute sind nur mehr die Umfassungsmauern erhalten.

Auf karstigem Pfad, meist knapp unterhalb des Grates auf der Südseite, erreichen Sie den beliebten Aussichtsplatz **Burghorn** 04 auf Felsplatten mit Panorama in alle Richtungen. Auf steilem Weg steigen Sie anschliessend zum **Lägernsattel** 05 ab, im Frühjahr blüht hier überall Bärlauch.

Ab hier gibt es bis zum Schloss Schrattenfels zwei Wege:

- Den **gelb** markierten, sanft abfallenden Wanderweg durch Wald oder
- den **rot** markierten, aussichtsreichen Bergweg über den schmalen Felsgrat, er erfordert Trittsicherheit und Schwindelfreiheit – nur für erfahrene Wanderer, nicht bei Nässe!

Waldweg und Gratweg treffen direkt vor der schattigen Terrasse des Restaurants Schrattenfels (Mi – Mo) wieder zusammen,

Lägern

Der 11 km lange Bergrücken der Lägern (Lagen) ist der letzte Ausläufer des Faltenjuras. Die im Jurameer abgelagerten Kalkschichten wurden durch die Tektonik zusammengepresst, übereinandergeschoben und aufgefaltet. Im Lägernkalk finden sich zahlreiche Versteinerungen von schneckenförmigen Ammoniten, Belemniten (Donnerkeile) und Muscheln.

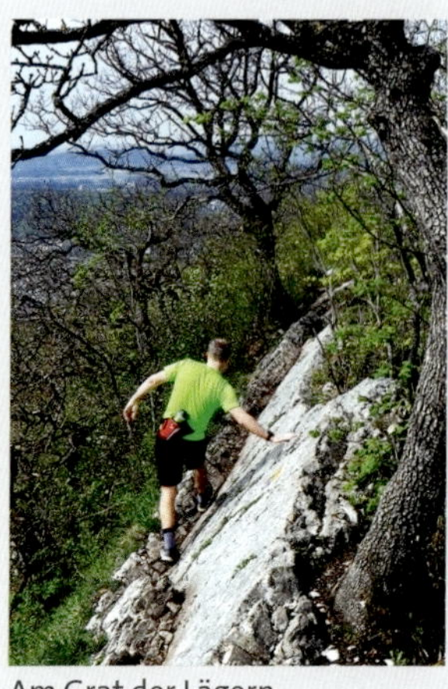

Am Grat der Lägern

Im lichten Wald aus Hainbuchen, Linden und Eichen auf der felsigen Südseite gedeihen wärme- und kalkliebende Pflanzen wie Sonnenröschen, Immenblatt, Berg-Täschelkraut, Gras- und Feuerlilien. Früher wurde der Wald durch die traditionelle Waldnutzung ausgelichtet, heute besorgt dies gezielt die Forstwirtschaft, damit die Artenvielfalt der wärmeliebenden Pflanzen erhalten bleibt.

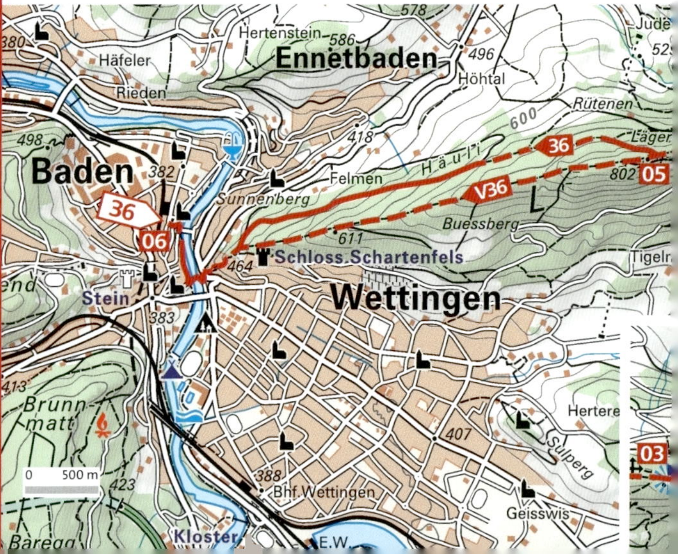

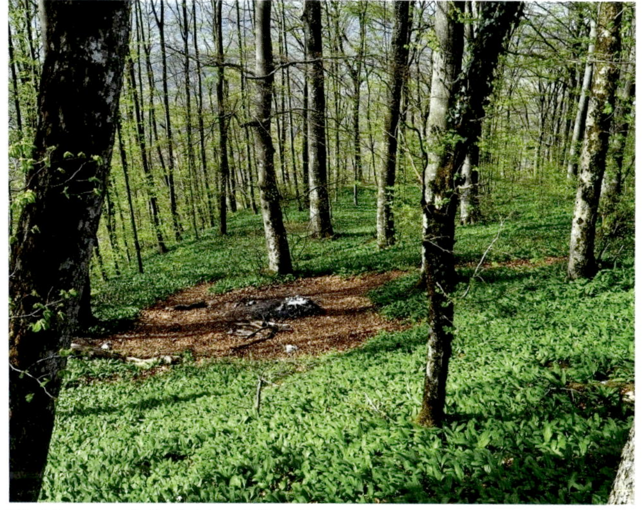

Die Lägern – ein beliebtes Grillrevier

ein idealer Ort zur Einkehr hoch über Baden und dem Limmattal. Auf einem Treppenweg, vorbei an mächtigen Felsplatten, steigen Sie dann ab in die bekannte Aargauer Kurstadt **Baden** 06, auf der alten gedeckten Holzbrücke beim Landvogteischloss durch das Zentrum gelangen Sie zum **Bahnhof**.

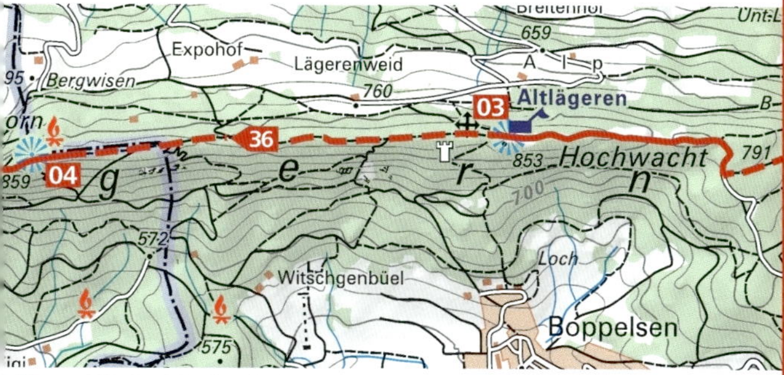

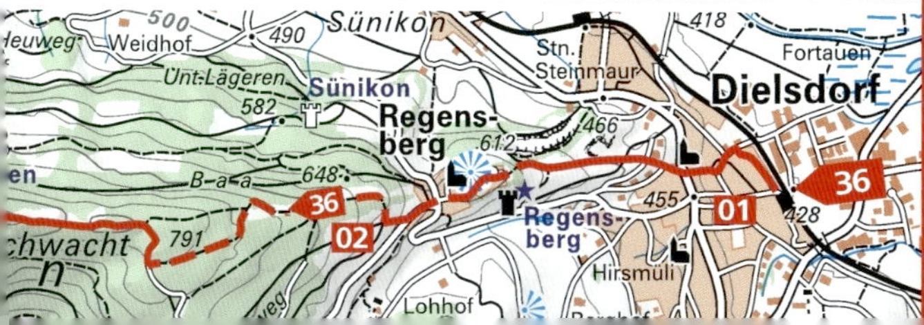

37

BUCHS – REGENSBERG – NIEDERWENINGEN

Vom Furttal ins Wehntal

 13,5 km  3:50 h  361 hm  328 hm  7

START | Bahnhof Buchs-Dällikon
[GPS: UTM Zone 32 x: 457.492 m y: 5.255.717 m].
Anfahrt: S 6, Rückfahrt: S 15.
CHARAKTER | Lohnende Wanderung häufig am Waldrand entlang mit schöner Aussicht, vorbei am sehenswerten Städtchen Regensberg. Gelbe Markierung, wenig Schatten.

Vom alten Dorfkern in Buchs wandern Sie auf Waldstrassen moderat ansteigend nach Regensberg in Aussichtslage auf einem Sporn der Lägern. Entlang der Nordflanke des Höhenrückens geht's dann über die alte Kirche von Niederweningen zur Station Niederweningen.

▶ Vom **Bahnhof in Buchs-Dällikon** **01** leiten Sie die Wegweiser Regensberg durch die Strassenunterführung und am Rand des Dorfes hinauf zum Wald und diesem rechts entlang. Der schöne alte Dorfkern bei der Kirche mit Riegelhäusern und der renovierten Mühle lohnt eine Schleife: Nach der Badenerstrasse vor der Steinmauer rechts zur Kirche, dann hinauf zur Weinbergstrasse auf der Trasse der ehemaligen Nordostbahn Otelfingen – Niederglatt. Sie verkehrte von 1877 bis 1937, beim ehemaligen Stationsgebäude, heute Wohnungen, links die Bergstrasse und Wolfacherstrasse am Rand der Siedlung hinauf zum Waldrand, bei der Gabelung links in den Wald. Dort treffen Sie auf

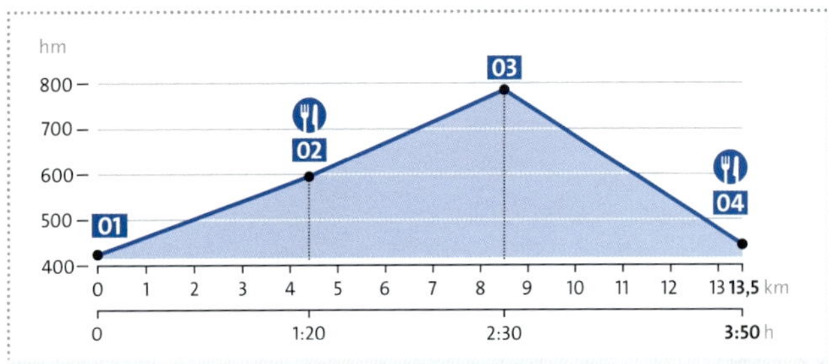

01 Bahnhof Buchs-Dällikon, 424 m; **02** Regensberg, 593 m; **03** Lägernweid, 785 m; **04** Station Niederweningen, 444 m

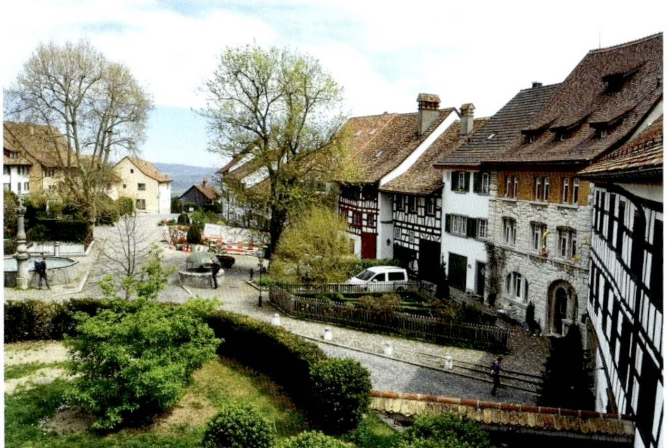

Regensberg – Stadtplatz ...

die markierte Route, der Sie nach rechts folgen. Leicht ansteigend wandern Sie auf der Waldstrasse aufwärts, kurz rechts abwärts und links in den Feldweg mit schönem Blick auf Regensberg zu.

Am Weg liegt der gut bestückte Hofladen des Looshofes, danach erreichen Sie **Regensberg** 02 bei der Unterburg, Gasthof Löwen (Mi – So). Rechts geht es zum Schlossplatz (siehe Kasten Tour 35), für den Weiterweg folgen Sie dem Wegweiser Niederweningen/ Lägernweid in die Bannstrasse rechts.

Auf angenehmer Waldstrasse wandern Sie leicht ansteigend durch schattigen Hochwald und dann dem Waldrand entlang und geniessen die schöne Sicht auf das Wehntal, Ober- und Niederwenin-

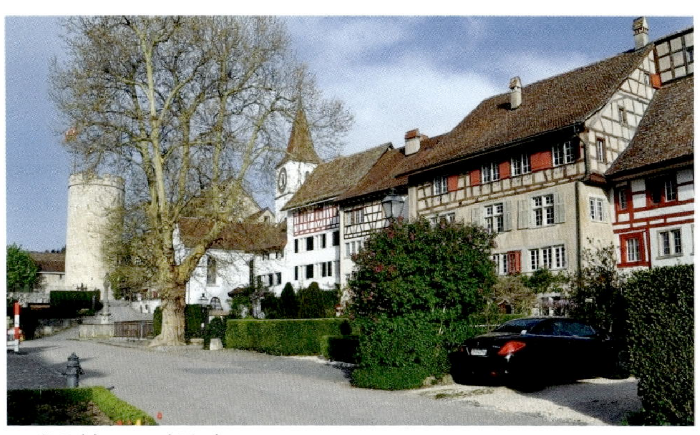

...mit Schloss und Kirche

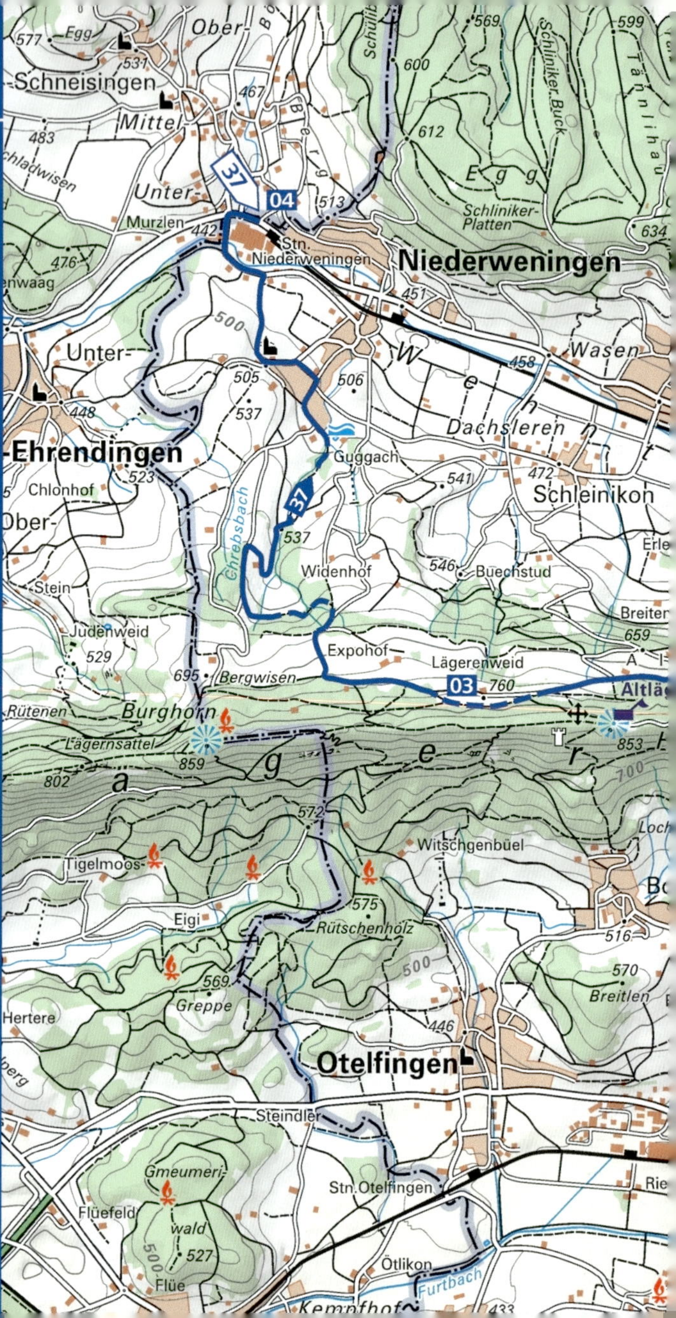

Schneisingen
Egg
577
531
Ober-
Mittel
467
Berg
483
Schladwisen
Unter-
37
04
513
Murzlen
442
Stn. Niederweningen
Niederweningen
600
612
569
599
Schliniker Buck
Egg
Schliniker-Platten
634
476
Wenwaag
500
Unter-
Ehrendingen
448
505
537
506
451
458
Wasen
Wehntal
Dachsleren
Guggach
472
Schleinikon
523
Chlonhof
Ober-
Chrebsbach
37
537
541
546
Buechstud
Widenhof
Stein
Judenweid
529
Breiten
659
Expohof
Lägerenweid
03
760
Altläg
695
Bergwisen
Rütenen
Burghorn
Lägernsattel
859
802
853
700
Lägern
572
Witschgenbüel
Tigelmoos
575
Eigi
Rütschenhölz
516
500
570
Breitlen
569
Greppe
Hertere
446
Otelfingen
Steindler
Gmeumeriwald
Stn. Otelfingen
Flüefeld
527
500
Flüe
Ötlikon
Furtbach
Kempfhof
433

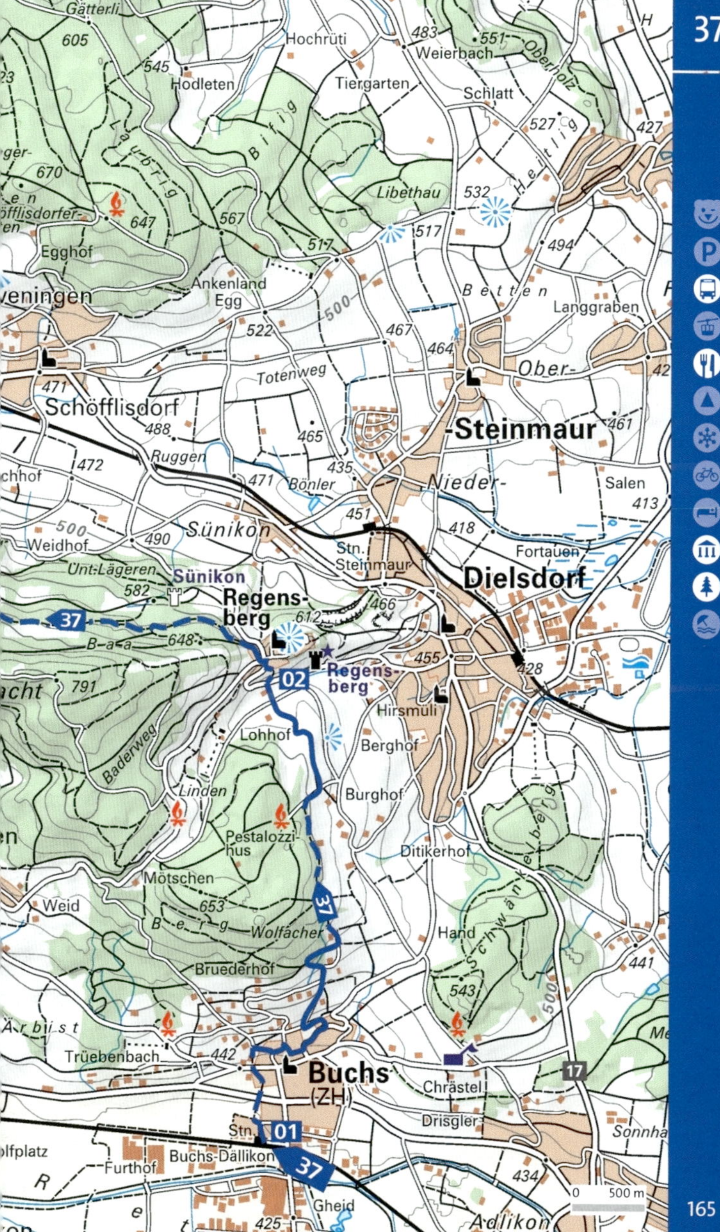
Eichhof
Gätterli
Hochrüti
Weierbach
Oberholz
Lätten
Hodleten
Tiergarten
Schlatt
Laubrig
Bifig
Heitlig
Libethau
Egghof
Ankenland
Egg
Betten
Langgraben
Totenweg
Ober-
Schöfflisdorf
Steinmaur
Ruggen
Bönler
Nieder-
Salen
Sünikon
Weidhof
Stn. Steinmaur
Fortauen
Unt. Lägeren
Sünikon
Regensberg
Dielsdorf
37
Baa
02
Regensberg
Hirsmüli
Lohhof
Berghof
Baderweg
Linden
Burghof
Pestalozzihus
Ditikerhof
Mötschen
Weid
Berg
Wolfächer
Hand
Schwänkelberg
Bruederhof
Ärbist
Trüebenbach
Buchs (ZH)
Chrästel
17
Stn.
01
Drisgler
Buchs-Dällikon
Furthof
Gheid
Adlikon
Brüederhof
0 500 m

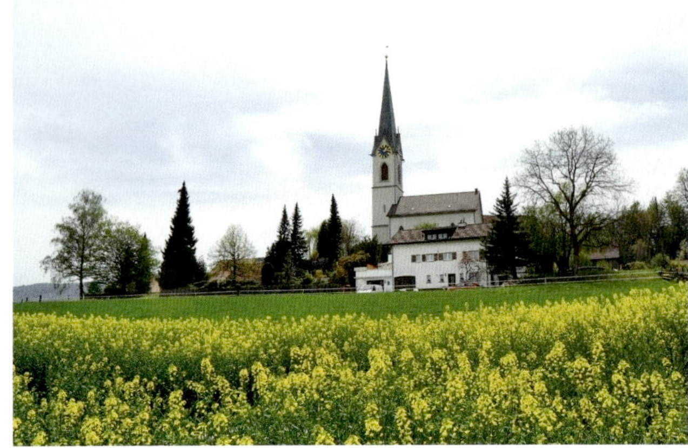

Reformatorische Kirche in Niederweningen

gen, dahinter der bewaldete Höhenzug der Egg. Bei der Gabelung links ansteigend (rechts geht es hinunter nach Oberweningen), bei der nächsten Gabelung kurz rechts und dann wieder links ansteigend oberhalb des grossen Gutes **Lägernweid** 03 vorbei.

In grossen Schleifen geht's dann über Wiesen und anschliessend durch das kleine Sengelenbachtobel hinunter zu den oberen Häusern von Niederweningen beim Schwimmbad. Geradeaus führt die Strasse zur Station Niederweningen Dorf, schöner ist es, wenn Sie links über die reformierte Kirche, umgeben von alten Riegelhäusern, nach Niederweningen Station absteigen.

Bereits zu alemannischer Zeit befand sich auf dem Kirchhügel eine Kultstätte, die zum Kloster Allerheiligen in Schaffhausen gehörte. Der heutige Kirchturm mit dem steilen Kupferdach wurde 1811 nach dem Vorbild des Fraumünsters in Zürich erbaut. Von der Kirche geniessen Sie einen letzten weiten Blick über Niederweningen und zurück auf die Lägern-Nordflanke. Vorbei am Pfarrhof gehen Sie hinunter zur **Station Niederweningen** 04 bei der Maschinenfabrik Bucher, Restaurant Müli (Di – Sa). Früher endete die Wehntalbahn in Niederweningen Dorf, bei ihrem Bau fand man Knochen eines 3 m grossen Mammuts, zu sehen im Zoologischen Museum in Zürich.

Nachdem sich Pläne für einen Weiterbau der Bahn durch das Surbtal bis nach Döttingen zerschlagen hatten, finanzierte Jean Bucher im Jahr 1938 die Verlängerung der Bahn um einen Kilometer und damit den Anschluss seiner Fabrik an das Bahnnetz aus eigener Tasche. Die Maschinenfabrik Bucher-Guyer hat sich von einer einfachen Schmiedewerkstatt um 1540 zu einem heute international tätigen Unternehmen für Maschinen der Land- und Kommunaltechnik entwickelt.

OBERWENINGEN – KAISERSTUHL

Vom Wehntal zum Rhein

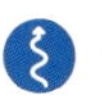 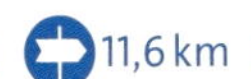 11,6 km 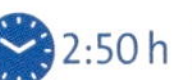 2:50 h 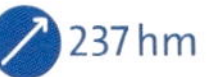 237 hm 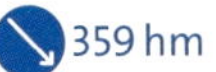 359 hm  8

START | Bahnhof Schöfflisdorf-Oberweningen [GPS: UTM Zone 32 x: 455.707 m y: 5.260.749 m]. Anfahrt: S 15, Rückfahrt: S 41 bis Bülach, S 9 nach Zürich.
CHARAKTER | Ruhige Wanderung durch hochstämmigen Wald, überwiegend auf schattigen Waldstrassen. Gelbe Markierung.

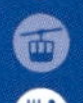

Die Wanderung führt vom sanften Wehntal durch ausgedehnte Wälder über Höhenrücken und Weiler in Rodungslichtungen zum aargauischen Rheinstädtchen Kaiserstuhl an der Grenze zu Deutschland.

▶ Vom **Bahnhof Schöfflisdorf-Oberweningen** 01 folgen Sie den Wegweisern Oberweningen, Kaiserstuhl nach links. Die Route schwenkt bald nach rechts hinauf durch das Dorf Oberweningen. Das aus dem Jahr 1694 stammende Gemeindehaus mit seinen Nebengebäuden und einige Riegelhäuser erinnern noch daran, dass Oberweningen ursprünglich ein altes Bauerndorf war.

Durch eine neue Siedlung und dann über Wiesen steigen Sie auf zum Waldrand, wo ein schöner, von Kastanienbäumen beschatteter Rast- und Grillplatz mit Brunnen zu einer Pause einlädt, auch um die weite Aussicht über das Wehntal und hinüber zur Hochwacht auf der Lägern zu geniessen. Nun

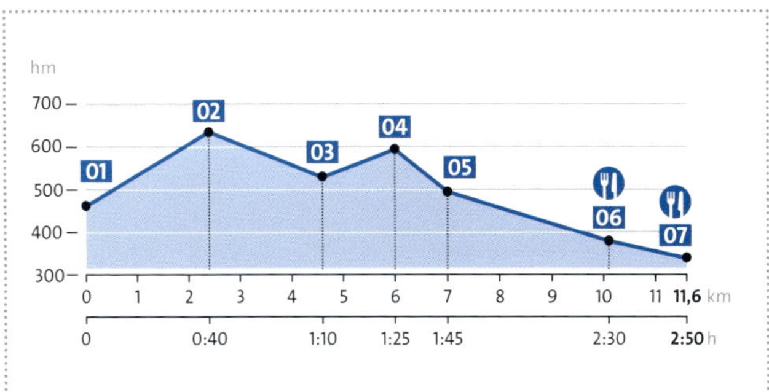

01 Schöfflisdorf-Oberweningen, 461 m; 02 Oberweninger Platten, 634 m; 03 Wattwil, 530 m; 04 Grenzstein, 594 m; 05 Waldhausen, 496 m; 06 Fisibach, 378 m; 07 Kaiserstuhl, 339 m

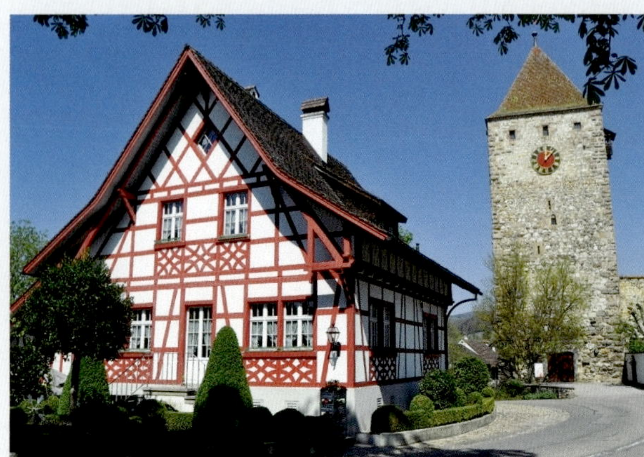

Kaiserstuhl

Als Brückenkopf beim Rheinübergang der Handelsstrasse vom schweizerischen Mittelland in den süddeutschen Raum gründeten die Regensberger 1254 das Städtchen Kaiserstuhl. Das heute aargauische Städtchen stand lange Zeit unter der Herrschaft der Bischöfe von Konstanz, im 19. Jh. verlor es durch die Eisenbahn an Bedeutung. Erhalten geblieben ist das einheitliche Erscheinungsbild der mittelalterlichen Stadtanlage: Vom Scheitelpunkt auf dem Plateau mit dem massiven Wehrturm (Bild) weitet sich die Stadt in geschlossener Dreiecksform hinunter zur Rheinbrücke, die Häuser an den Dreiecksseiten sind lückenlos zusammengebaut und bildeten so die Wehrmauer.

geht's durch Buchenwald weiter, vorbei an geschichteten Nagelfluhfelsen zur Höhe der **Oberweninger Platten** 02, mit 634 m der höchste Punkt der Wanderung. Hier kreuzt die Route von Niederweningen nach Bülach (Tour 39) den Weg.

Sanft abfallend wandern Sie weiter durch Mischwald nach **Wattwil** 03, einer alemannischen Rodung mit zwei Bauernhöfen im stillen Waldtal. Sie queren das kleine Tal und steigen wieder an bis zum **Grenzstein** 04 von 1860, der die Kantonsgrenze zwischen Zürich und Aargau markiert. Der Weg senkt sich nun wieder zum schön gelegenen Weiler **Waldhausen** 05.

Die Freiherren von Waldhausen bewohnten im 12. Jh. hier einen befestigten Gutshof, nach ihrem Aussterben liessen die Freiherren von Kaiserstuhl im 13. Jh. auf einem Geländesporn eine Burg errichten, die bis 1430 bewohnt wurde und dann verfiel. Ein Gedenkstein markiert den Platz der ehemaligen Burg (Abstecher 2 Min.). Kurz auf dem Zufahrtssträsschen und dann auf der Waldstrasse wandern Sie dann

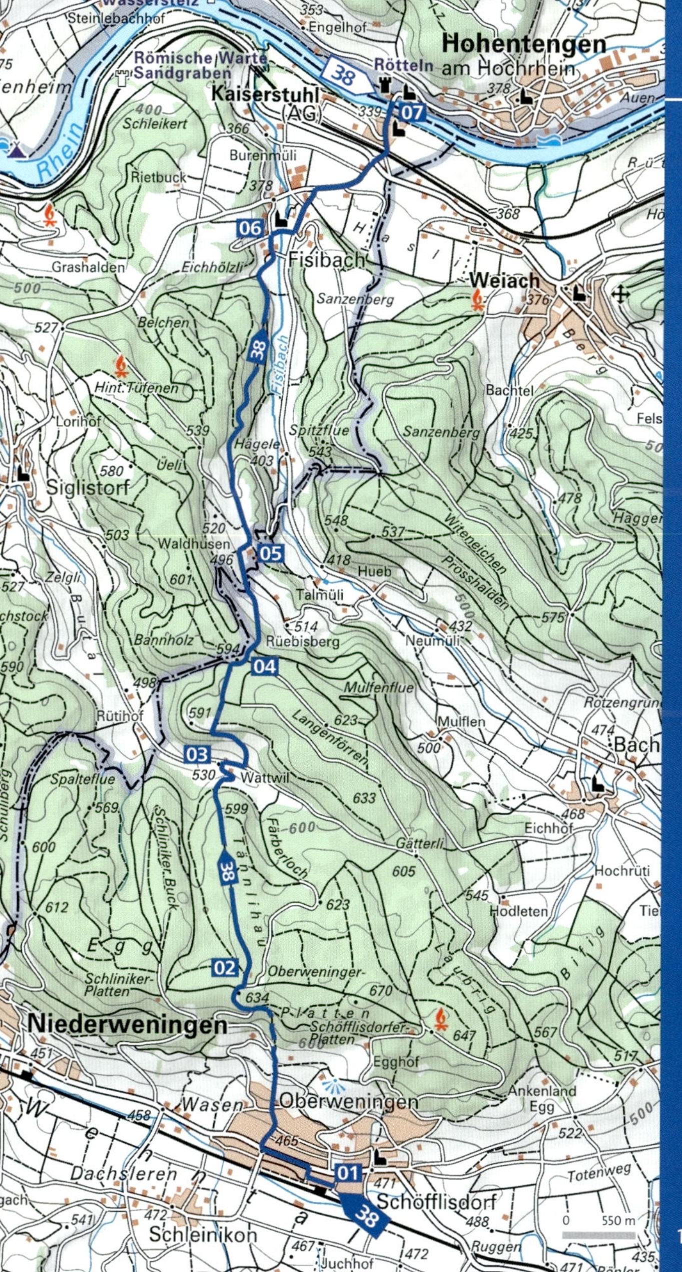
Hohentengen am Hochrhein
Kaiserstuhl (AG)
Rötteln
Römische Warte Sandgraben
Weiss-wasserstelz
Rhein
Fisibach
Weiach
Siglistorf
Niederweningen
Oberweningen
Schöfflisdorf
Schleinikon
Bach
0 550 m

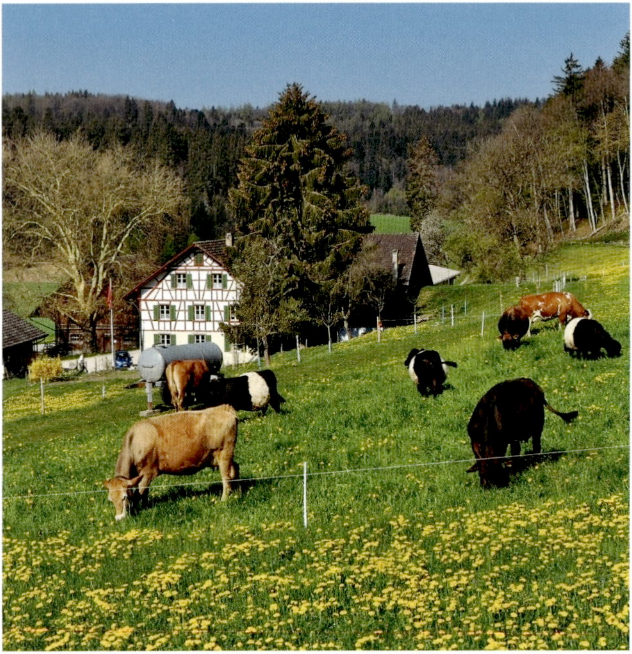

Bauernhof in Wattwil

hinunter ins Dorf **Fisibach** 06, Restaurant Bären mit Gastgarten (Fr bis Mi). In Fisibach gab es früher ein kleines Heilbad, in dem Rheumatismus und Gichtleiden behandelt wurden.

Auf dem Rad- und Wanderweg parallel zur Strasse erreichen Sie schliesslich das kleine Städtchen Kaiserstuhl beim Restaurant Kreuz mit Gastgarten (Mi – So) neben der Bahnstation.

Ein Abstecher durch die Altstadt mit ihren schönen Bürgerhäusern führt hinunter zur **Brücke** 07 über den Rhein, auf deutscher Seite befindet sich die Burg Rotteln. Einkehr in der Fischbeiz Alte Post bei der Brücke (Do – So).

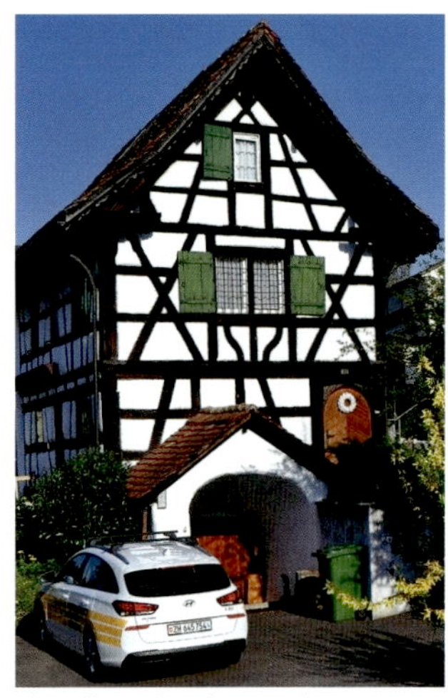

Riegelhaus in Oberweningen

NIEDERWENINGEN – BÜLACH

Vom Wehntal ins Glatttal

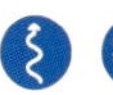 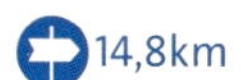 14,8km 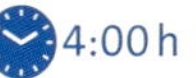 4:00 h 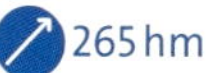 265 hm  282 hm 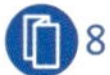 8

START | Station Niederweningen, Migrolino
[GPS: UTM Zone 32 x: 452.557 m y: 5.262.197 m].
Anfahrt: S 15, Rückfahrt: S 9.
CHARAKTER | Im ersten Teil Waldwanderung, im zweiten Teil mit schöner Aussicht durch offenes Gelände. Gelbe Markierung, halb schattig.

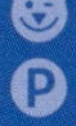

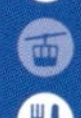

Die lange Wanderung führt vom Wehntal über den bewaldeten Höhenrücken der **Egg** nach **Neerach** mit schönen alten Riegelhäusern. Nach der Senke des Neeracher Rieds geht's hinauf zum **Höriberg**, einem hervorragenden Aussichtspunkt. Der Glatt entlang führt der Weg dann in die alte Bezirkshauptstadt Bülach.

▶ Gegenüber der **Station Niederweningen** 01 führt der Urblig-Steig den Hang hinauf. Sie steigen durch die Hangsiedlung auf, von rechts stösst der Weg von Niederweningen Dorf dazu. Sie folgen nun dem Wegweiser Bülach-Waldweg, der Aussichtsweg dem Waldrand entlang trifft nach der Schöfflisdorfer Platten wieder auf den Waldweg. Über die Bergstrasse geht's hinauf zum Wald und dann auf schattiger Waldstrasse weiter noch leicht ansteigend durch den ausgedehnten Wald der Egg, den grössten des Kantons Zürich, ein hochstämmiger Mischwald vorwiegend aus Buchen und Fichten. Bei der Schliniker Platten lädt ein

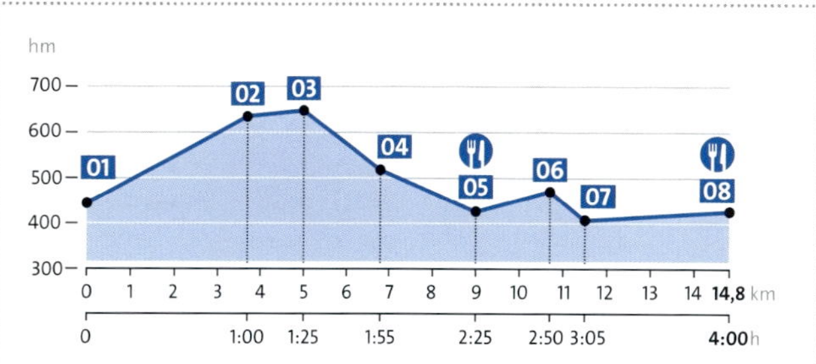

01 Station Niederweningen, 444 m; 02 Oberweninger Platten, 634 m; 03 Schöfflisdorfer Platten, 647 m; 04 Egg, 517 m; 05 Neerach, 427 m; 06 Höriberg, 470 m; 07 Niederhöri, 408 m; 08 Bülach, 427 m

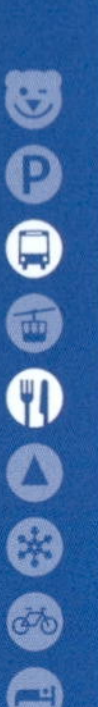

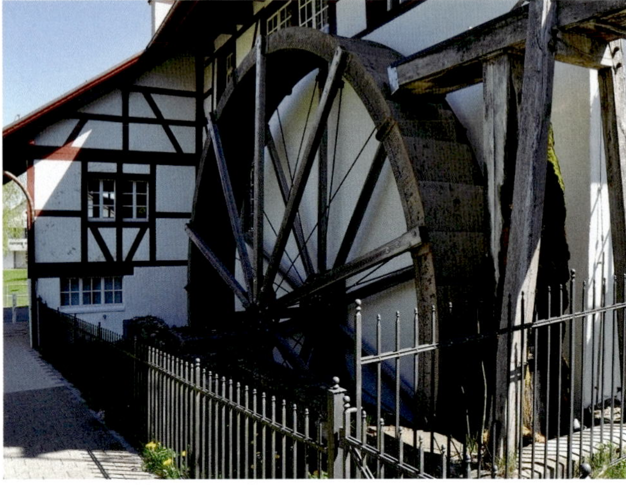

Historische Mühle in Neerach

erster Grillplatz zur Rast, fast eben wandern Sie anschliessend weiter zur Wegkreuzung Tour 38 bei der **Oberweninger Platten** 02.

In sanftem An- und Abstieg geht's dann über die flache Kuppe der Egg (670 m) zum grossen Rast- und Grillplatz bei der **Schöfflisdorfer Platten** 03 mit originellem Brunnen aus einer Baumgabel. Auf der Waldstrasse weiter leicht abfallend und dann links, Markierung beachten, bald rechts durch einen Waldweg hinunter zur Waldstrasse und den Häusern von **Egg** 04.

Das Gelände ist jetzt offen, auf der Zufahrtsstrasse wandern Sie zur Verbindungsstrasse Buchs – Steinmauer, Bushaltestelle Heitlig. Der Weg führt nun über den kleinen Rücken Heitlig mit schöner Sicht auf das Wehn- und Glatttal und den Lägerngrat mit Regensberg. Anschliessend geht's hinunter nach **Neerach** 05 und auf der Alten Badenerstrasse durch das Dorf. Einige schöne Riegelhäuser liegen am Weg, darunter das alte Schulhaus aus dem Jahr 1817 mit dem kleinen Uhrturm als Kirchturmersatz. Ein kurzer Abstecher führt rechts zur Geigenmühle beim Gemeindehaus, eine der drei ehemaligen Mühlen mit erhaltenem Wasserrad. An der Strassenkreuzung lädt der Gasthof „Zum wilden Mann" zur Einkehr, 150 m rechts das stimmungsvolle Hof-Art-Café, Busstation. Gegenüber etwas zurückversetzt liegt die Untere Mühle, das Areal dahinter wurde 2005 mit Häusern in dezenter Riegelbauweise überbaut, dem Architekt wurde ein Denkstein gesetzt.

Nun queren Sie die Senke Neerach-Stadel. Sie entstand nach dem Rückzug eines Linthgletscherarmes in der letzten Eiszeit, die Flachseen verlandeten langsam und entwickelten sich zu Flachmooren. Nachdem viele der Moore trockengelegt und in Ackerland umgewandelt worden waren, wur-

Bülach

Die weite, fruchtbare Talebene der Glatt war, wie zahlreiche Funde beweisen, schon in prähistorischer Zeit besiedelt. Erstmals urkundlich erwähnt wurde „Pullacha" im Jahr 811, Herzog Leopold III. von Österreich verlieh Bülach 1384 das Stadtrecht. Grosse Brände zerstörten mehrmals das Städtchen, die heutige historische Altstadt mit ihren schönen Fachwerkhäusern entstand nach dem grossen Feuer von 1506. Im Zentrum stehen das Rathaus mit der prächtigen Riegelfassade und die Kirche mit dem 70 m hohen, weithin sichtbaren spitzen Turm.

Nach dem Bau der Eisenbahn siedelten sich die ersten Industriebetriebe an, unter ihnen die Glashütte Bülach, die den Ort mit den „Bülacher Flaschen" im ganzen Land bekannt gemacht hat. Die günstige Verkehrslage führte zu einem grossen wirtschaftlichen Aufschwung und das einstige Vogteistädtchen wuchs zu einem modernen Regionalzentrum mit rund 20.000 Einwohnern an.

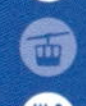
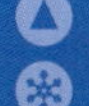

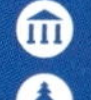

de der Rest 1956 unter Schutz gestellt, das Neeracher Ried ist heute ein wichtiges Moor- und Wasservogelreservat.

Nach der Senke geht's hinauf auf den **Höriberg** **06**, einen der besten Aussichtpunkte des Unterlandes mit Grill- und Spielplatz. Eine Panoramatafel erklärt die vielen Alpengipfel vom Säntis im Osten über den Tödi, Clariden, Mythen, Titlis, Finsteraarhorn, Eiger und Jungfrau im Westen. Auch das Flugfeld Zürich-Kloten ist zu sehen, das die Flugzeuge in kurzen Abständen über den Höriberg anfliegen. Das letzte Teilstück der Wanderung führt hinunter nach **Niederhöri** **07**, unmittelbar vor der Brücke biegen Sie nach links in den Glattuferweg und folgen dem verbauten Bach. Über die Brücke und vorbei an den verfallenden Fabriksgebäuden der ehemaligen Spinnerei Jakobstal und den Sportanlagen Hirslen mit Hallenbad unterqueren Sie die Autobahn und gelangen auf einem schönen Waldweg zum Bahnhof von **Bülach** **08**, ins Ortszentrum 5 Min. rechts.

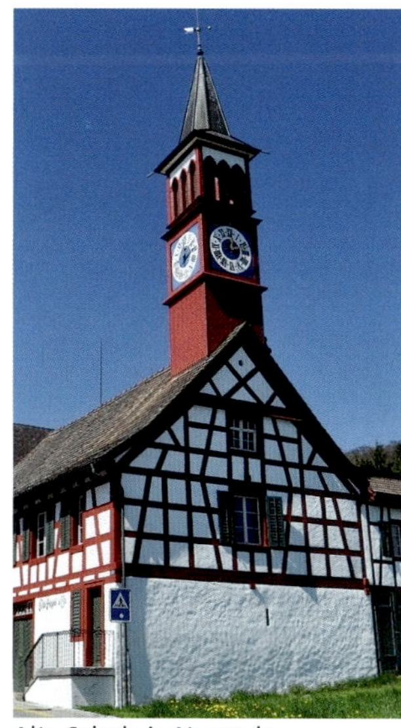
Alte Schule in Neerach

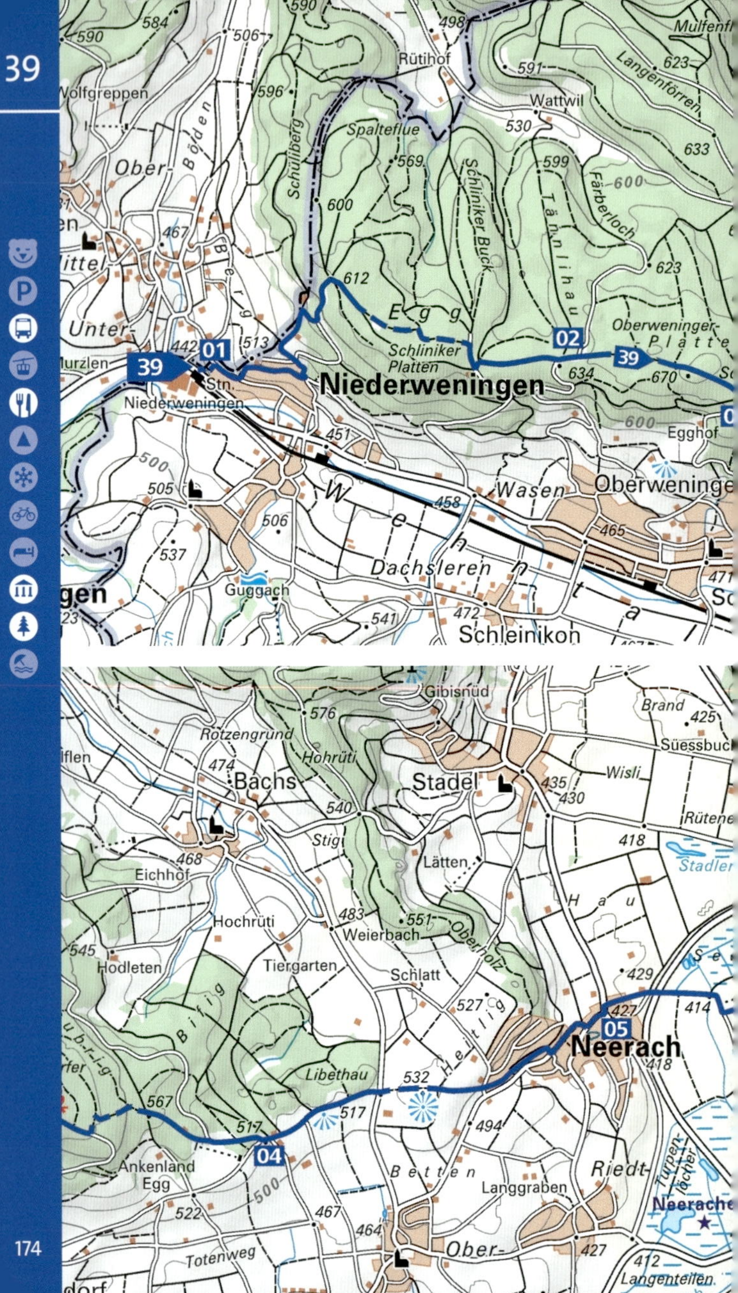

Rütihof
Wolfgreppen
Spalteflue
Wattwil
Langenförren
Mulfenfl
Ober-
Böden
Schüliberg
Schliniker Buck
Tännlihau
Färberloch
Wittel
Berg
Unter-
Egg
Oberweninger-Platte
Schliniker Platten
Niederweningen
Stn.
Niederweningen
Murzlen
01
02
39
Egghof
Wasen
Oberweninge
Wehntal
Dachsleren
Guggach
Schleinikon
Gibisnüd
Brand
Süessbuch
Rotzengrund
Hohrüti
Bachs
Stadel
Wisli
Rütene
Stig
Lätten
Stadler
Eichhof
Hau
Hochrüti
Weierbach
Oberholz
Hodleten
Tiergarten
Schlatt
Hertlig
Neerach
05
Libethau
04
Ankenland
Egg
Betten
Langgraben
Riedt-
Turpenlöcher
Neerache
Totenweg
Ober-
Langenteilen

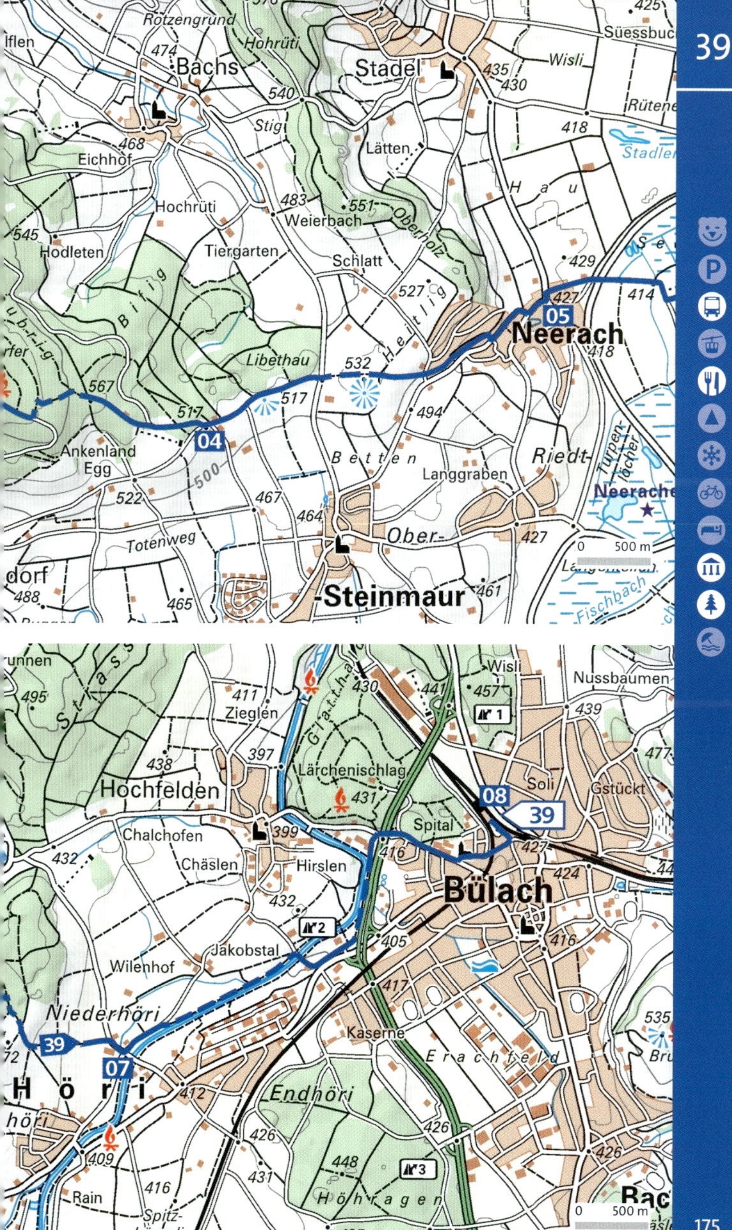
Bachs
Stadel
Neerach
Steinmaur
Hochfelden
Bülach
Höri
04
05
07
08
39
0 500 m

40

BÜLACH – GLATTAUEN – LAUBBERG

Vom Glatttal an den Rhein

 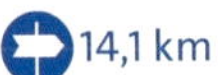 14,1 km 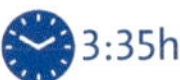 3:35h 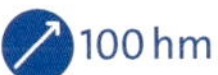 100 hm  159 hm  8

START | Bahnhof Bülach
[GPS: UTM Zone 32 x: 465.175 m y: 5.263.403 m].
Anfahrt: S 3, S 9, Rückfahrt: S 41 bis Bülach, S 3, S 9 nach Zürich.
CHARAKTER | Fluss- und Waldwanderung mit Aussichtspunkten. Gelbe Markierung, überwiegend schattig.

Im ersten Teil wandern Sie von Bülach dem Fluss entlang und durch das **Naturschutzgebiet Glattauen** zur Station Glattfelden. Im zweiten Teil geht's über den **Laubberg** mit schöner Aussicht auf Gottfried Kellers Spuren zum Rhein.

▶ Vom **Bahnhof Bülach** 01 leiten Sie die Wegweiser hinter den Autobussen durch die Bahnunterführung zu einem Waldweg, Wegweiser Hochfelden. Sie unterqueren die Autobahn und treffen auf einen Fitness-Parcours. Der Autolärm hört bald auf, durch geschützten Wald Bannhalde wandern Sie hinunter zur **Brücke Hochfelden** 02. Hier schwenken Sie rechts in den Uferweg und wandern auf dem Naturweg der Glatt entlang flussabwärts. Über die Brücke gelangen Sie in das 1981 zum biologischen Ausgleich geschaffene **Naturreservat Glattauen**. Vor Herrenwis geht's wieder ans andere Ufer zurück und den Mäandern der Glatt entlang, deutlich sind hier die steilen Prallhänge und die flachen Gleithänge zu erkennen. In Burenwiesen steht rechts das 1976 stillgelegte Flusskraftwerk Burenwiesen, heute Museum, Besichtigung nur nach Anmeldung.

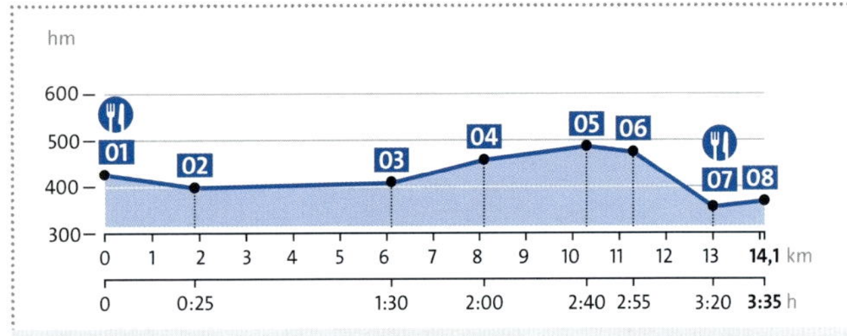

01 Bahnhof Bülach, 427 m; 02 Brücke Hochfelden, 399 m; 03 Station Glattfelden, 410 m; 04 Wölfishalden, 458 m; 05 Hof Laubberg, 487 m; 06 Paradiesgärtli, 475 m; 07 Rheinsfelden, 356 m; 08 Station Zweidlen, 368 m

Naturreservat Glattauen

Schwere Hochwasser richteten an der Glatt immer wieder grosse Schäden an, zuletzt 1968. Zusammen mit einer Regulierung des Flusses wurde zum Ausgleich 1981 auch ein 12,5 ha grosses Naturschutzgebiet zwischen Hochfelden und Glattfelden geschaffen. Junger Wald, Magerwiesen, Weiher und Gebüsch wechseln sich ab, der Fluss darf bei Hochwasser sein Bett verlassen, in der Fluss- und Auenlandschaft haben eine vielfältige Insektenwelt, Schmetterlinge, Vögel und Amphibien bereits eine neue Heimat gefunden. 75 Brutvogelarten brüten hier, darunter seltene wie Zwergtaucher, Blässhuhn und Rohrschwirl, in den Weihern leben Laubfrösche, Gelbbauchunken und Geburtshelferkröten, wegen ihrer hellen Stimmen auch „Glögglifrösche" genannt.

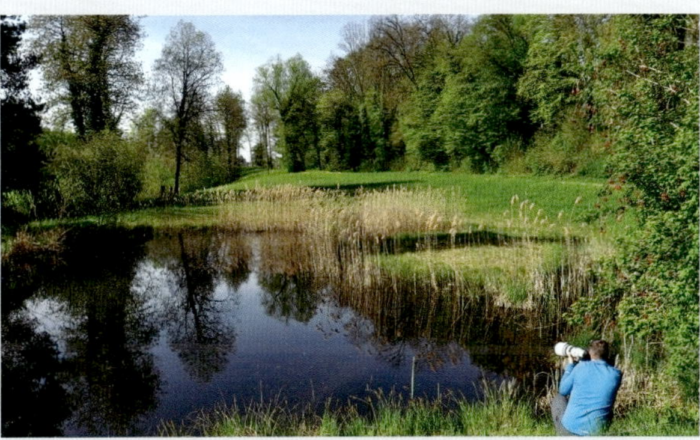

Weiher im Naturschutzgebiet Glattauen

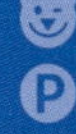
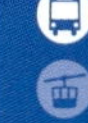
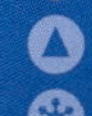
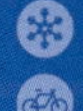

Kurz nach dem Gebäude biegen Sie rechts in den Treppenweg zur **Station Glattfelden** 03 hinauf. Vor den Gleisen links, Wegweiser Wolfshalden/Rheinfelden. An den Gleisen entlang, aufwärts über die Treppe zu einem Pfad zur Strasse. Sie überqueren vorsichtig die Strasse und wandern auf den Laubberg zu. Der Anstieg ist etwas lärmbelastet von der Strasse unterhalb, über der Kuppe wird's ruhig. Bei den Höfen **Wölfishalden** 04 biegen Sie links in den Wald hinauf, durch hochstämmigen, prächtigen Laubwald wandern Sie dann über den Höhenrücken, bei einem Rast- und Grillplatz treffen Sie auf den Gottfried-Keller-Weg, Schautafeln mit Gedichten des Dichters zeigen seine enge Beziehung zu dieser Landschaft.

Beim **Hof Laubberg** 05 eröffnet sich vom Rand des Plateaus ein weiter Blick nach Süden über Glattfelden zum Alpenkranz, hier zweigen die Wege nach Glattfelden und Eglisau ab. Sie folgen dem Wegweiser **Paradiesgärtli** 06 Richtung Norden über das Plateau, wo sich vom Aussichtspunkt am Nordrand ein

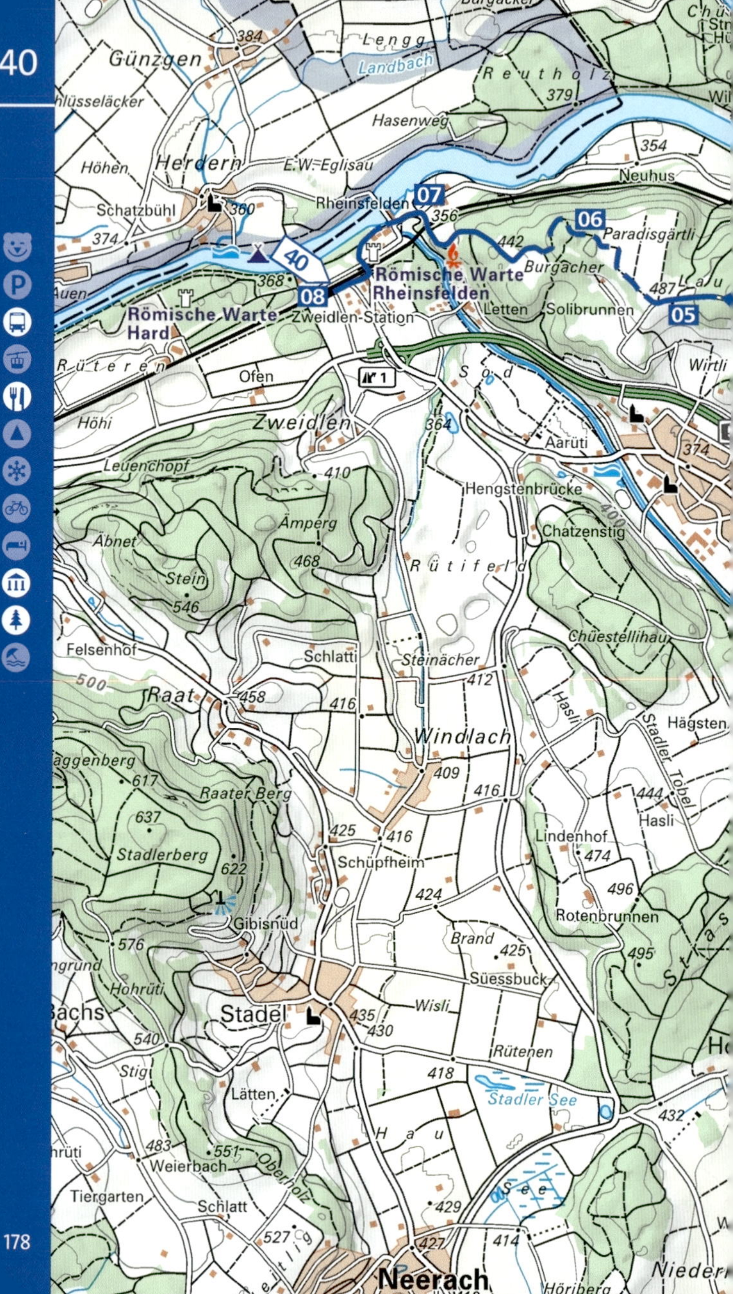
Günzgen
Lengg
Landbach
Reutholz
Burgacker
Hasenweg
Herdern
Höhen
E.W. Eglisau
Rheinsfelden
Neuhus
Schatzbühl
Paradisgärtli
Burgacher
Römische Warte Rheinsfelden
Römische Warte Hard
Zweidlen-Station
Letten
Solibrunnen
Rüteren
Ofen
Wirtli
Höhi
Zweidlen
Aarüti
Leuenchopf
Hengstenbrücke
Ämperg
Chatzenstig
Äbnet
Stein
Rütifeld
Felsenhof
Schlatti
Steinächer
Chüestellihau
Raat
Windlach
Hasli
Stadler Tobel
Hägsten
Raater Berg
Stadlerberg
Schüpfheim
Lindenhof
Rotenbrunnen
Gibisnüd
Brand
Süessbuck
Hohrüti
Stadel
Wisli
Rütenen
Stadler See
Lätten
Hau
Weierbach
Oberholz
Tiergarten
Schlatt
See
Neerach
Höriberg
Bachs

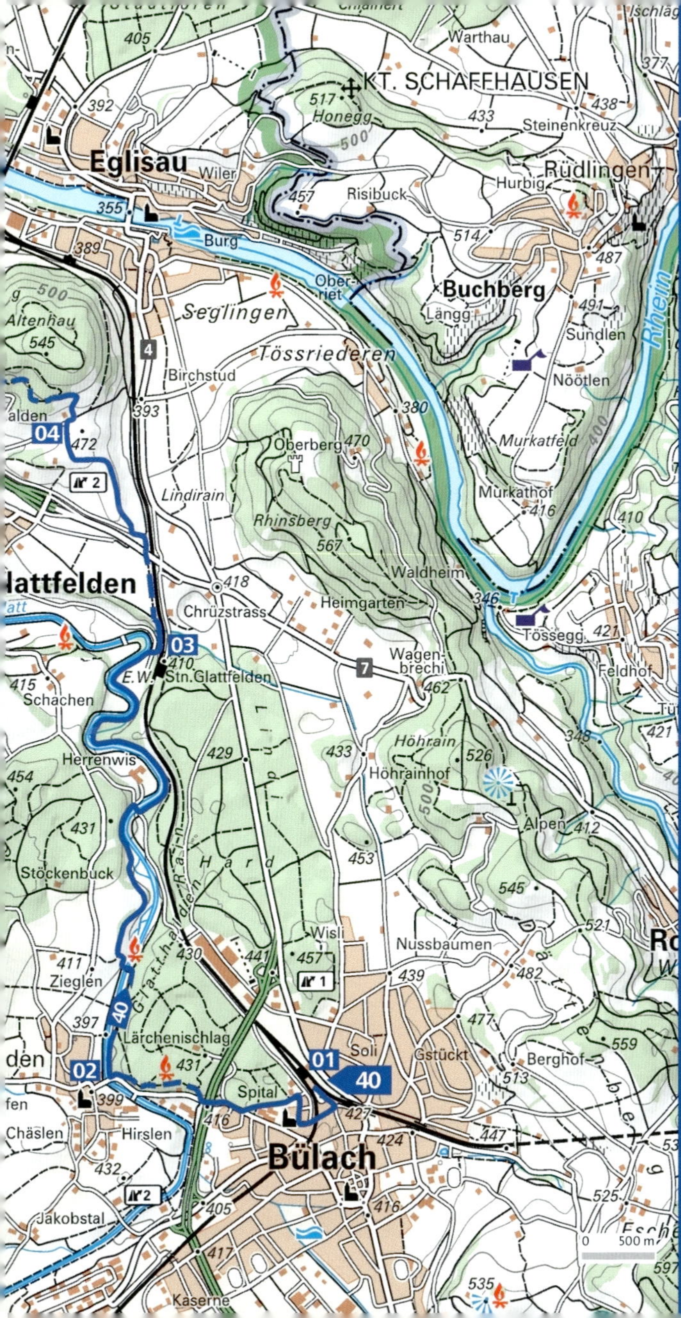

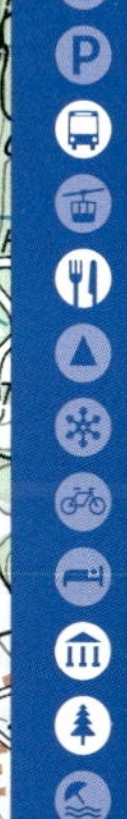

Warthau
KT. SCHAFFHAUSEN
Honegg
Steinenkreuz
Eglisau
Wiler
Rüdlingen
Hurbig
Risibuck
Burg
Ober-
riet
Buchberg
Längg
Sundlen
Seglingen
Tössriederen
Altenhau
Birchstud
Nöötlen
Rhein
Murkatfeld
Oberberg
Murkathof
Lindirain
Rhinsberg
Waldheim
Glattfelden
Chrüzstrass
Heimgarten
Tössegg
Wagen-
brechi
Feldhof
E.W. Stn. Glattfelden
Schachen
Herrenwis
Höhrain
Höhrainhof
Alpen
Stöckenbuck
Hard
Wisli
Nussbaumen
Zieglen
Lärchenischlag
Soli
Gstückt
Berghof
Spital
Chäslen
Hirslen
Bülach
Jakobstal
Kaserne
0 500 m

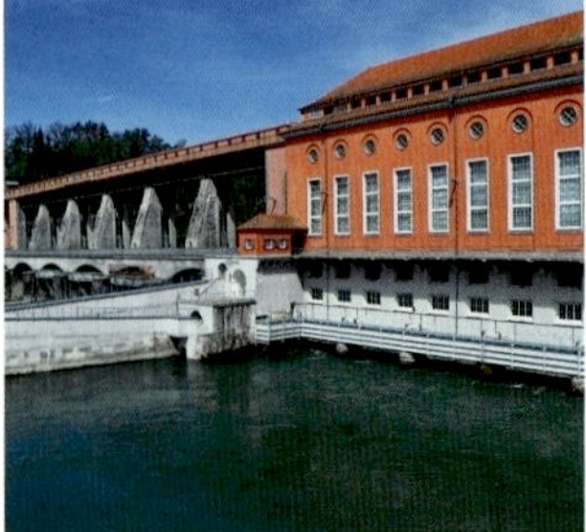
Rheinkraftwerk Eglisau

schöner Blick auf den Rhein und das deutsche Ufer bietet. In den Nagelfluhfelsen knapp unterhalb der Kante liegt die kleine Höhle Heidenstube, erreichbar über eine Treppe. Der Sage nach sollen hier die letzten Alemannen Zuflucht gefunden haben, auch G. Keller hat die Höhle in seinen Roman „Der grüne Heinrich" eingeflochten.

Auf einem Waldweg geht's dann hinunter zur grossen Waldlichtung Burgacher und dann auf Fahrweg steil hinunter zum Wegpunkt **Rheinsfelden** 07, Gasthof „Zur alten Fähre", und weiter zum Rheinkraftwerk Eglisau.

Es wurde 1915 – 1920 im Stil eines neobarocken Schlosses erbaut und staut den Rhein auf einer Länge von 16 km, die Stauhöhe beim 114 m langen Wehr beträgt 12 m, Fuss- und Radweg ans deutsche Ufer. Die sieben Generatoren erzeugen eine mittlere jährliche Energie von 233 Mio. Kilowattstunden. Sechs Gebäude mussten der Anlage weichen, die Bewohner wurden ins neu angelegte Rheinsfelden umgesiedelt, neben dem Gebäude sind auf dem „Zweidler Schlossbuck" die Fundamente eines römischen Wachturms freigelegt worden, er gehörte zur lückenlosen Kette von Wachtürmen zwischen den Kastellen von Stein am Rhein, Zurzach, Kaiser-Augst und Basel.

Durch die Bahnunterführung erreichen Sie in wenigen Minuten die **Station Zweidlen** 08.

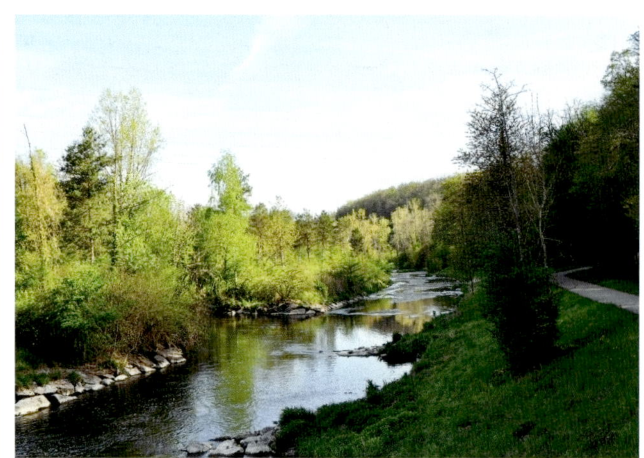
Naturnah verbaute Ufer der Glatt

RHINSBERG

Von Rorbas über den Rhinsberg nach Eglisau

 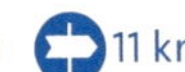 11 km  3:10 h 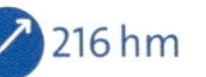 216 hm 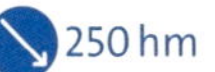 250 hm  8

START | Bahnhof Embrach-Rorbas
[GPS: UTM Zone 32 x: 469.185 m y: 5.263.085 m].
Anfahrt: S 41, Rückfahrt: S 9.
CHARAKTER | Angenehme Wanderung über die bewaldeten Höhenrücken Dättenberg und Rhinsberg mit schönen Aussichten. Gelbe Markierung, überwiegend schattig, letzter Abschnitt im Talboden sonnig.

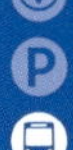
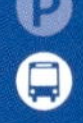
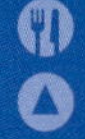

Nach dem Aufstieg von der alten **Haumüli** zum Aussichtsturm auf dem **Dättenberg** geht es weiter über den **Rhinsberg** zu einem hervorragenden Aussichtplatz und dann zur einstigen **Hochwacht**. Von der Station **Eglisau** kann man noch einen kleinen Spaziergang ins Zentrum des kleinen Rheinstädtchens anhängen und gemütlich einkehren.

▶ Vom **Bahnhof Embrach-Rorbas** 01 folgen Sie dem Wegweiser zur **Haumüli** 02 im Taleinschnitt. Die schöne alte, funktionstüchtige Mühle mit Sägewerk wird heute vom Verein „Pro Natura Zürich" verwaltet, der 1989 auch das umliegende Naturschutzgebiet geschaffen hat.

Nun folgen Sie zunächst dem Wegweiser Eschenmosen, links und rechts über die Brücke und durch den Wald hinauf. Bei der querenden Waldstrasse rechts dem Wegweiser Petersboden folgen. Nach einem kurzen Anstieg geht's durch Felder und Wiesen des Berghofs

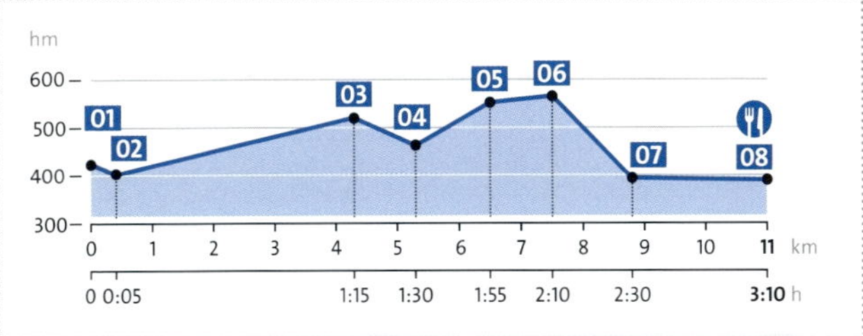

01 Bahnhof Embarch-Rorbas, 423 m; 02 Haumüli, 403 m; 03 Petersboden, 518 m; 04 Wagenbrechi, 462 m; 05 Rhinsberg, Aussichtspunkt, 550 m; 06 Rhinsberg, Hochwacht, 563 m; 07 Talboden, 393 m; 08 Station Eglisau, 389 m

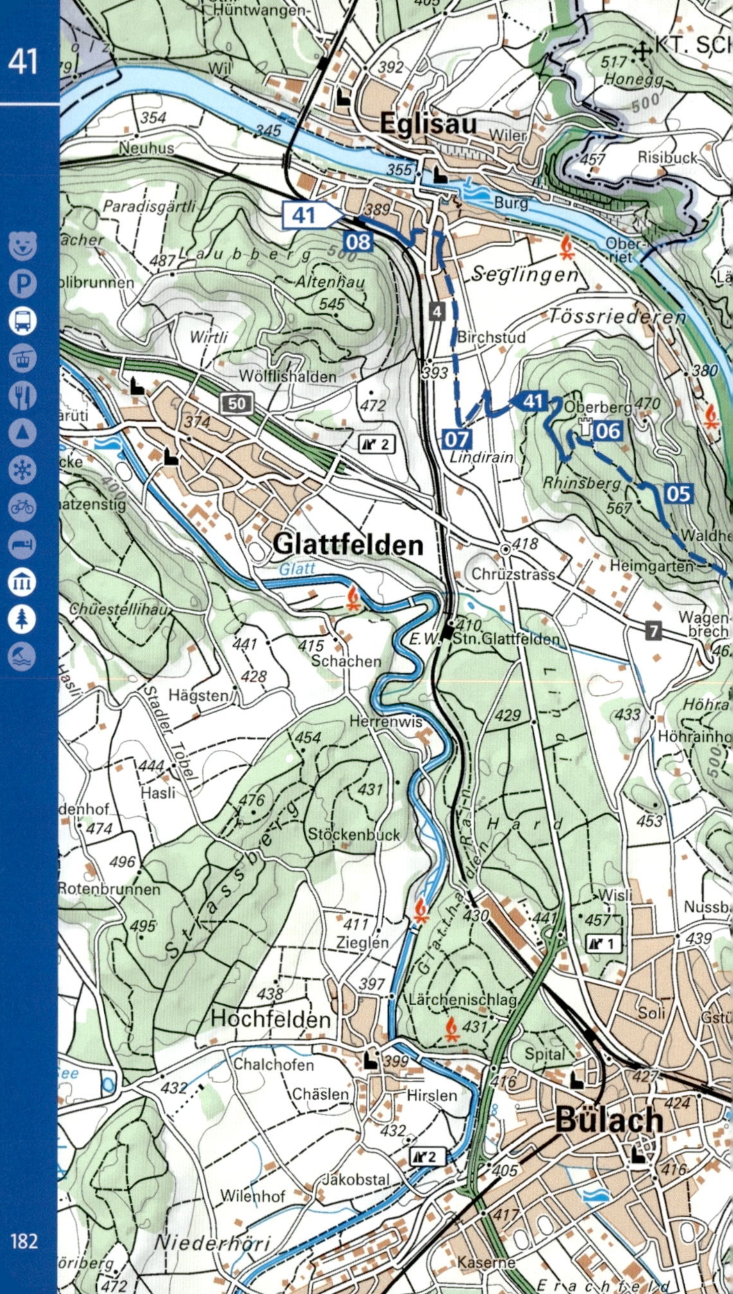

Eglisau
Glattfelden
Bülach
Hochfelden
Seglingen
Tössriederen
Oberberg
Rhinsberg
Lindirain
Birchstud
Wölflishalden
Altenhau
Chrüzstrass
Heimgarten
Stn. Glattfelden
Schachen
Hägsten
Herrenwis
Stöckenbuck
Zieglen
Lärchenischlag
Spital
Chalchofen
Chäslen
Hirslen
Jakobstal
Wilenhof
Niederhöri
Kaserne
Rotenbrunnen
Hasli
Paradisgärtli
Neuhus
Wiler
Burg
Risibuck
Honegg
Wirtli
Glatt
Strassberg
Hard

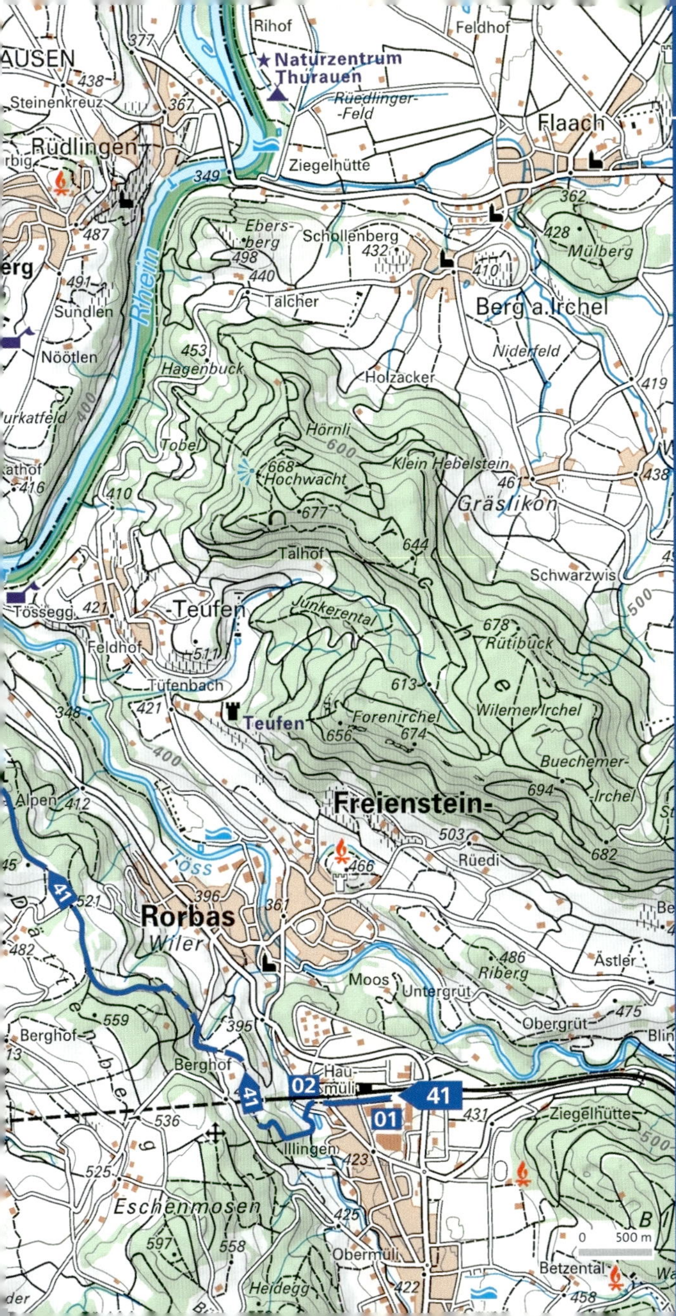
Rihof
Feldhof
Naturzentrum Thurauen
Rüedlinger-Feld
Steinenkreuz
Rüdlingen
Flaach
Ziegelhütte
Ebersberg
Schollenberg
Mülberg
Rhein
Talcher
Berg a. Irchel
Sundlen
Nöötlen
Niderfeld
Hagenbuck
Holzacker
Tobel
Hörnli
Hochwacht
Klein Hebelstein
Gräslikon
Talhof
Schwarzwis
Tössegg
Teufen
Junkerental
Feldhof
Rütibuck
Tüfenbach
Teufen
Forenirchel
Wilemer Irchel
Buechemer-Irchel
Alpen
Freienstein-
Rüedi
Töss
Rorbas
Wiler
Moos
Untergrüt
Riberg
Ästler
Obergrüt
Berghof
Berghof
Hau-mühli
41
02
01
Ziegelhütte
Illingen
Eschenmosen
Obermüli
Heidegg
Betzental
0 500 m

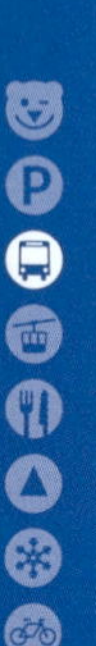

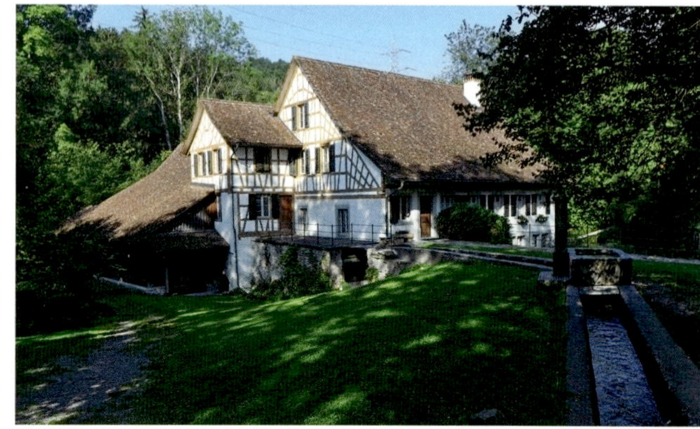

Haumüli

weiter, es bieten sich schöne Blicke zum Irchel und der Ruine Freienstein. An der Strasse trifft der Weg vom Dorf Rorbas auf die Route, durch schönen Laubmischwald wandern Sie nun über den Rücken des Dättenbergs oberhalb von Nussbaumen vorbei zum **Petersboden** 03. Hier steht ein 25 m hoher dreieckiger Holzturm, von dessen Plattform Sie eine herrliche Rundsicht vom Alpenkranz zum Jura und Schwarzwald geniessen, besonders schön ist der Blick übers enge Rheintal zwischen Irchel und Buchberg. Der Rastplatz befindet sich 40 m weiter am Weg.

Auf dem alten Römerweg, der von der Rheingrenze nach Kloten führte, geht's gemütlich weiter durch die Waldungen des Höhrains zur **Wagenbrechi** 04, wo eine Fussgängerbrücke die stark befahrene Strasse überspannt. Der Name Wagenbrechi erinnert daran, dass dieser Passübergang von Rorbas nach Eglisau für Fuhrwerke einst gefährlich war. Auf dem Bergrücken weiter, bei der Gabelung den linken Weg Richtung Hochwacht, bald zum Teil auf einem Treppenweg steiler bergauf zum Rhinsberg, wo der Rastplatz Flüe bei einem **Aussichtspunkt** 05 oberhalb von Nagelfluhfelsen einen wunderbaren Blick auf das Rheinknie bei Tössegg eröffnet. Die Nagelfluhfelsen gehören zu den Deckenschottern, die wie eine Kappe auf dem Rhinsberg liegen.

Der Weiterweg führt an einem künstlich aufgeworfenen, überwachsenen Wall vorbei, der als Rest einer vorchristlichen Fluchtburg gedeutet wird. Auf einer Waldstrasse erreichen Sie die Waldwiese Oberberg, bei einer Infotafel Wegweiser nach links zum sogenannten „Harzpfannenhüsli", der einstigen **Hochwacht** 06 (siehe Tour 16). 1655 wurde hier ein fester Turm errichtet, Sichtkontakt bestand u. a. zu den Hochwachten auf der Lägern, dem Irchel und dem Uetliberg. Auf einem Pfad und Fahrweg steigen Sie danach ab zum **Talboden** 07, die Wegweiser leiten dann auf Asphaltwegen durch Wiesen und der Bahn entlang zum **Bahnhof Eglisau** 08 – Einkehr am Bahnhof oder in der Stadt.

IRCHEL

Zur Hochwacht und der Töss und dem Rhein entlang

  17,4 km 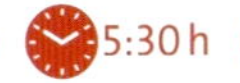 5:30 h 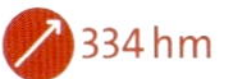 334 hm 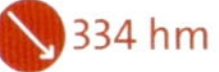 334 hm  8

START | Bushaltestelle Ziegelhütte [GPS: UTM Zone 32 x: 468.580 m y: 5.269.127 m]. Anfahrt: Bus 675 vom Bahnhof Henggart (S 12, S 33).
CHARAKTER | Abwechslungsreiche Runde mit Wald- und Flusspartien. Gelb, im Mittelteil unmarkiert, halb schattig, schöne Einkehr.

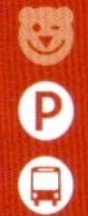

Die Tour besteht aus zwei unterschiedlichen Teilen: Im ersten Abschnitt wandern Sie durch Wald zur Hochwacht, einem hervorragenden Aussichtspunkt auf dem **Irchel**. Nach dem Abstieg durch das Junkerental führt Sie eine grosse Schleife über das Schloss Teufen zur **Burgruine Freienstein** und dann der Töss entlang zum Einkehrgasthof Tössegg. Ein romantischer Uferweg dem **Rhein** entlang beschliesst die Tour. Abkürzungsmöglichkeit: Vom Hörnli direkt nach Tössegg (Zeitersparnis 1:50 Std.).

▶ Die Rundwanderung über den Irchel beginnt an der **Bushaltestelle Ziegelhütte** 01, das ehemalige Gasthaus ist heute ein Seminarzentrum. Sie folgen dem Wegweiser Hochwacht, vor der Rheinbrücke biegt der Weg hinauf und an Bunkern der Festung Ebersberg vorbei. Diese militärische Sperrstelle war die grösste Züricher Festung des Zweiten Weltkrieges und hatte zur Aufgabe, einen deutschen Angriff zu erschweren und dabei auch die Rüdlinger Rheinbrücke zu zerstören. 1978 wurden

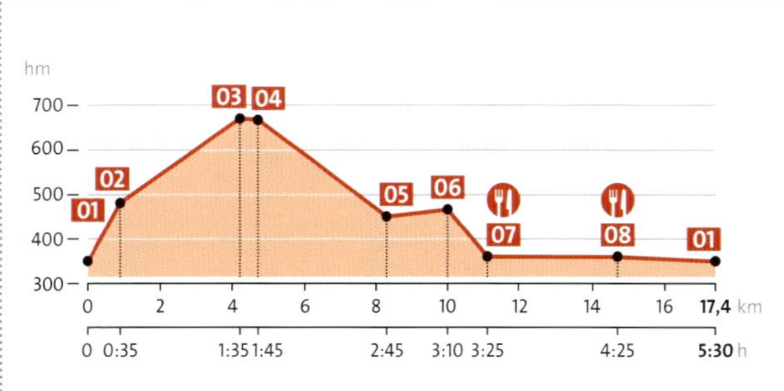

01 Bushaltestelle Ziegelhütte, 350 m; 02 Tüfels Chanzle, 480 m; 03 Hochwacht, 668 m; 04 Hörnli, 665 m; 05 Schloss Teufen, 450 m; 06 Ruine Freienstein, 466 m; 07 Rorbas, 360 m; 08 Tösseegg, 360 m

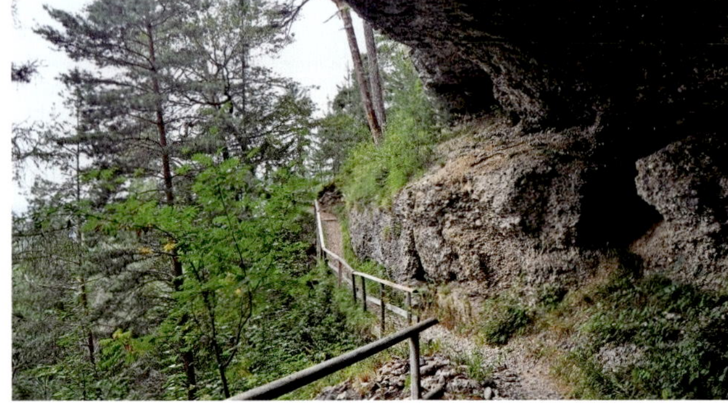

Grotte am Irchel

die Anlagen aufgegeben und 2004 als Baudenkmäler restauriert. Nach der oberen Stellung bietet sich beim Aussichtspunkt **Tüfels Chanzle** 02 ein freier Blick auf den Rhein und Buchberg. Auf Fahr- und Waldwegen geht's nach den Höfen von Ebersberg hinauf zur **Hochwacht** 03. Von der Geländekante bietet sich eine schöne Sicht über das Rheintal zum Schaffhausener Randen. Die 1644 errichtete Hochwacht am Irchel hatte Sichtkontakt u.a. zum Uetliberg, Albis, Lägern und Rhinsberg (Info Tour 16). Sie folgen nun dem Wegweiser Hörni geradeaus über das Plateau. Nach dem Wegpunkt **Hörnli** 04 geht es einen Treppenweg den Hang hinunter, vorbei an der Brueder-Lienert-Höhle im Nagelfluhfelsen.

Bei der Wegkreuzung danach führt der direkte Weg rechts nach Tössegg hinunter (Zeitersparnis 1:50 Std.), Sie gehen links durch den Laubmischwald weiter. Bei einer Infotafel über den „Lichten Wald Schartenflue" biegt der markierte Weg links die Stufen hinauf, Sie gehen geradeaus unmarkiert weiter: Der Pfad quert den Hang mit den markanten Felsen der Schartenflue, beim Fahrweg danach rechts leicht abwärts, bei der Waldstrasse wieder rechts abwärts, nach 200 m links in die Waldstrasse mit Grünstreifen, immer abwärts bleiben und alle Abzweigungen ignorieren. Dem Bach entlang geht's dann fast bis zum Talhof im oberen Junkerental und anschliessend talauswärts zum **Schloss Teufen** 05. Oberhalb des privaten Schlosses vorbei durch Weinrieden, bei der Gabelung rechts zur bald sichtbaren **Burgruine Freienstein** 06, wo Sie wieder auf die Markierung treffen. Der Zugang zur Burgruine erfolgt über den Hof des Jugendheims, das bereits 1838 gegründet wurde. Die Ruine des Wehrturms der einstigen Feste der Freiherren von Teufen wurde zum Aussichtsturm ausgestaltet.

Auf dem Strässchen hinunter nach Freienstein, das baulich mit dem benachbarten Rorbas eine Einheit bildet, verbunden durch die Alte Brücke über die Töss. Die malerische, dreijöchige Tuffsteinbrücke mit gegen die Mitte ansteigender Fahrbahn ist eine der ältesten Steinbrücken im Kanton Zürich und wurde von Johannes Volkert 1806/08 erbaut, über sie marschierte bereits Napoleon. Vom Dorfplatz **in Rorbas 07**, Kulturcafé etwas dahinter, führt der Weg nach rechts und bald wieder über die Töss, auf dem Tössuferweg wandern Sie am oder gegen Ende etwas abseits des Flusses weiter zum **Tössegg 08**, wo die Töss in den Rhein mündet. Der Landgasthof mit seiner schönen Gartenterrasse ist zu Recht ein beliebtes Ausflugsziel, eine kleine Fähre führt hinüber zur Anlegestelle Buchberg.

Der folgende Abschnitt ist einer der reizendsten dem Rhein entlang: In leichtem Auf und Ab, stellenweise hart am Wasserspiegel des ruhig dahinziehenden Stromes, geht's über viele kleine Stege und Brücken durch den bewaldeten Steilhang der Niklaushalden. Gegen Ende öffnet sich der Blick auf die Kirche von Buchberg oberhalb der steilen Weinhänge, bevor sich der Kreis bei der **Bushaltestelle Ziegelhütte 01** wieder schliesst.

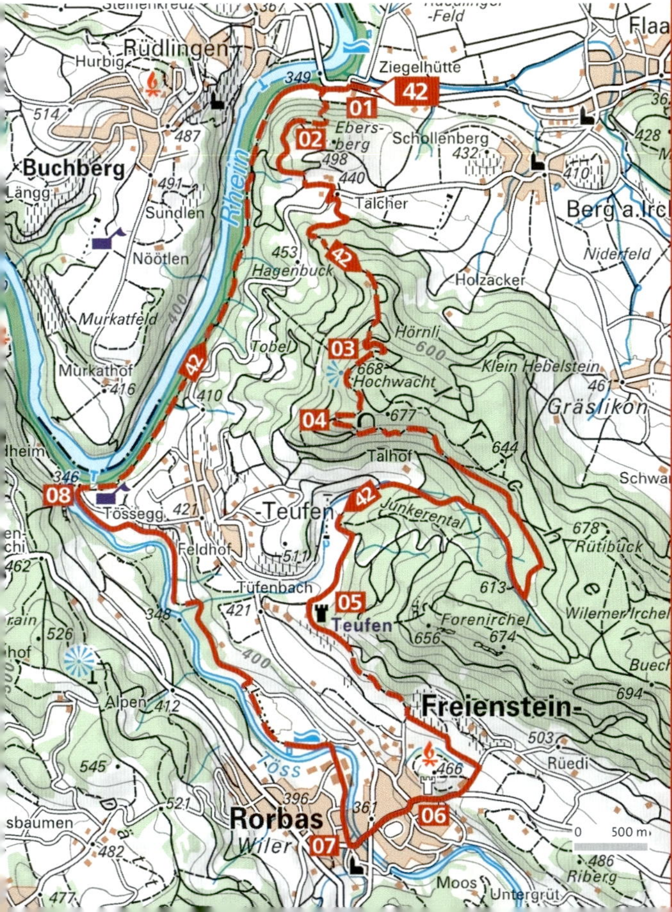

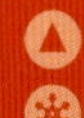

EGLISAU

Rundtour beim Rhein- und Weinstädtchen

 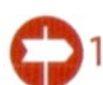 13,6 km 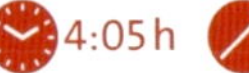 4:05 h 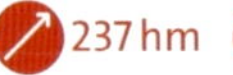 237 hm 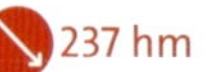 237 hm  8

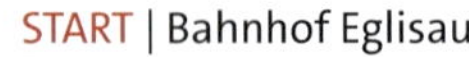

START | Bahnhof Eglisau
[GPS: UTM Zone 32 x: 463.612 m y: 5.268.935 m].
CHARAKTER | Aussichtsreiche Rundwanderung durch steile Weinhänge, Wald, Terrassen und dem Rhein entlang. Gelbe Markierung, halb schattig.

Die Tour führt vom historischen Landstädtchen **Eglisau** im ersten Abschnitt auf dem **Weinwanderweg** durch die umliegenden Rebhänge. Durch Wald und über das Plateau gelangen Sie nach Buchberg mit seiner Kirche in Panoramalage. Nach dem Abstieg ins Weindorf Rüdlingen geht's nahe dem Rhein zurück nach Eglisau.

▶ Sie starten Ihre Rundtour am **Bahnhof Eglisau** 01 und gehen die schöne, heute verkehrsfreie Rosskastanienallee hinunter Richtung Zentrum. Sie wurde 1897 zusammen mit dem Eisenbahnbrückenbau als Promenade zum damaligen Kurhaus angelegt. Eglisau wurde aber keine Bäderstadt und das Kurhaus 1923 wieder abgerissen.

Über die steinerne Brücke, die den schönsten Blick zum Rheinstädtchen bietet, gelangen Sie zum **Zentrum** 02, das Bäckerei-Café „Zum Nachtwächter" bietet sich für den Kaffee vor der Tour an. Durch die Obergasse gehen Sie zum Weierbachhaus, dem heutigen Ortsmuseum in einem statt-

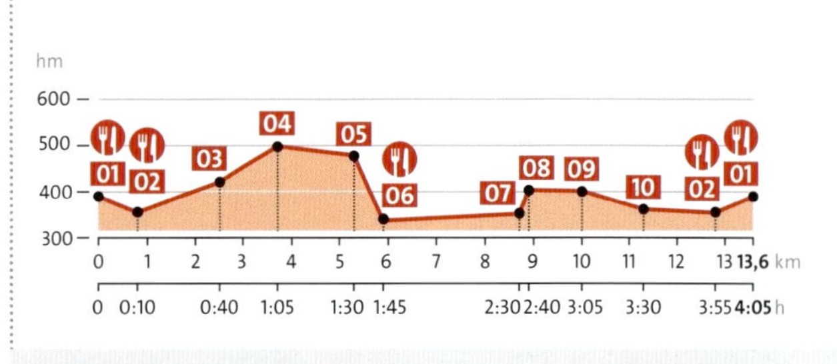

01 Eglisau, Bahnhof, 389 m; 02 Eglisau, Zentrum, 355 m; 03 Förlibuck, 420 m; 04 Humelbärg, 496 m; 05 Buchberg, Kirche, 476 m; 06 Rüdingen, 340 m; 07 Abzweigung, 352 m; 08 Murkathof, 402 m; 09 Eichhalden, 400 m; 10 Oberriet, 361 m

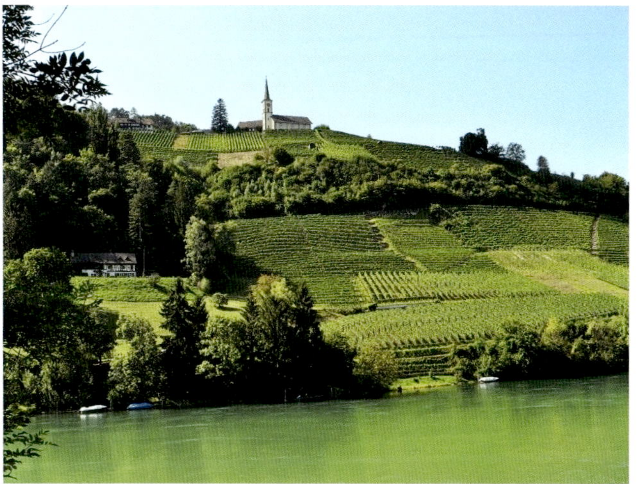
Weinlagen bei Buchberg

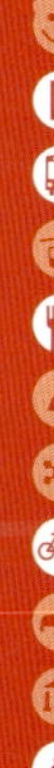

lichen ehemaligen Winzerhaus. Hier beginnt der von der Winzergenossenschaft ausgeschilderte 1,2 km lange Weinwanderweg, der durch den steilen Südhang führt, wo der bekannte „Eglisauer Stadtberger" gekeltert wird. Als Hauptsorten werden Blauburgunder und Riesling-Silvaner angebaut, Infotafeln geben Auskunft über die Arbeiten im Rebberg während des Jahres.

Bei der Abzweigung nach dem Taleinschnitt folgen Sie dem Weg 60 Richtung Buchberg weiter aufwärts, er führt bald am Waldrand entlang oberhalb der Weinhänge mit schöner Aussicht zum von Föhren beschatteten Rastplatz **Förlibuck** 03.

Bald danach passieren Sie beim Anstieg durch den Wald im Rohrgraben zum **Humelbärg** 04 die Grenze zwischen den Kantonen Zürich und Schaffhausen. Buchberg ist eine Schaffhausener Exklave. Das lang gestreckte Dorf mit seinen schönen Riegelhäusern liegt auf einer Terrasse, von der **Kirche** 05 bietet sich ein herrlicher Blick auf den Rhein und zum Irchel (siehe Tour 42).

Auf einem Pfad und Treppenweg steigen Sie ab ins Weindorf **Rüdlingen** 06, wo Sie im Gastgarten der Wirtschaft „Zur Stube" (Fr – Di) gemütlich einkehren können. Auf einem Güterweg durch Weinhänge und dann durch Wald wandern Sie dann rheinabwärts, bei der **Abzweigung** 07 geht's noch einmal kurz steil hinauf zum **Murkathof** 08 auf der Terrasse.

Nach dem steilen Rebhang von **Eichhalden** 09 geht's wieder hinunter zum Rhein und auf dem Uferweg weiter. Über die erhöht liegenden Häuser von **Oberriet** 10, die unteren mussten dem Rückstau des Rheinkraftwerkes weichen, kehren Sie nach **Eglisau** 01 zurück.

Eglisau

Das mittelalterliche Städtchen Eglisau liegt am steilen rechten Ufer des Rheins, umgeben von Rebhängen. Es wurde in der Mitte des 15. Jhs. von den Herren von Tengen gegründet, die auf der anderen Flussseite schon vorher ihre Burg errichtet hatten, Schloss und Stadt waren durch eine Holzbrücke verbunden. Die Brückenstadt verdankte ihre Bedeutung dem Verkehr auf der alten Heerstrasse von Schaffhausen nach Zürich und dem Schiffsweg von Rheinfall nach Basel.

Eglisau hat sich sein mittelalterliches Stadtbild mit seinen drei geschlossenen Häuserzeilen von stattlichen Bürgerhäusern mit hohen Giebel und romantischen Lauben grösstenteils bis heute bewahren können, im prächtigen Weierbach-Haus aus dem Jahr 1760 wurde das Ortsmuseum eingerichtet. Die alte Häuserzeile östlich der Kirche, das alte Salzhaus und die gedeckte Holzbrücke mussten allerdings dem Kraftwerk Eglisau weichen, das den Wasserspiegel des Rheins um 8 m steigen liess. Der bekannteste Wirtschaftsbetrieb ist die Mineralquelle Eglisau, die täglich 430.000 l Mineralwasser ausschüttet. 1938 brachte sie das „Vivi Kola" auf den Markt, jahrzehntelang ein Schweizer Klassiker, in den 1980er-Jahren eingestellt und nun wieder begehrt.

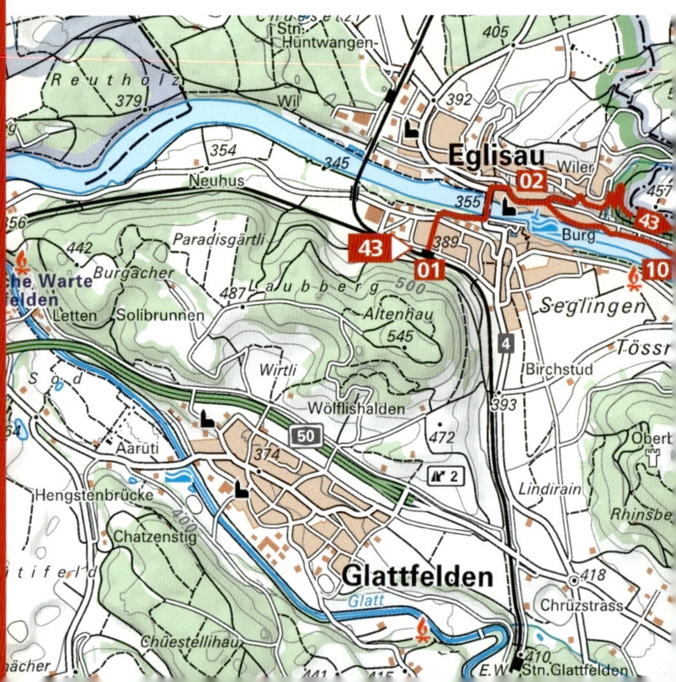

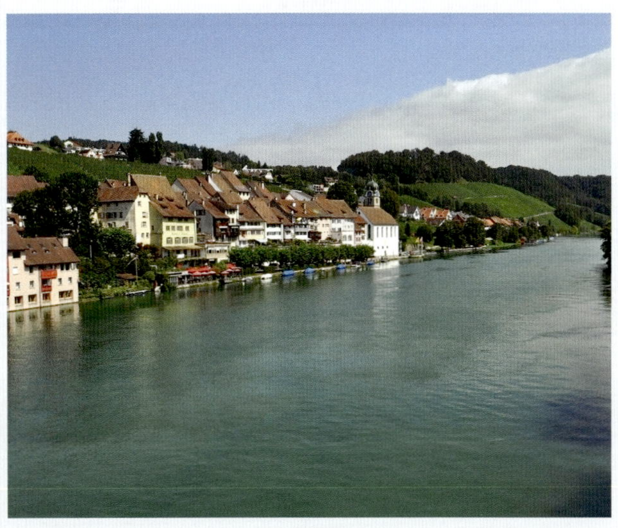

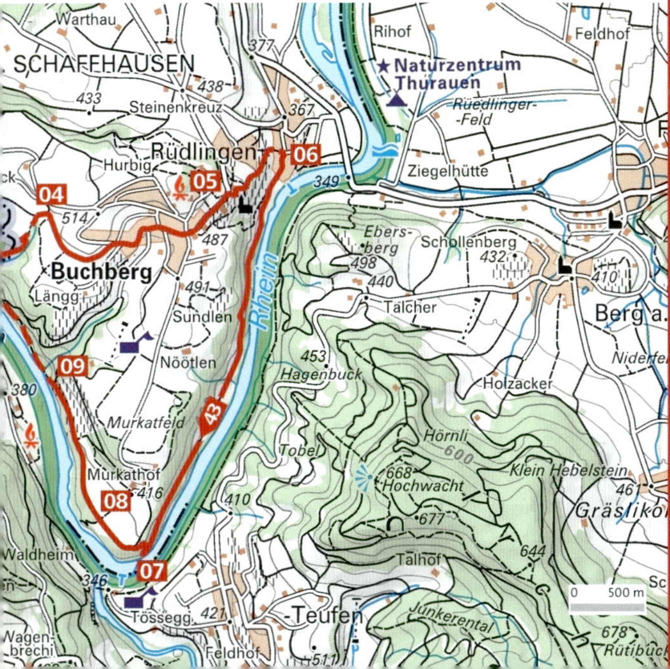

Warthau
SCHAFFHAUSEN
377
438
433
Steinenkreuz
367
Rüdlingen
06
Hurbig
05
04
514
349
487
Buchberg
Längg
491
Sundlen
Rhein
Nöötlen
09
380
Murkatfeld
43
Murkathof
416
08
Waldheim
346
07
Tössegg
421
Wagenbrechi
Feldhof
Teufen
511
Rihof
Feldhof
Naturzentrum Thurauen
Rüedlinger-Feld
Ziegelhütte
Ebersberg
Schollenberg
432
498
440
410
Tälcher
Berg a.
453
Hagenbuck
Niederfel
Holzacker
Tobel
Hörnli
600
668
Hochwacht
Klein Hebelstein
461
Gräslikon
677
644
Talhof
410
Junkerental
678
Rütibuck
0 500 m

HÜNTWANGEN – RAFZ

Auf dem Weinweg

 9,3 km  2:50 h 109 hm  77 hm  1

START | Bahnhof Hüntwangen-Wil
[GPS: UTM Zone 32 x: 463.279 m y: 5.269.861 m].
Anfahrt, Rückfahrt: S 9.
CHARAKTER | Lohnende Wanderung oberhalb der Rebberge mit weiter Aussicht über das Rafzerfeld. Gelbe Markierung, wenig Schatten, am schönsten im Herbst zur Zeit der Weinlese.

Der Weinbau hat in den Gemeinden Hüntwangen, Wil und Rafz eine jahrhundertealte Tradition und wird im 15. Jh. erstmals in den Akten von Zürich erwähnt. Auf dem ausgeschilderten **Weinwanderweg** lernen Sie die Region kennen, er führt anfangs auch durch die renaturierte Kiesgrubenlandschaft. In den Tourismusbüros und Gasthäusern gibt's ein Faltblatt mit Adressen der Winzer mit Weinverkauf, die Hauptsorten sind der Blauburgunder beim Rotwein und der Riesling-Silvaner beim Weisswein.

▶ Die **Station Hüntwangen-Wil** **01** liegt abseits der beiden Dörfer, in ihrem Umfeld hat sich ein kleines Gewerbezentrum entwickelt. Die Wegweiser leiten Sie zum Chüesetzi Wald, nach dem Waldaustritt durchqueren Sie die künstlich geschaffene Landschaft der grossen Kiesgruben. Das Rafzerfeld ist neben dem Weinbau auch bekannt für seine grossen Kiesbänke, das Abbaugebiet wird kontinuierlich nach einem Gesamtkonzept rekultiviert. Acker- und Weideland, Rebberge, ökologische Flächen, Aufforstungen und Feuchtbiotope fügen sich nahtlos aneinander, das

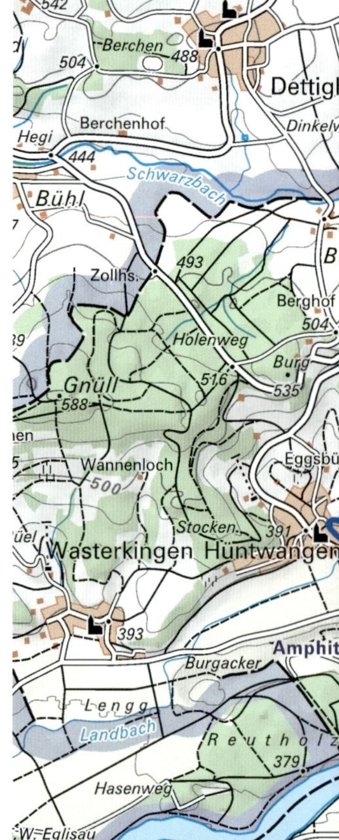

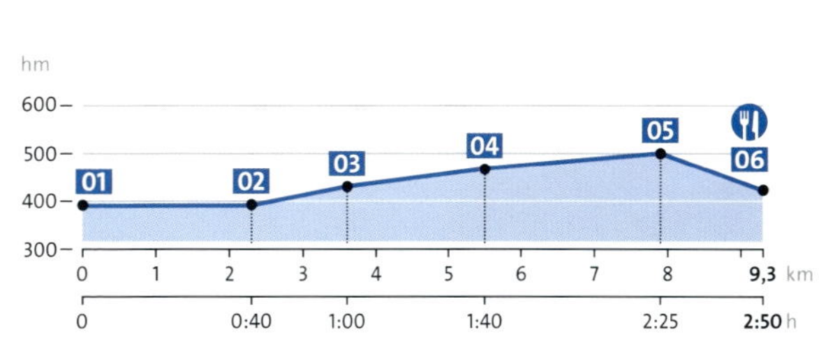

01 Bahnhof Hüntwangen-Wil, 391 m; **02** Hüntwangen, 393 m; **03** Wil, 430 m; **04** Sonnenberg, 485 m; **05** Gnal, 500 m; **06** Rafz, 423 m

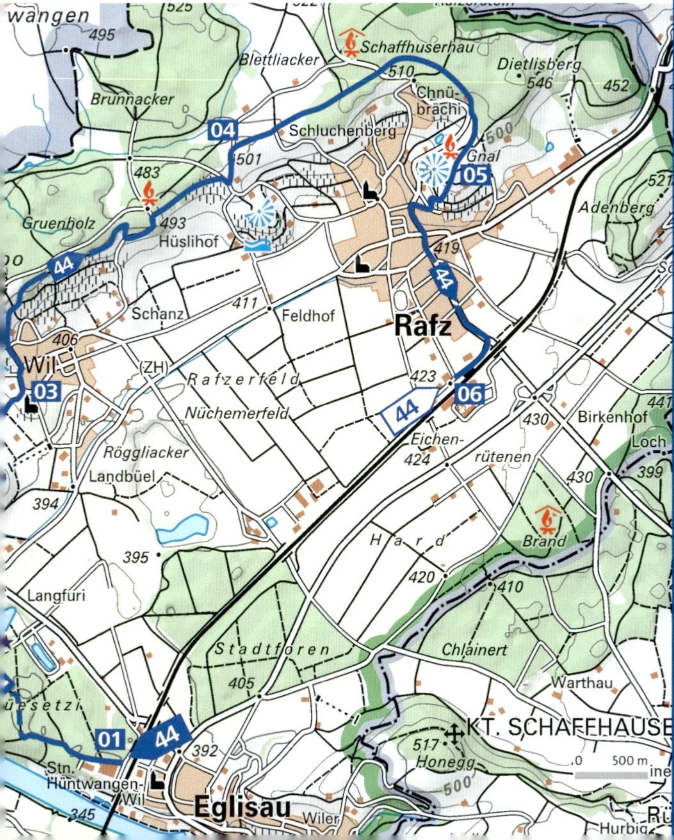

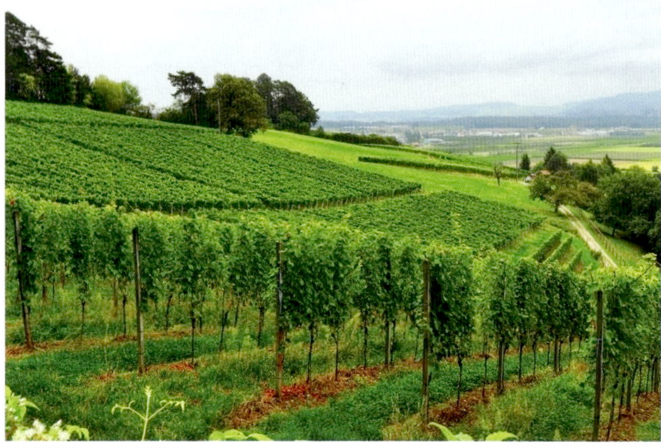

Weinhänge bei Wil

neue Veranstaltungszentrum Amphitheater wurde von der Kiesfirma Holcim gesponsert.

Hüntwangen 02 mit seinen vielen Riegelhäusern, der malerische Speicher stammt aus dem Jahr 1672, das Gemeindehaus wurde 1820 als erstes Schulhaus erbaut, ist ein bekannter kleiner Weinort. Insgesamt werden 8,5 ha Rebfläche bewirtschaftet, vermarktet wird der Wein von den zwei Weinbauvereinen „Dorfwy" und „Gruebewy". Am Waldrand entlang geht's dann oberhalb der Rebhänge zur modernen, weithin sichtbaren Kirche von **Wil** 03, der Dorfkern liegt unterhalb. Auch in Wil hat der Weinbau eine alte Tradition, heute werden noch rund 22 ha Rebfläche bewirtschaftet.

Auf dem Aussichtsweg weiter dem Waldrand entlang bis zum Aussichtpunkt **Sonnenberg** 04 oberhalb von Rafz, eine Bank lädt zur Rast. Der Weinweg führt nun in 30 Min. direkt nach Rafz hinunter, lohnend ist es, in einem Bogen noch bis zum Aussichtspunkt Gnal zu wandern: Vom Sonnenberg unterhalb der Bank unmarkiert in das Strässchen nach links, bald treffen Sie wieder auf die Markierung und wandern nun auf der Höhe im Wald im Halbrund zum **Gnal** 05. Von der Rastbank unter einer alten Linde geniessen Sie einen herrlichen Blick über das Dorf und die weite Ebene des Rafzerfeldes.

Die Wegweiser leiten Sie durch die Weinberge nach **Rafz** 06 und zur Station. Das Weinbauerndorf Rafz mit seinen typisch zürcherischen Riegelhäusern hat seinen ländlichen Charakter bewahren können. Mit seinen 23 ha Rebflächen zählt es zu den grösseren Weinbaugemeinden, im Ortsmuseum ist die Geschichte des lokalen Weinbaus dokumentiert. Im Zentrum finden Sie mehrere Gasthäuser zum Einkehren.

MÖRSBURG – GURISEE

Kultur- und Naturschätze nahe Winterthur

  13,4 km 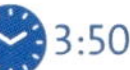 3:50 h 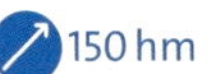 150 hm  143hm  8

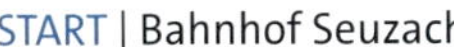

START | Bahnhof Seuzach
[GPS: UTM Zone 32 x: 480.400 m y: 5.264.795 m]. Anfahrt: S 29.
CHARAKTER | Wanderung durch bäuerliches Kulturland zu sehenswerten Kultur- und Naturdenkmälern, immer wieder auch mit schöner Aussicht. Gelbe Markierung, kaum Schatten, nicht an heissen Tagen gehen, anfangs etwas Autobahnlärm.

Die Höhepunkte der Wanderung durch die gepflegte Kulturlandschaft des sanft-welligen Zürcher Weinlandes mit Feldern, Äckern und Rebhängen sind die mittelalterliche **Mörsburg**, die **Rietmühle**, beide mit Gasthäusern, und das wunderbare kleine **Naturschutzgebiet Gurisee**, durch das ein kleiner Rundweg führt.

▶ Sie starten Ihre Wanderung am **Bahnhof Seuzach** 01, in der Bahnunterführung finden Sie die Wegweiser und folgen dem Pfeil Brandholz nach rechts. Der Brandbüel-Fussweg führt dann gleich links durch eine Eigenheimsiedlung hinauf zum Waldrand.

Mit freiem Blick wandern Sie über **Brandholz** 02 dem Waldrand entlang, teils oberhalb von Rebhängen, zur weithin sichtbaren **Mörsburg** 03. Vermutlich wurde der steinerne Wohnturm im ausgehenden 10. Jh. von den Grafen von Winterthur errichtet, gehörte dann den Kyburgern und Habsburgern, ehe 1598 die Stadt Winterthur die Burg erwarb und als Sitz des Ammans nutzte. 1799 wurde sie bei

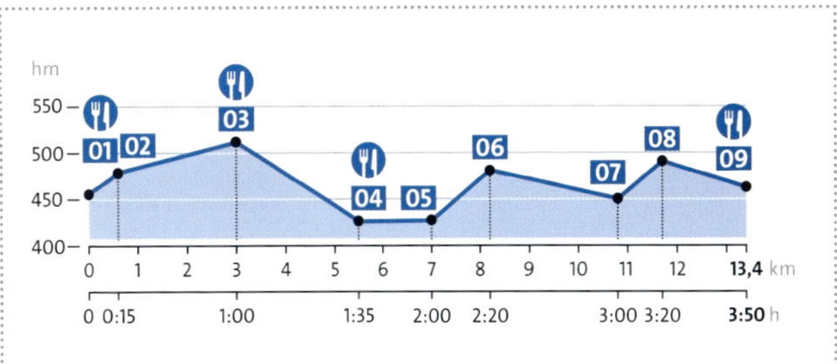

01 Bahnhof Seuzach, 455 m; 02 Brandholz, 478 m; 03 Mörsburg, 511 m; 04 Rietmühle, 426 m; 05 Rickenbach, 427 m; 06 Hungerbüel, 480 m; 07 Eschlikon, 450 m; 08 Gurisee, 490 m; 09 Dinhard, Station, 462 m

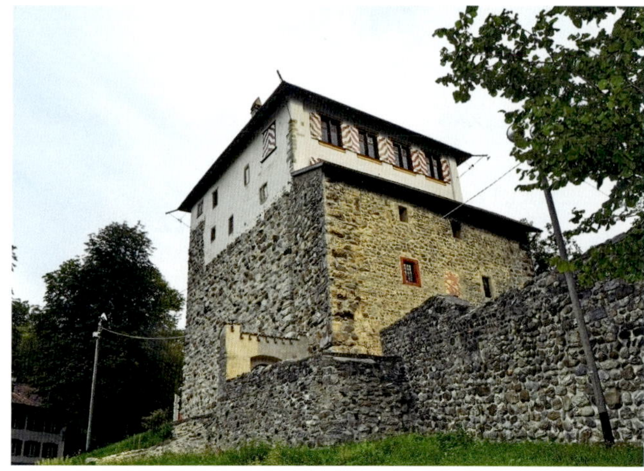

Mörsburg

Kämpfen zwischen Franzosen, Österreichern und Russen schwer in Mitleidenschaft gezogen und Ende des 19. Jhs. zu einer Museumsburg umgewandelt.

Geradeaus folgen Sie dem Wegweiser **Rietmühle 04**, in Schleifen führt der Weg durch Felder und Wald zu dieser schönen, über 200 Jahre alten Anlage mit Gartenwirtschaft. Auf der Hinterseite dreht sich noch ein grosses Mühlrad, daneben befinden sich, wie auch in Rickenbach, grosse Reitanlagen.

Nahe der Kirche von Dinhard vorbei wandern Sie zum Winzerdorf **Rickenbach 05**, im Zentrum hinter dem spitzen, pyramidenförmigen Kirchturm stehen noch einige schöne Riegelhäuser, im Winzerkeller gibt's einen kleinen Hofladen. Vom Wegpunkt Rickenbach Dorf folgen Sie dem Wegweiser Andelfingen auf dem Strässchen ansteigend zum Oberholz. Der nächste Abschnitt ist besonders schön: Oberhalb von Rebhängen

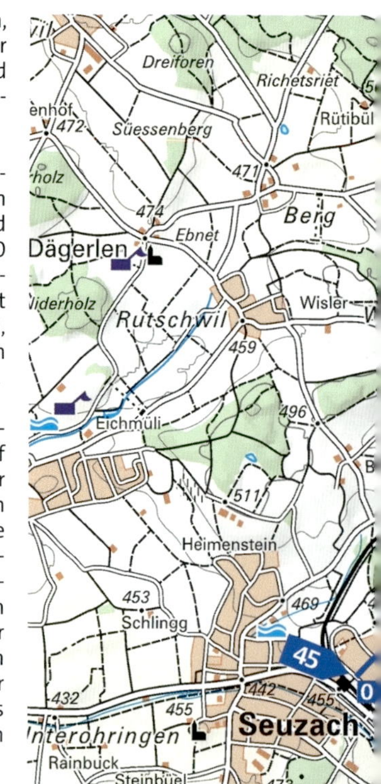

geht's dem Waldrand entlang, gegenüber liegt die Mörsburg, eine Rastbank lädt zum Verweilen.

Nach dem Wegpunkt **Hungerbüel** **06** führt der Weg in einem weiten Bogen langsam hinunter, über die Strasse und durch eine Bahnunterführung nach **Eschlikon** **07**, vor der Bahnunterführung zweigt der Weg nach Andelfingen ab. Sie folgen nun dem Wegweiser zum **Gurisee** **08**. Der kleine See und die schilfbewachsenen Weiher liegen im Buechholz, einer bewaldeten Moränenmulde, ein herrliches kleines Naturschutzgebiet, durch das ein kleiner Rundweg (15 Min.) führt. Danach ist es nicht mehr weit zur Station von **Dinhard** **09**, wo Sie im Restaurant Bahnhof einkehren können.

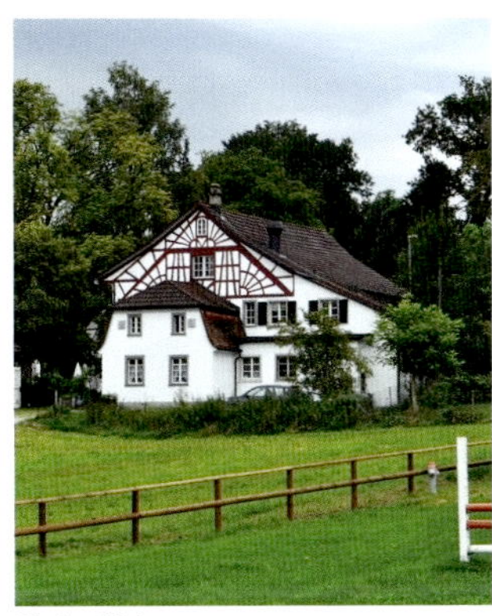

Rietmühle

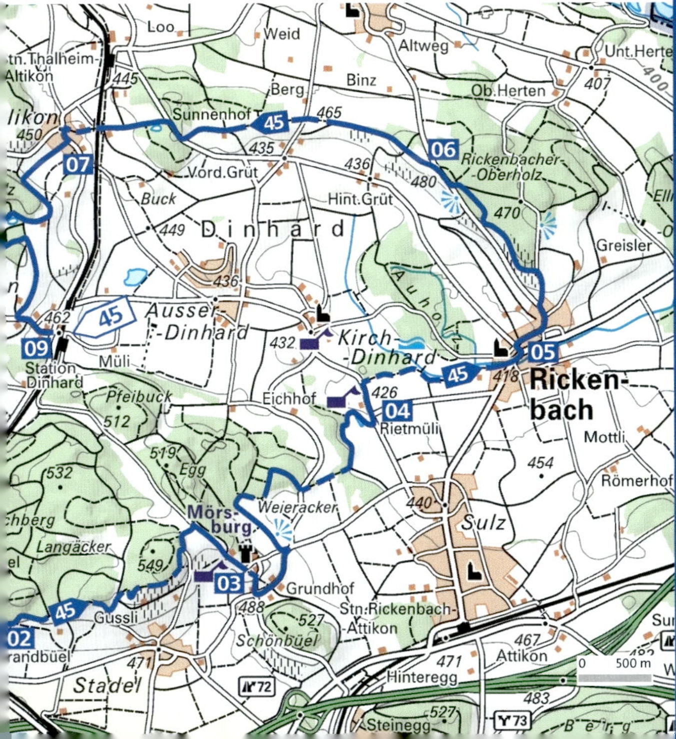

HUSEMERSEE

Auf dem Weinwanderweg zum Naturbadesee

 8,2 km  2:30 h 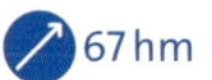 67 hm  67 hm  1

START | Bahnhof Ossingen
[GPS: UTM Zone 32 x: 479.397 m y: 5.273.521 m].
Anfahrt: S 29, auch Bus 605 von Andelfingen.
CHARAKTER | Gemütliche Halbtagestour durch das sanft-wellige Umland der Husemerseen mit Bademöglichkeit. Weisse Richtungswegweiser „Weinwanderweg“, wenig Schatten.

Die Initiative „Pro Weinland“ hat zwei **Weinwanderwege** in der Umgebung von Ossingen ausgeschildert, Infotafeln erläutern die Arbeiten im Rebberg während des Jahreslaufes. Beschrieben wird hier der nördliche, längere Rundweg, der auch am Husemersee, einem Moorsee mit schöner Badezone, vorbeiführt. Ein Faltblatt gibt's im Bahnhof.

▶ Der mit weissen Wegweisern ausgeschilderte Weinwanderweg beginnt am **Bahnhof Ossingen** 01. Sie gehen auf der Strasse nach Osten zur „Wirtschaft zum Thalacker“ (Di – So), durch die Bahnunterführung und dann halblinks weiter. Durch gepflegtes Bauernland mit Äckern und Weiden geht's meist auf Feldwegen ins etwas erhöht liegende **Truttikon** 02 – Restaurant Rössli (Mo – So), Bäckerei.

Von der Strasse links führt der Weg zu den Rebbergen des Hofes Zahner, dessen Weine schon viele Auszeichnungen erhalten haben. An der Strasse dann gleich wieder links, der Fahrweg führt zum höchsten Punkt der Wanderung, 482 m, von einer Bank geniessen Sie eine weite **Aussicht** 03 über die

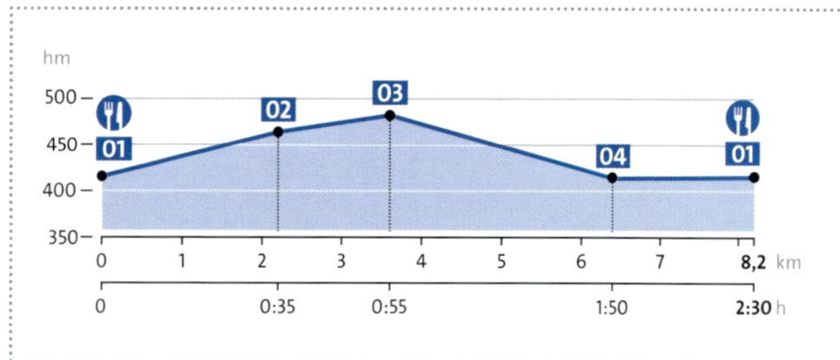

01 Bahnhof Ossingen, 416 m; 02 Truttikon, 464 m; 03 Aussichtspunkt, 482 m; 04 Husemersee, 415 m

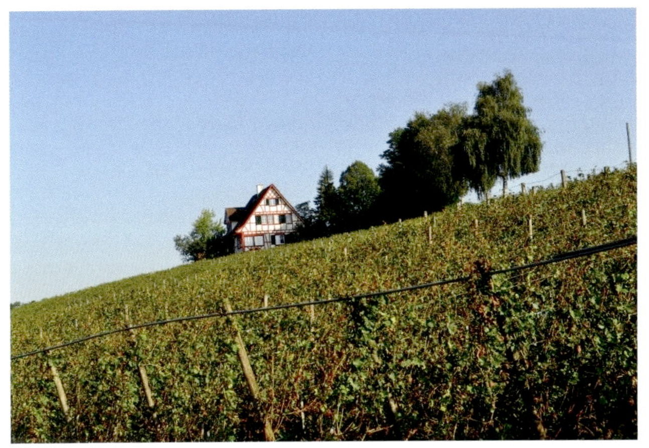

Weingut Zahner

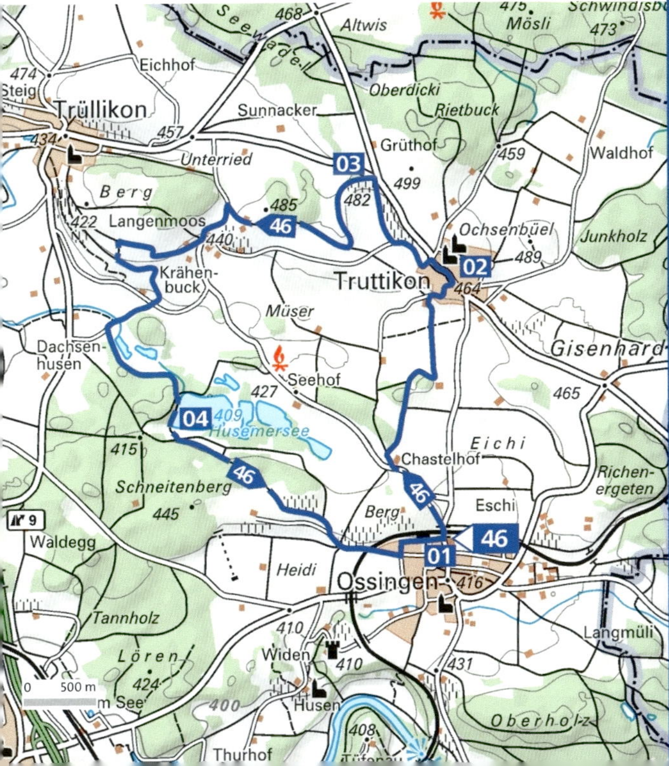

Höhenrücken des Zürcher Unterlandes Richtung Alpen.

Durch die wellige Landschaft wandern Sie weiter zum Winzerweiler Langenmoos und dann in einem grossen Bogen zu den **Husemerseen** 04. Sie sind durch die Eiszeit entstanden und gehören zur vielgestaltigen Moränenlandschaft der Andelfinger Seenplatte. Die vielen kleinen Flachmoore, Tümpel und Seelein zwischen den Bucks genannten Moränenhügeln waren einst ein einziges zusammenhängendes Feuchtgebiet. Der Husemersee ist mit seiner Umgebung ein Naturschutzgebiet, bei dem es gelungen ist, den Anliegen des Naturschutzes und der Erholungssuchenden gleichermassen gerecht zu werden. So ist im westlichen Teil bei den Stegen das Baden erlaubt, auch eine Liegewiese mit Feuerstellen steht zur Verfügung. Die zwei Nachbarseen sind während der Mangeljahre der beiden Weltkriege entstanden, als hier Torf als Kohleersatz abgebaut wurde. Durch den Wald des Schneitenberges und vorbei an Rebhängen geht's zurück nach **Ossingen** 01.

Wer nach Andelfingen weiterwandern möchte, kann zur Thur hinuntergehen und dem schönen Thurferweg bis Andelfingen folgen.

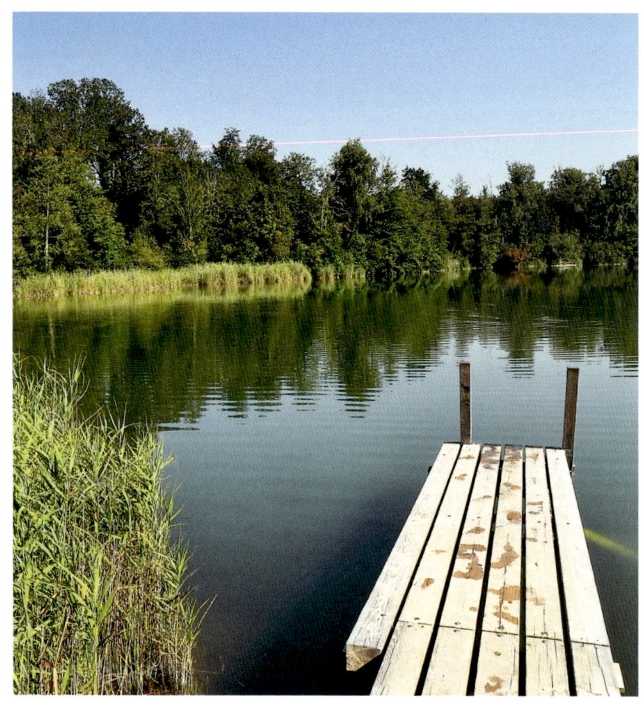

Am Husemersee

THURAUEN

Auf dem Thuruferweg von Andelfingen zur Ziegelhütte

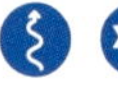  11,5 km  3:00 h 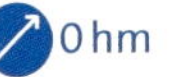 0 hm  52hm  8

START | Andelfingen [GPS: UTM Zone 32 x: 475.659 m y: 5.271.236 m]. Anfahrt: S 12, S 33, Rückfahrt: Bus 675 nach Henggart Bahnhof.
CHARAKTER | Flusswanderung an Thur und Rhein. Gelbe Markierung, überwiegend schattig.

Vor der Mündung in den Rhein wurden von 2008 – 2017 umfangreiche Renaturierungsmassnahmen durchgeführt, um der Thur wieder Platz zum Mäandern zu geben. Die **Thurauen** sind heute die grösste Auenlandschaft im Schweizer Mittelland und nationales Schutzgebiet. Durch die Dynamik des natürlichen Flusslaufes entstehen unterschiedliche Lebensräume, die einer Vielzahl von Pflanzen- und Tierarten Lebensraum bieten, z.B. dem Eisvogel, Pirol oder Biber. Zu einer Auenlandschaft gehören auch trockene Bereiche mit Magerwiesen und lichten Wäldern, im Frühling blühen hier u.a. rund 15 verschiedene Orchideenarten.

▶ Der Bezirkshauptort **Andelfingen** 01 ist Ausgangspunkt vieler Touren ins Zürcher Weinland. Vom Bahnhof folgen Sie den Wegweisern Rüdlingen, vorbei an der Kirche geht's hinunter zur alten **Thurbrücke** 02. Vor der Brücke biegen Sie links in den Pfad, er führt zum Schwimmbad und weiter zum Klärwerk. Auf dem Thuruferweg wandern Sie nun dem Fluss entlang durch geschützten Auwald zur gedeckten **Holzbrücke** von **Alten** 03.

Auf der 1992 erbauten Brücke wechseln Sie ans rechte Ufer. Der Weg führt meist weiter durch Auwald mit Eichen und Ulmen, bei normalem Wasserstand kann man

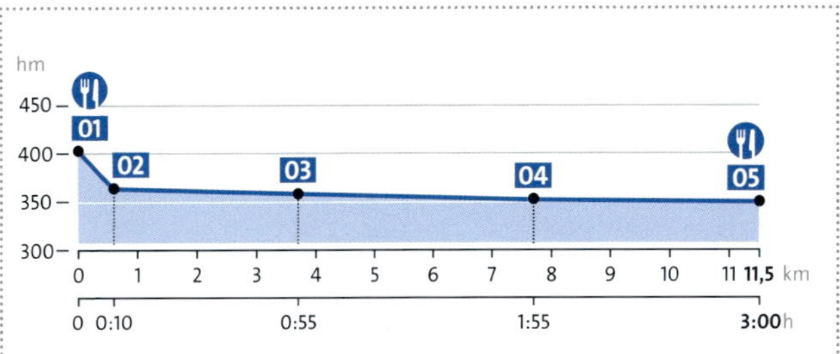

01 Andelfingen, 402 m; 02 Thurbrücke, 363 m; 03 Holzbrücke Alten, 358 m; 04 Elliker Brücke, 352 m; 05 Busstation Ziegelhütte, 350 m

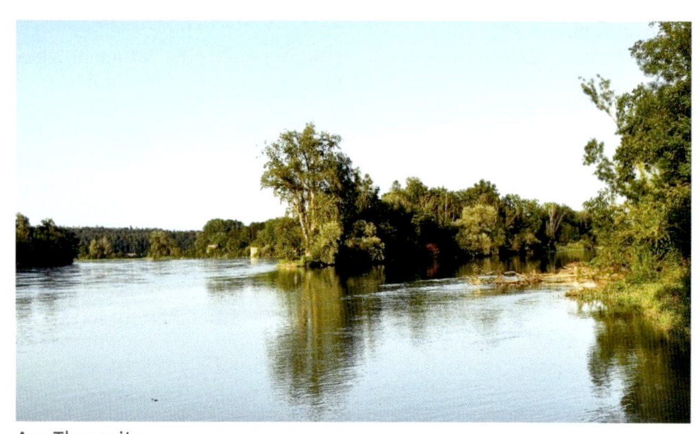

Am Thurspitz

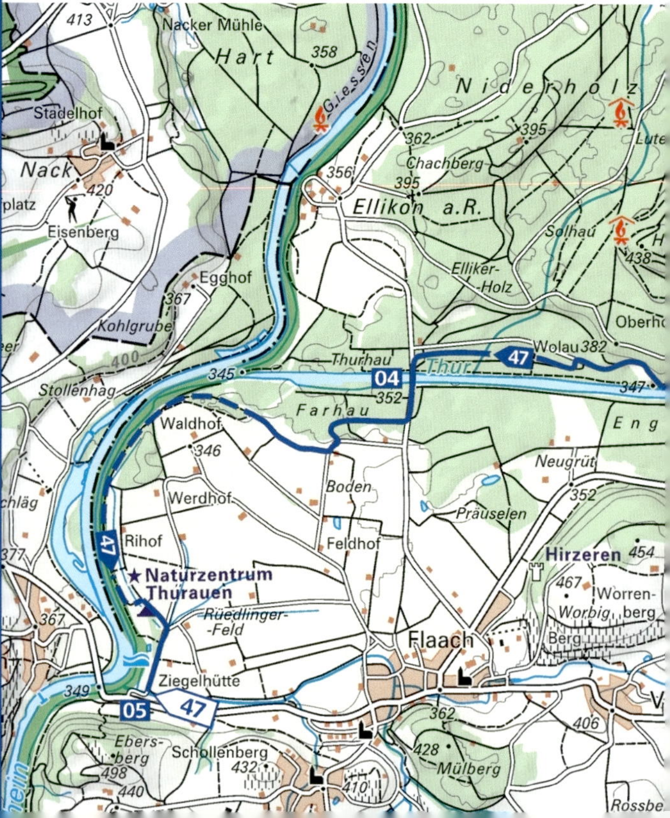

auch auf einem Pfad direkt der Dammkante entlangwandern.

Bei der **Elliker Brücke** 04 geht's wieder ans links Ufer zurück und anschliessend durch das Naturschutzgebiet Thurauen. Stege führen zu Aussichtsplattformen, der letzte zum Thurspitz, wo die oft durch Erde braun-trübe Thur in den grünen Rhein mündet, von einer Rastbank geniessen Sie die sanfte Schönheit dieser Landschaft – ausser bei Hochwasser! Nun geht's auf dem Rheindamm weiter, ein Rast- und Grillplatz lädt auch hier zum Verweilen ein, gegenüber liegt das Naturschutzgebiet Alter Rhein (siehe Tour 48).

Kurze Zeit später erreichen Sie das in ansprechender Holzarchitektur errichtete Naturzentrum Thurauen mit Restaurant, Camping und Schwimmbad. Hier können Sie zum Abschluss die Ausstellung über die Thurauen besichtigen und im Restaurant Rübis&Stübis, Terrasse (Mo – So) einkehren. Zur **Busstation Ziegelhütte** 05 sind es dann noch 5 Min., im früheren Gasthaus ist heute ein Seminarzentrum untergebracht.

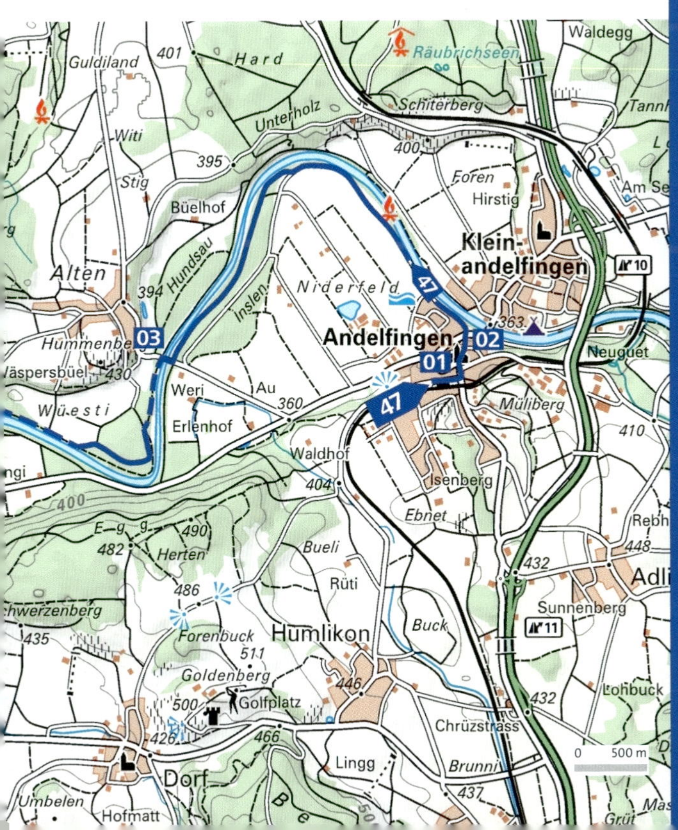

RÜDLINGEN – RHEINAU

Dem Rhein entlang zum barocken Kloster

 8,6 km  2:45 h  18 hm  0 hm 1

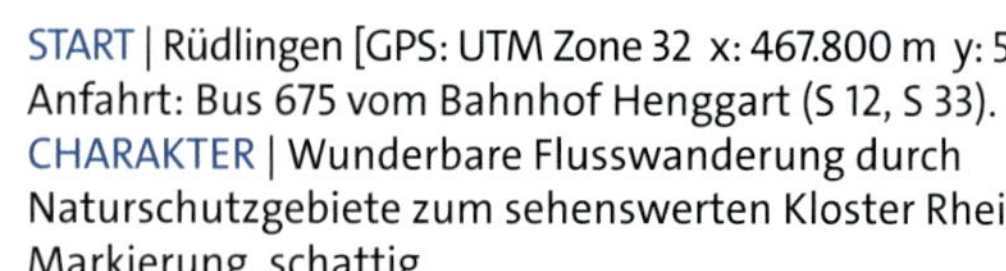

START | Rüdlingen [GPS: UTM Zone 32 x: 467.800 m y: 5.269.563 m]. Anfahrt: Bus 675 vom Bahnhof Henggart (S 12, S 33).
CHARAKTER | Wunderbare Flusswanderung durch Naturschutzgebiete zum sehenswerten Kloster Rheinau. Gelbe Markierung, schattig.

Die Wanderung führt immer dem Rhein entlang, Höhepunkte sind die geschützten Auen am **Alten Rhein**, der lichte Wald am Strickboden und am Ende die barocke **Klosterkirche Rheinau**, die zu den schönsten ihrer Art in der Schweiz gehört. Eine kleine Fähre bringt Sie über den Fluss ins kleine Fischerdorf Ellikon, den Gasthof „Zum Schiff" gibt's seit 1541.

▶ In **Rüdlingen** 01 leiten Sie die Wegweiser zum Uferweg am Rhein, nach dem Schützenhaus führt der Weg hinunter zum Auengebiet Alter Rhein. 1897 wurde zur Stabilisierung des Prallhanges im Rahmen der Rheinkorrektion ein Längsdamm errichtet, der bei Hochwasser überflutet wird. In den geschützten Altläufen hat sich im Laufe der Zeit eine vielfältige dynamische Auenlandschaft mit Silberweiden, Grauerlen und Eschen entwickelt. Zahlreiche Vogelarten lassen sich hier beobachten, immer wieder begegnen einem auch Biberfrassspuren. Der Weg führt hart dem Fluss entlang und ist bei Hochwasser nicht begehbar, dann muss man auf dem Feldweg oben bleiben.

Nach **Ellikon** 02 am Rhein bringt Sie eine traditionelle kleine Fähre, die an einer Seilrolle befestigt ist. Sie fährt das ganze Jahr über,

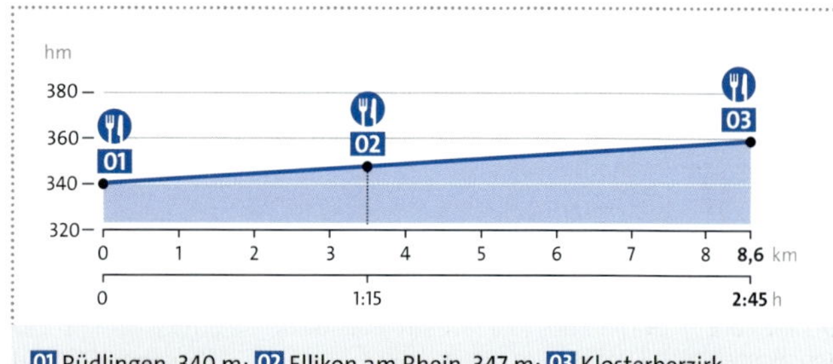

01 Rüdlingen, 340 m; 02 Ellikon am Rhein, 347 m; 03 Klosterberzirk Rheinau, 358 m

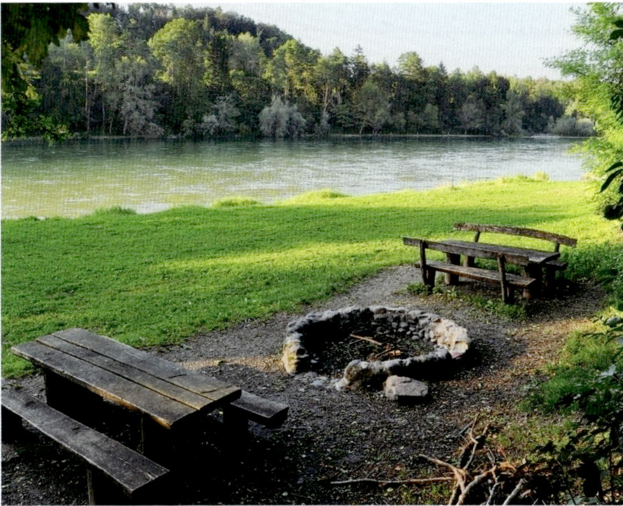

Grill- und Rastplatz am Rhein

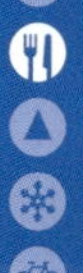

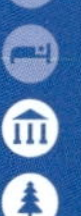

ausser bei Hochwasser, und wird bei Bedarf mit einer Glocke gerufen. Das idyllische kleine Fischerdorf Ellikon hatte einst grössere Bedeutung durch die Umgehung des Schaffhausener Zolls, als die Zürcher hier Salz vom Schiff auf Fuhrwerke umluden. Zur Einkehr laden zwei Gasthäuser – das Restaurant Rhygarte (April – Okt. Mo bis So) und der alte, aus dem Jahr 1541 stammende Gasthof „Zum Schiff“ (Mi – Mo), beide mit Rheinterrasse. Im Gasthof Schiff sind die grossen Hochwasserstände vergangener Zeiten markiert, der letzte von 1999.

Der Weg führt nun rheinabwärts weiter zum Strickboden, einem geschützten lichten Wald oberhalb des Prallhanges, eine der letzten freien Fliessstrecken des Rheins. Eichen und Föhren dominieren den lichten Wald, die Kraut- und Strauchschicht wird regelmässig geschnitten, hier finden sich botanische Raritäten wie Weisses Fingerkraut, Purpurklee oder die Astlose Graslilie. Danach geht’s wieder nahe dem Ufer entlang, gegen Ende auf asphaltiertem Weg zum Kraftwerk Rheinau. Davor passieren Sie die Rheinstellung Balm-Süd, die Bunker wurden 1939 gebaut und 1995 aufgegeben. Die Wegweiser Rheinau-Bad führen Sie über die Halbinsel, Anstieg auf Treppenweg, zum Stauwehr, von dort geht’s mit schönem Blick auf die Klosteranlage zu, über die Brücke mit der Christophorus-Statue gelangen Sie dann zum **Klosterbezirk Rheinau** 03 auf der lang gestreckten Rheininsel.

Einkehren können Sie nach Besichtigung der Klosterkirche im Klostergasthof (Do – Mo), oder auf dem Weg zur Bushaltestelle (nahe der Kirche St. Nikolaus auf der höchsten Stelle der Halbinsel) im „Augarten“ (Mi – So) oder im „Buck“ nahe der Busstation.

Rheinau

Rheinau zeichnet sich durch seine besondere Lage aus: Der Rhein hat sich hier in einer eng gezogenen Doppelschleife bis zu 40 m tief in den Molassefels eingegraben. Auf der Halbinsel liegt das Städtchen, das im 13. Jh. durch die Schirmherren des Klosters, die Grafen Habsburg-Laufenburg, zum militärischen Stützpunkt ausgebaut wurde. Eine Reihe repräsentativer Bauten, meist aus dem 16. Jh., säumt die gegen den Rhein abfallende Strasse zur Unterstadt und dem Kloster.

Die Gründung des **Benediktinerklosters Rheinau** fällt in die frühe Regierungszeit Karls des Grossen, erstmals urkundlich erwähnt wurde es im Jahr 844. Der Gründungssage nach soll es von einem Edelmann etwa 778 als Dank dafür gestiftet worden sein, dass er einen Sturz in seinem Boot schlafend über den Rheinfall unversehrt überstanden hatte. Errichtet wurde das Kloster auf der strategisch hervorragend geschützten Rheininsel, die von einer Rheinschlaufe umflossen wird. Das Prunkstück ist heute die 1704 – 1711 anstelle der romanischen Basilika in feierlichem Hochbarock erbaute Stiftskirche St. Maria. Im Jahr 1861 wurde das Kloster aufgehoben, die ganze Anlage ging in den Besitz des Kantons Zürich über, der zunächst die kantonale Heil- und Pflegeanstalt und dann bis 2000 die kantonale Psychiatrische Klinik hier untergebracht hatte. Heute wird die Klosterkirche von der katholischen Kirchengemeinde Rheinau, das Klostergebäude von der „Musikinsel Rheinau“ für Kurse und Veranstaltungen genutzt.

Das **Kraftwerk Rheinau** wurde 1951 – 1958 gegen den Widerstand der Naturschützer errichtet, deshalb unternahm man grosse Anstrengungen, die Eingriffe ins Landschaftsbild zu mildern. Mit dem Stauwehr kann ein Gefälle von 10,5 m genutzt werden, durch zwei Stollen fliesst das Wasser an der schmalsten Stelle unterirdisch in den Rhein zurück.

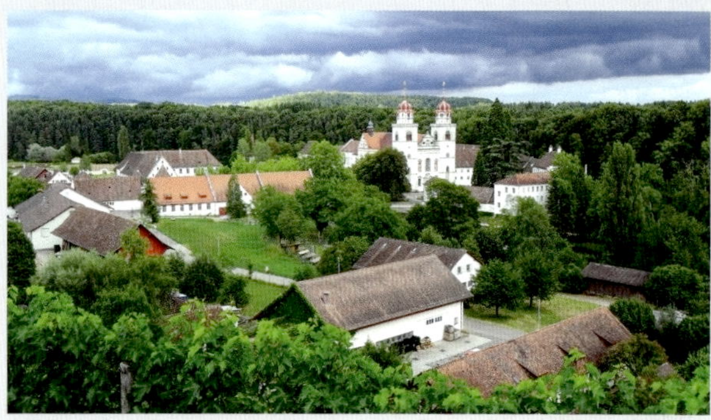

Klosterbezirk Rheinau

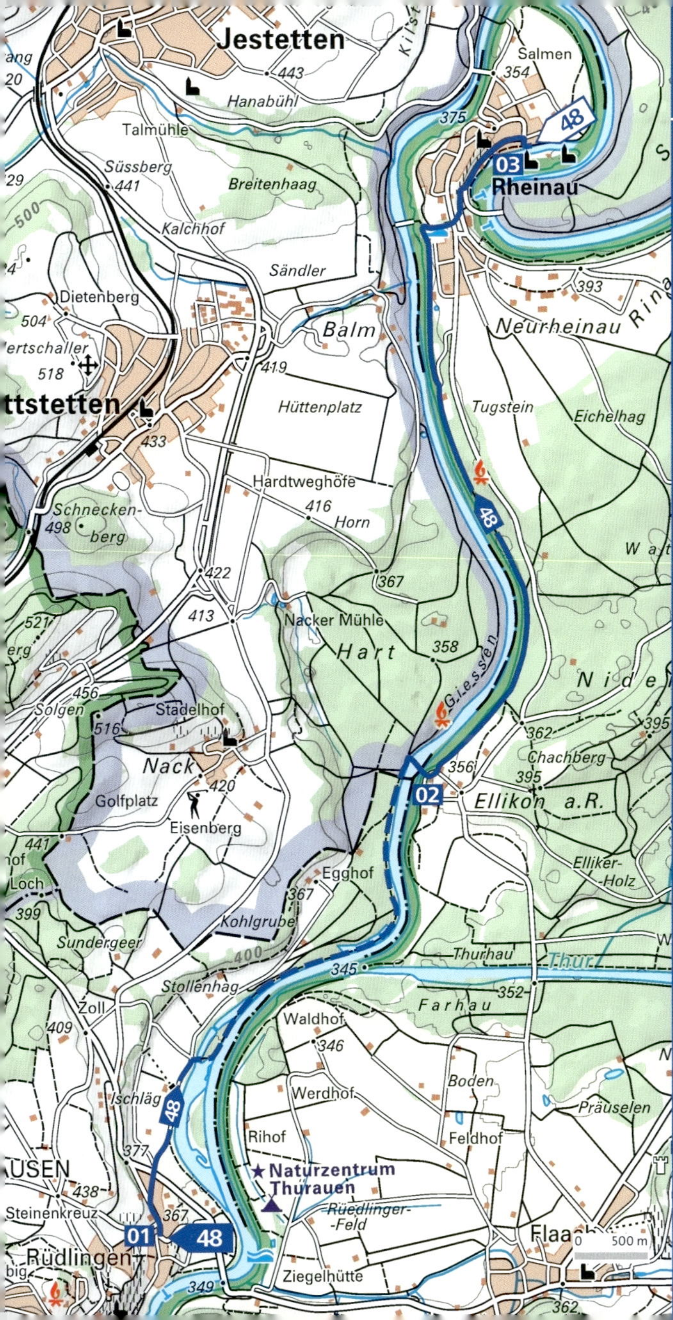

Jestetten
443
Hanabühl
Talmühle
Süssberg
441
Breitenhaag
Kalchhof
Sändler
Salmen
354
375
48
03
Rheinau
393
Neurheinau
Dietenberg
504
518
419
Balm
ttstetten
433
Hüttenplatz
Tugstein
Eichelhag
Hardtweghöfe
416
Horn
Schnecken-
498
berg
48
422
367
413
Nacker Mühle
Hart
358
Giessen
521
456
Solgen
516
Stadelhof
Nack
420
Golfplatz
Eisenberg
362
Chachberg
395
356
02
Ellikon a.R.
441
Loch
399
Egghof
367
Elliker-
-Holz
Kohlgrube
Sundergeer
400
Thurhau
Thur
345
352
Stollenhag
Farhau
Zoll
409
Waldhof
346
Boden
Ischläg
48
Werdhof
Präuselen
Rihof
Feldhof
377
USEN
Naturzentrum
Thurauen
438
Steinenkreuz
367
Rüedlinger-
-Feld
01
48
Rüdlingen
Flaach
0 500 m
Ziegelhütte
349
362

RHEINFALL

Von Andelfingen zum grössten Wasserfall Europas

 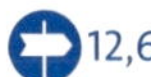 12,6 km  3:15 h  83 hm 74 hm 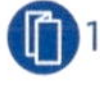 1

START | Andelfingen
[GPS: UTM Zone 32 x: 475.664 m y: 5.271.236 m].
Anfahrt, Rückfahrt: S 12, S 33.
CHARAKTER | Land- und Flusswanderung zum imposanten Rheinfall. Gelbe Markierung, schattige Flussufer, sonniges Bauernland.

Im ersten Abschnitt geht es auf dem Thuruferweg dem Fluss entlang, über offenes Bauernland und wieder dem bewaldeten Rheinufer entlang dann zum berühmten **Rheinfall** beim Schloss Laufen.

▶ Vom **Bahnhof Andelfingen** 01 leiten Sie die Wegweiser Kleinandelfingen/Marthalen an der Kirche mit dem hohen neugotischen Turm vorbei hinunter zur alten **Thurbrücke** 02. Bereits 1324 wurde eine Brücke als Eigentum des Klosters Rheinau zwischen Andelfingen und Kleinandelfingen erwähnt, sie hatte neben der wirtschaftlichen auch militärische Bedeutung. Die heutige gedeckte Holzbrücke stammt aus dem Jahr 1814, 1979 wurde ein Fussgängersteg angebaut. Sie überqueren den Fluss und biegen nach der Brücke nach links zum nördlichen Uferweg. Vorbei am neuen Steg zum Schwimmbad wandern Sie nun flussabwärts immer dem Ufer entlang bis zu einem Rastplatz nach rund 30 Min.

An der **Abzweigung** 03 folgen Sie dem Wegweiser Marthalen/Rheinfall. Auf einem Treppenweg steigen Sie an und wandern durch Wald und dann durch offenes Kulturland nach **Marthalen** 04 mit

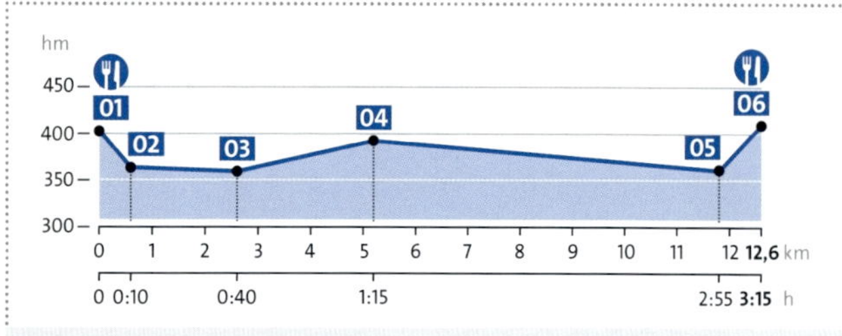

01 Bahnhof Andelfingen, 402 m; 02 Thurbrücke, 363 m; 03 Abzweigung, 359 m; 04 Marthalen, 392 m; 05 Nohlbrücke, 361 m; 06 Schloss Laufen, Rheinfall, 409 m

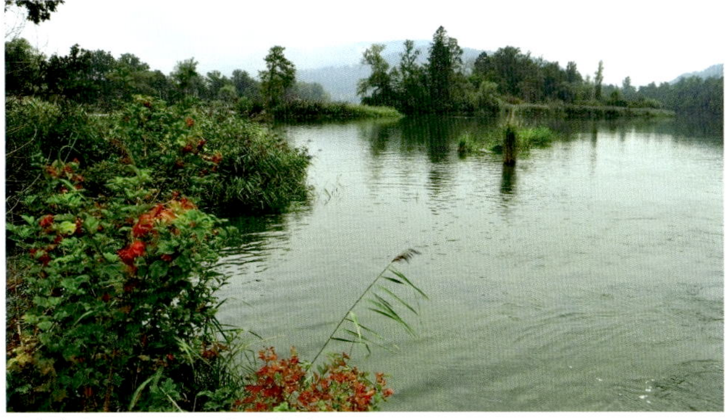

Nebelstimmung am alten Rhein

prächtigen Riegelhäusern im Zentrum. In nördlicher Richtung verlassen Sie das Dorf (nicht Richtung Bahnhof) und wandern weiter durch Bauernland, einen kleinen Wald und dem Bahndamm entlang nach links zum Rhein. Sie bleiben nun immer auf dem Rheinuferweg, die Route ist zwar etwas länger, aber schöner. Vorbei am Schwimmbad Dachsen kommen Sie zur **Nohlbrücke** 05 und danach zum **Schloss Laufen**, das auf einem Felsen oberhalb des **Rheinfalls** 06 thront. Den grössten Wasserfall Europas kann man aus verschiedenen Perspektiven beobachten, von unten von den Schiffen aus, von der Seite von den Aussichtskanzeln (kostenpflichtig) und von oben von der frei zugänglichen Bahnbrücke aus.

Die SBB-Station befindet sich am Ausgang des Lifts vom Schloss Laufen zur Aussichtsplattform Känzeli.

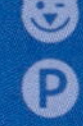

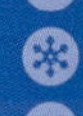

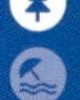

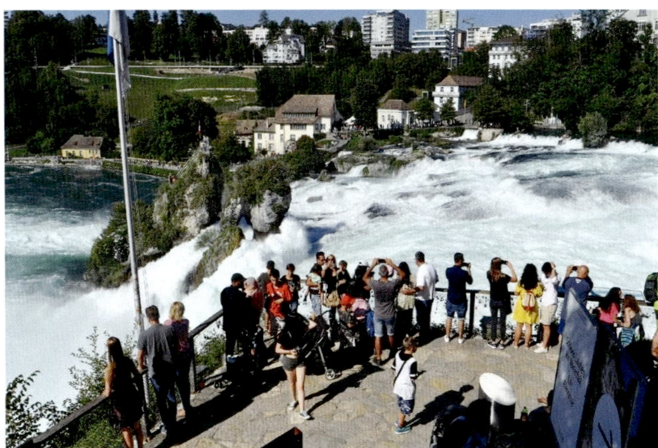

Rheinfall

Rheinfall

Der Rheinfall ist mit 23 m Höhe und 150 m Breite der wasserreichste Wasserfall Europas und gehört zu den grossen Attraktionen dieser Gegend, Naturdenkmal seit 1983. Auf beiden Seiten des Flusses thronen Schlösser auf den Felsen: Rechts des Rheins auf dem Gebiet des Kantons Schaffhausen das Schlösschen Wörth, das aus dem 12. Jh. stammende Gebäude wurde lange Zeit als Zollstelle genutzt, heute beherbergt es ein Restaurant. Links des Flusses, im Kanton Zürich, befindet sich das Schloss Laufen, das bereits 858 erstmals urkundlich erwähnt wurde, ebenfalls mit Restaurant.

Der heutige Flusslauf ist in der Eiszeit entstanden, während der letzten Eiszeit wurde der Rhein bei Schaffhausen nach Süden abgelenkt und bildete eine neue Rheinrinne. Beim Übergang von den harten Malm-

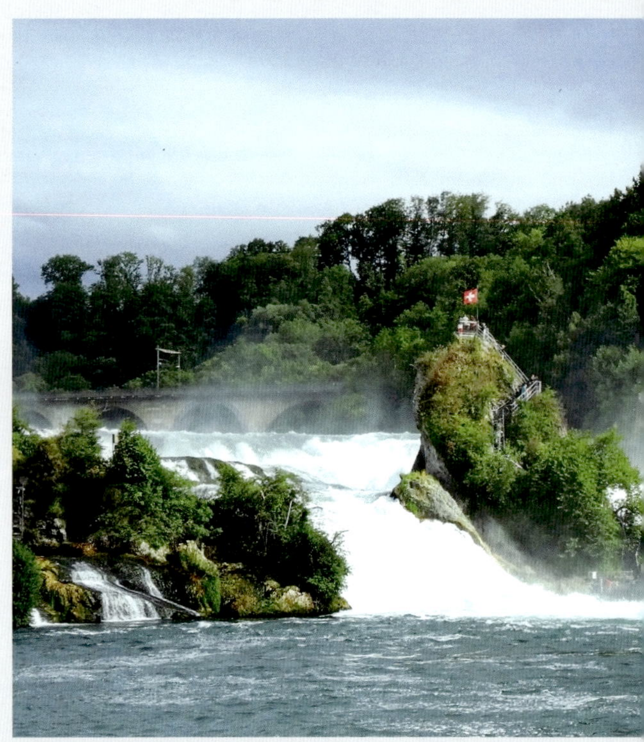

Schloss Laufen oberhalb des Rheinfalls

kalken zur leicht abtragbaren risszeitlichen Schotterrinne entstand vor rund 14.000 bis 17.000 Jahren der Rheinfall in seiner heutigen Form.

Seit alters her wurde die Wasserkraft auch wirtschaftlich genutzt, auf der Nordseite wurden Mühlen und vom 17. bis zum 19. Jh. auch ein Hochofen betrieben. Im kleinen Kraftwerk Neuhausen wird seit 1951 Strom erzeugt, das grosse Wasserkraftwerk Rheinau wurde aus Landschafts- und Naturschutzgründen sieben Kilometer flussabwärts errichtet, sein Rückstau reicht bis zum Rheinfallbecken.

Auf ausgebauten Wegen erreicht man auf beiden Rheinseiten kostenpflichtige Aussichtsplattformen, auch Bootsrundfahrten werden angeboten. www.rheinfall.ch

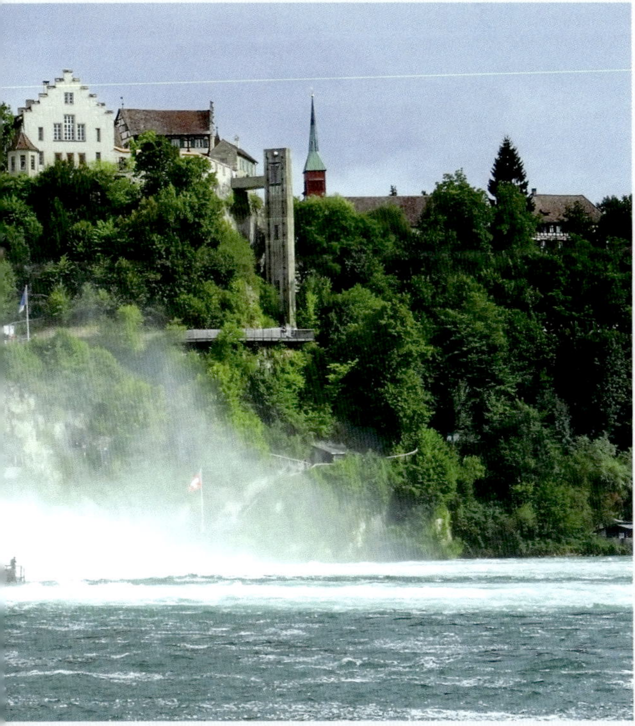

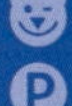
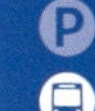

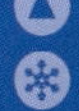

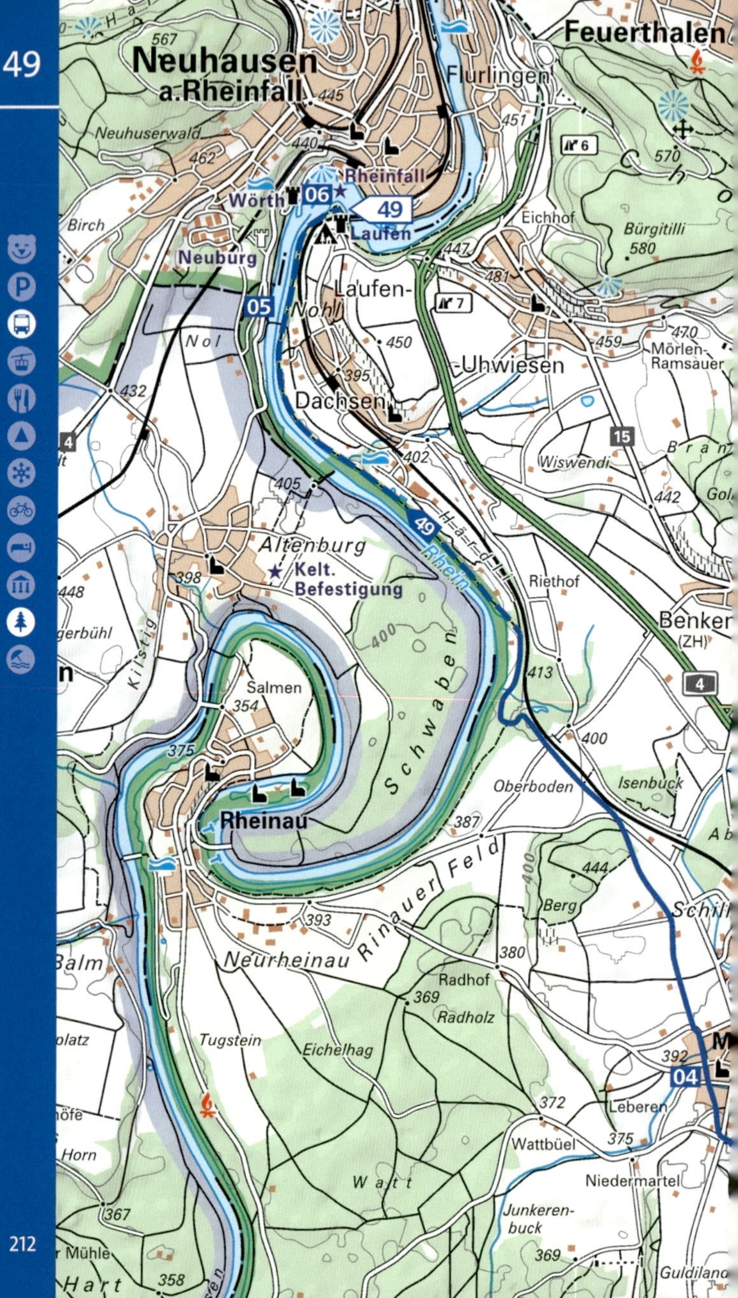
Neuhausen
a.Rheinfall
Feuerthalen
Flurlingen
Rheinfall
Wörth
Laufen
Neuburg
Laufen-
Nohl
Uhwiesen
Dachsen
Eichhof
Bürgitilli
Mörlen-
Ramsauer
Neuhuserwald
Birch
Nol
Altenburg
Kelt.
Befestigung
Rhein
Riethof
Benken
(ZH)
Salmen
Rheinau
Schwaben
Oberboden
Isenbuck
Rinauer Feld
Berg
Neurheinau
Radhof
Radholz
Tugstein
Eichelhag
Wattbüel
Leberen
Niedermartel
Junkeren-
buck
Watt
Guldiland
Horn
Hart
Wiswendi
Kilstig

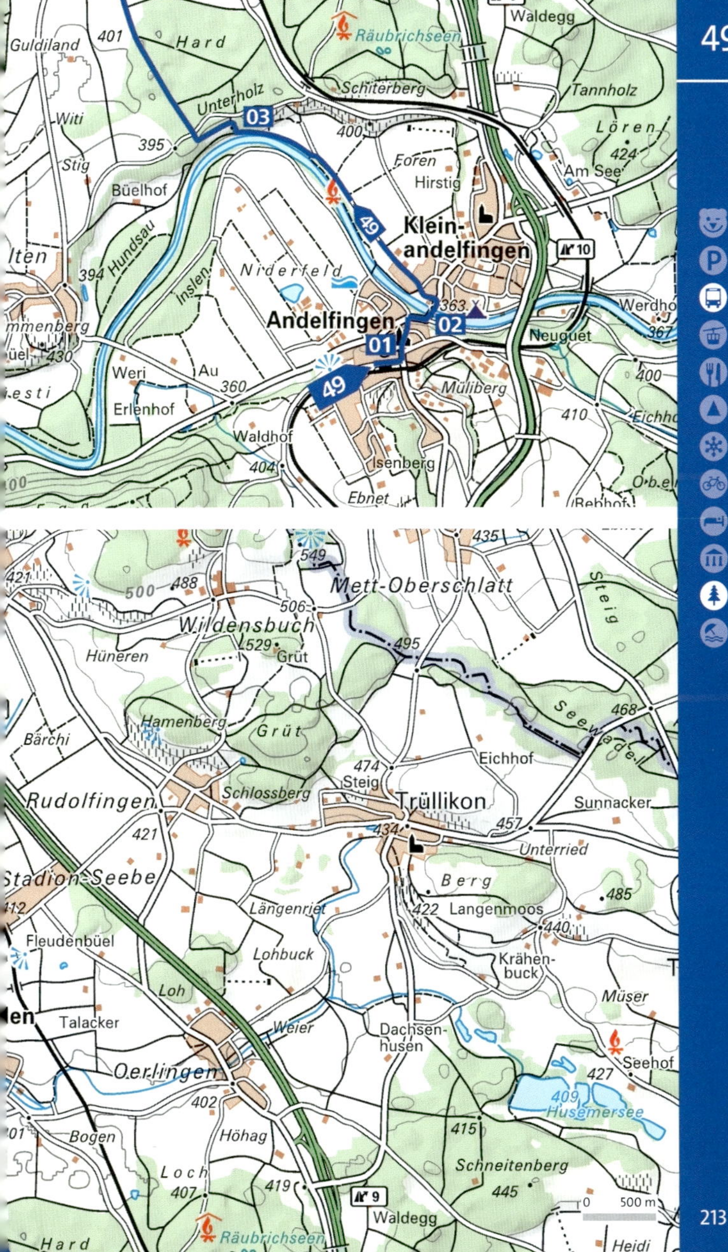
Guldiland
Hard
Unterholz
Witi
Stig
Büelhof
Hundsau
Inslen
Niderfeld
Andelfingen
Klein-
andelfingen
Schiterberg
Räubrichseen
Waldegg
Tannholz
Lören
Am See
Foren
Hirstig
Werdhof
Neuguet
Weri
Au
Erlenhof
Waldhof
Isenberg
Ebnet
Müliberg
Mett-Oberschlatt
Wildensbuch
Hüneren
Grüt
Hamenberg
Bärchi
Rudolfingen
Schlossberg
Steig
Trüllikon
Eichhof
Sunnacker
Unterried
Seewadel
Stadion-Seebe
Längenriet
Berg
Langenmoos
Fleudenbüel
Lohbuck
Krähen-
buck
Müser
Loh
Talacker
Weier
Dachsen-
husen
Seehof
Oerlingen
Husemersee
Bogen
Höhag
Schneitenberg
Loch
Heidi
0 500 m

TRÜLLIKON – SCHAFFHAUSEN

Über den Cholfirst

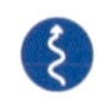 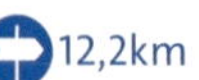 12,2km 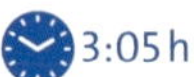 3:05 h 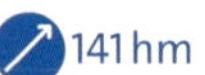 141 hm 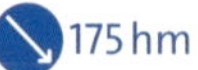 175 hm  1

START | Trüllikon, Bushaltestelle
[GPS: UTM Zone 32 x: 476.854 m y: 5.276.149 m].
Anfahrt: Bus 621 vom Bahnhof Marthalen (S 12, S 33), Rückfahrt: S 33.
CHARAKTER | Angenehme Wanderung über den bewaldeten Höhenrücken Cholfirst, weite Aussichten bieten der Aussichtsturm auf der Hochwacht und der Antennenturm. Gelbe Markierung, vorwiegend schattig.

Nach dem Anstieg zur **Hochwacht** geht's durch die ausgedehnten Laubmischwälder zum Antennenturm und dann hinunter nach **Schaffhausen**, der Munot-Stadt am Rhein mit malerischen Häusern in der Altstadt.

▶ Sie starten Ihre Tour im Dorfzentrum von **Trüllikon** 01 an der Bushaltestelle. Die Wegweiser stehen nahe der neuen Kirche mit dem pyramidenförmigen, spitzen Turm, Sie folgen den Pfeilen zum Cholfirst/Hochwacht: Vor zur Strasse, kurz links und die Sperdiklerstrasse rechts durch eine neue Eigenheimsiedlung. Der Weg schwenkt bald nach rechts hinauf zum Grüt-Wald.

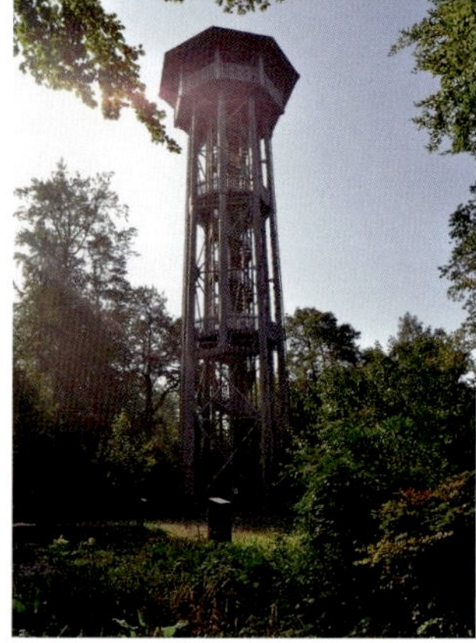
Aussichtsturm auf der Hochwacht am Cholfirst

Danach geht's über Wiesen und Felder weiter, Sie überqueren die Strasse von Trüllikon und erreichen bald die **Hochwacht** 02 (siehe Tour 16). Von der Plattform der 36 m hohen, imposanten Holz-Stahlkonstruktion mit 186 Stufen geniessen Sie einen herrlichen Rundblick über das Zürcher Unterland und Weinland bis zum Schwarzwald.

Das nächste Ziel ist der **Kyburgerstein** 03: Auf einem Naturlehrpfad zum Parkplatz, weiter auf einer Waldstrasse, dann leicht links in den Waldweg, bei einer Wegkreuzung rechts und entlang der Kantonsgrenze Zürich – Thurgau gelangen Sie zu diesem Markstein aus dem Jahr 1756. Er bezeichnete die alte Herrschaftsgrenze zwischen der Zürcherischen Grafschaft Kyburg und der

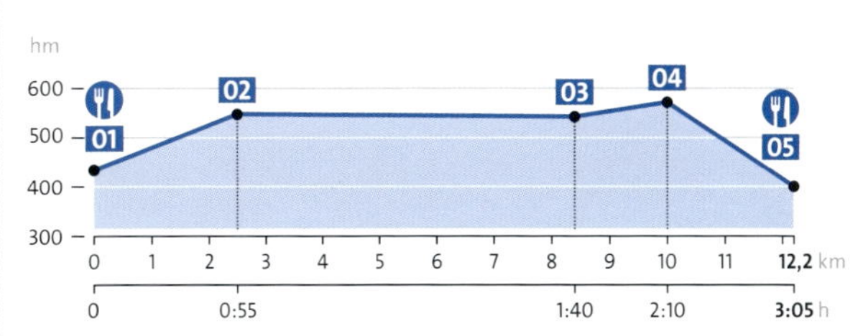

01 Trüllikon, Bushaltestelle, 434 m; 02 Hochwacht, 546 m; 03 Kyburgerstein, 541 m; 04 Antennenturm, 570 m; 05 Schaffhausen, 400 m

Stadt Diessenhofen, Rastbank. Der bewaldeten Kante entlang führt der Weg weiter über den Burghügel, eine grosse Baumscheibe einer 320 Jahre alten, 1970 gefällten Stieleiche erinnert mit beschrifteten Jahresringen an wichtige historische Ereignisse.

Vom **Antennenturm** 04, einer luftigen Stahlkonstruktion mit einer Aussichtsplattform in 43 m Höhe, bietet sich ein weiter Blick über die Rheinlandschaft um Schaffhausen. Nun folgt der sanfte Abstieg, nach dem Hohlweg zweigt links der Weg nach Neuhausen (Rheinfall) ab, nach Schaffhausen geht's geradeaus und dann rechts weiter. Von der Feuerthaler Brücke bietet sich ein herrlicher Blick zur Munot-Festung, bevor Sie über die Brücke zur malerischen Altstadt von **Schaffhausen** 05 gehen und die Tour mit einer Einkehr und einem Bummel durch die Altstadt beenden, Wegweiser leiten Sie zur Station.

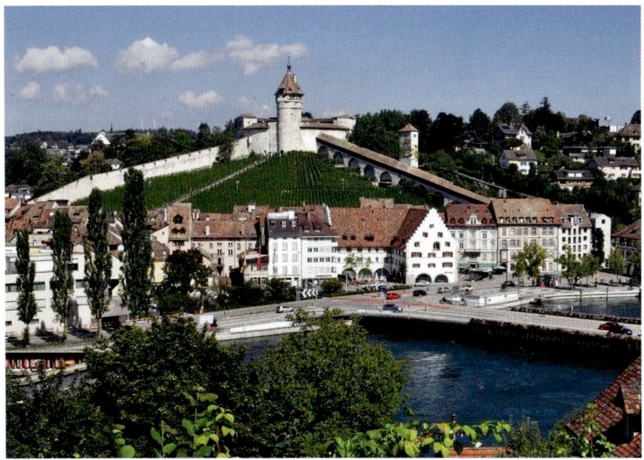

Blick auf Schaffhausen mit der Festung Munot

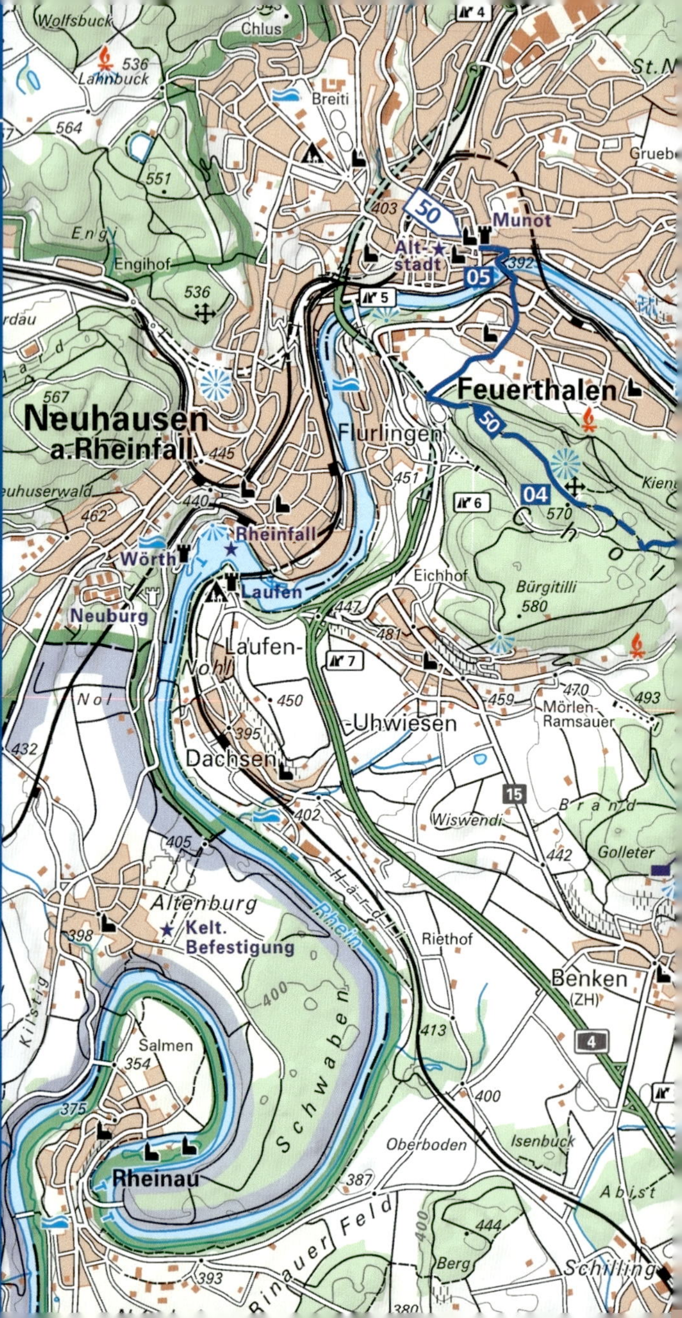

Wolfsbuck
Chlus
536
Lahnbuck
Breiti
St.N
564
Gruebe
551
403
50
Munot
Alt-
stadt
392
05
Engi
Engihof
536
5
rdau
Hard
567
Feuerthalen
Neuhausen
a.Rheinfall
445
Flurlingen
50
451
euhuserwald
440
6
04
Kien
462
570
Rheinfall
Wörth
Laufen
Eichhof
Bürgitilli
580
Neuburg
447
481
Laufen-
7
Nohl
Nol
450
470
493
459
Mörlen-
Ramsauer
Uhwiesen
432
395
Dachsen
15
Brand
402
Wiswendi
405
442
Golleter
Altenburg
Rhein
Hä-r-d
Kelt.
Befestigung
398
Riethof
Benken
(ZH)
Kilstig
400
Schwaben
Salmen
4
354
413
375
400
Oberboden
Isenbuck
Rheinau
387
Abist
Rinauer Feld
400
444
Berg
Schilling
393
380

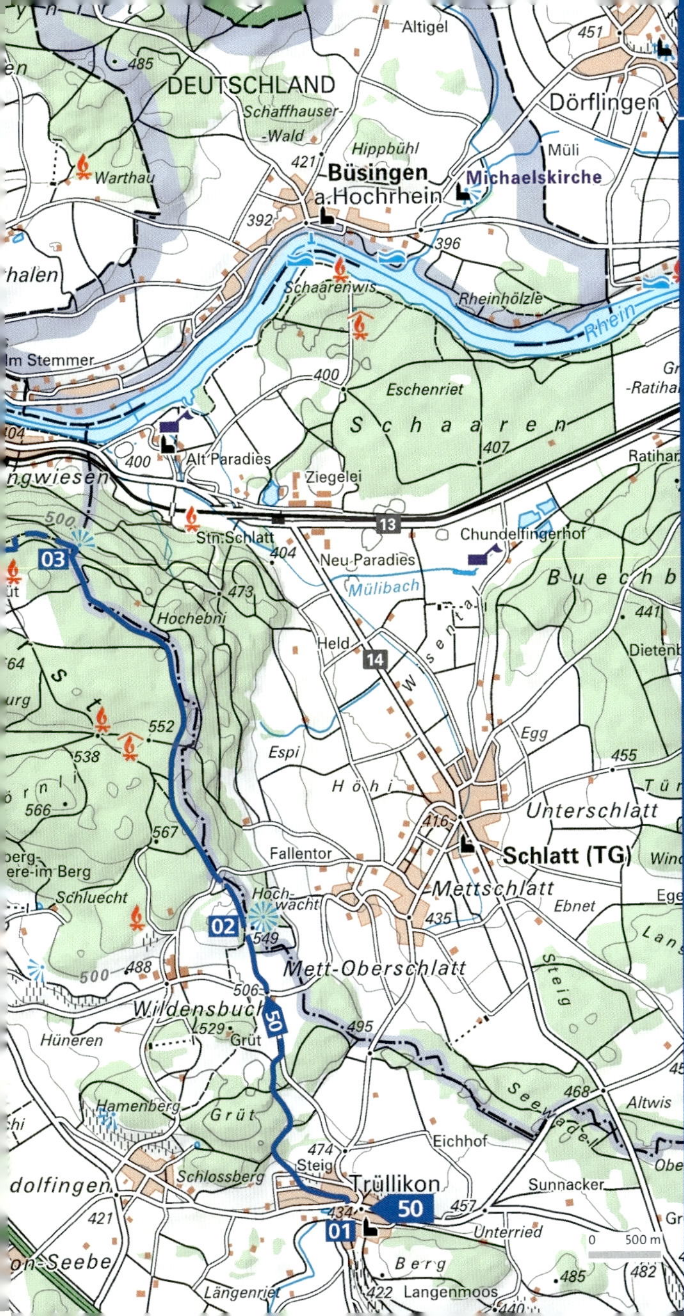

Altigel
451
485
DEUTSCHLAND
Dörflingen
Schaffhauser-
-Wald
Hippbühl
Müli
421
Büsingen
a.Hochrhein
Michaelskirche
Warthau
392
396
halen
Schaarenwis
Rheinhölzle
Rhein
Im Stemmer
400
Eschenriet
Gr
-Ratihar
Schaaren
404
407
Ratihar
400
Alt Paradies
Ziegelei
ngwiesen
500
13
Stn.Schlatt
Chundelfingerhof
03
404
Neu-Paradies
Mülibach
Buechb
473
Hochebni
441
Held
Dietenb
14
Wisental
552
Egg
538
Espi
455
Höhi
Türn
566
Unterschlatt
416
567
Fallentor
Schlatt (TG)
Wind
berg-
ere-im Berg
Mettschlatt
Ebnet
Schluecht
Hoch-
wacht
Ege
02
435
549
Lans
488
500
Mett-Oberschlatt
506
Steig
Wildensbuch
50
495
529
Grüt
Hüneren
468
Altwis
Seewadel
Hamenberg
Grüt
Eichhof
474
Steig
Ober
dolfingen
Schlossberg
Trüllikon
Sunnacker
434
50
457
421
01
Unterried
Gr
0 500 m
Berg
485
482
on-Seebe
Längenriet
422
Langenmoos
440

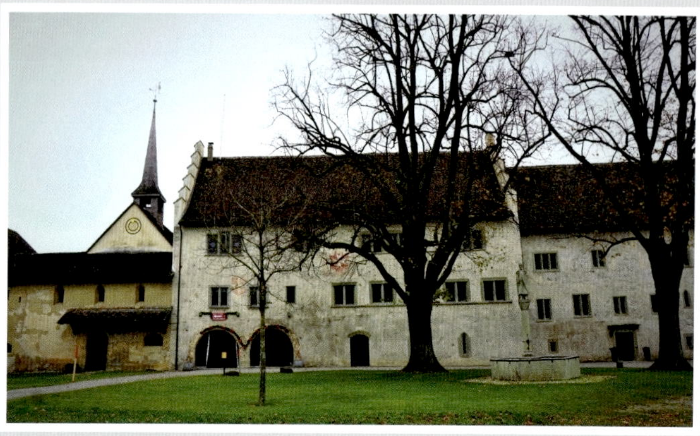

Rittergut Bubikon

MEINE TIPPS FÜR ...

... Kunst- und Kulturinteressierte

Museum Rietberg
Im Rieterpark in Zürich-Enge steht eine herausragende Museumsanlage, bestehend aus der klassizistischen Villa Wesendonck, der Parkvilla Rieter und dem unterirdischen Erweiterungsbau Smaragd. Zu sehen ist eine erstklassige Sammlung aussereuropäischer Kunst mit frühen buddhistischen Plastiken aus China, Holzskulpturen aus Afrika und zahlreichen Kunstwerken aus Indien, Tibet, Lateinamerika und Ozeanien. Ohne Eduard von der Heydt (1886–1964), eines deutschen Barons, der als Finanzberater für Kaiserhäuser, das Dritte Reich und die eidgenössischen Banken gleichermassen tätig war und mit allen Geschäfte machte, gäbe es das Museum Rietberg nicht, seine einzigartige Sammlung asiatischer und afrikanischer Kunst bildete 1952 den Grundstock des Museums.

Im Wintergarten der Villa Wesendonck wurde ein Café eingerichtet, der umliegende Rieterpark zählt zu den schönsten Parks der Stadt und hat weitgehend seine Gestalt aus dem 19. Jahrhundert erhalten.
Di – So 10 – 17 Uhr
Tram 7 Museum Rietberg
Gablerstrasse 15
CH-8002 Zürich
www.rietberg.ch

Ritterhaus Bubikon
Das Ritterhaus Bubikon blickt auf eine mehr als 800-jährige Geschichte zurück und gilt als die am besten erhaltene Johanniterkommende Europas. Der Johanniterorden wurde im 12. Jh. zur Zeit der Kreuzzüge gegründet. Anfangs versorgte die „Bruderschaft vom Hospital des Heiligen Johannes“ in Jerusalem Pilger und Kranke, um 1150 übernahmen die Jo-

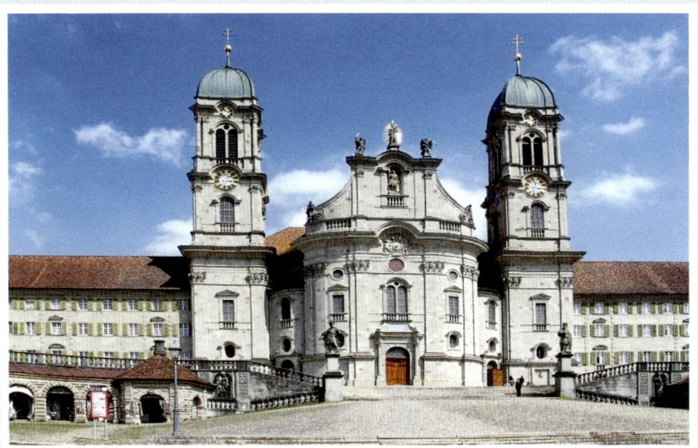

Kloster Einsiedeln

hanniter nach dem Vorbild der Templer auch militärische Aufgaben. Die Gemeinschaft entwickelte sich durch Schenkungen und Stiftungen nach und nach auch zu einem Wirtschaftsimperium mit Tausenden von kleinen und grossen Gütern und vielen Verwaltungssitzen, sog. Kommenden. 1192 stiftete Diethelm von Toggenburg den Johannitern ein „festes Haus", das bald um eine Kapelle und zur Kommende erweitert wurde. Der letzte Umbau wurde 1570 vollendet, 1789 wurde nach der Reformation die Kommende aufgehoben und verkauft. Nach langer privater Nutzung und zunehmendem Verfall erwarb 1936 der Verein Ritterhausgesellschaft Bubikon die Anlage mit dem Ziel, die historische Liegenschaft zu erhalten. Die Gebäude wurden renoviert und ein Museum über Haus und Ritterorden eingerichtet. Prunkstück des Gebäudes ist der mit Wandmalereien geschmückte Konventsaal mit schönem Blick über die Landschaft.

Das integrierte Fenstermuseum und der Kräutergarten hinter dem Gesindehaus ergänzen das Angebot.
Di – Fr 13 – 17, Sa, So, Fei 10 – 17 Uhr
Ritterhausstrasse 35
CH-8608 Bubikon
www.ritterhaus.ch

Kloster Einsiedeln
Ein barockes Gesamtkunstwerk stellt das 934 gegründete und 1704 – 1735 neu errichtete Kloster Einsiedeln dar. Einsiedeln ist der wichtigste Wallfahrtsort der Schweiz, die Schwarze Madonna zieht jedes Jahr hunderttausende Pilger aus dem In- und Ausland an. Auf dem barocken Vorplatz mit dem Fraubrunnen erhebt sich die Sandsteinfassade mit den markanten Türmen von Caspar Moosbrugger, im Innern der Kirche verschmelzen die Fresken und Stuckaturen der Gebrüder Asam mit der Architektur und verleihen ihr eine üppige Pracht. Im Zentrum steht die Gnadenkapelle, die einstige Gebetsstätte des ersten

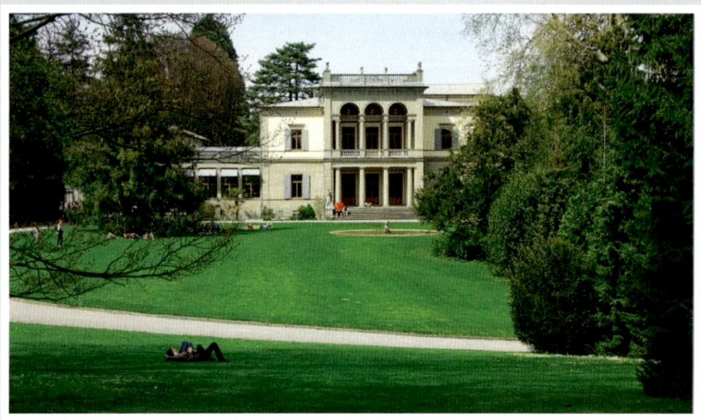

Rieterpark mit Rietberg-Museum

Einsiedlers Meinrad. Das heutige Gnadenbild stammt von einem unbekannten Künstler aus dem 15. Jh. und gehört zur Reihe der berühmten Schwarzen Madonnen Europas. Schwarz geworden ist sie im Laufe der Jahrhunderte durch Staub und Kerzenrauch, 1803 wurden dann Gesicht und Hände schwarz bemalt. Barockjuwele sind weiters die Bibliothek und der Grosse Saal, ein Repräsentationsraum des Klosters, der vorwiegend für Konzerte genutzt wird.
CH-8840 Einsiedeln
www.kloster-einsiedeln.ch

... Pflanzenliebhaber

Belvoirpark und Rieterpark
Die beiden Parkanlagen stellen einen Höhepunkt der Zürcher Landschaftskunst dar.

Den terrassenartigen **Belvoirpark** liess 1831 der bekannte Unternehmer Heinrich Escher um seine klassizistische Villa anlegen und mit exotischen Bäumen bepflanzen. Seit 1901 ist die Anlage in Stadtbesitz, in der Escher-Villa ist das Restaurant Belvoirpark mit schöner Terrasse und Gartenbistro untergebracht.

Auch der benachbarte, 67.000 m² grosse **Rieterpark** war ursprünglich ein privater Landschaftspark, den sich die Familie Wesendonck vom Kunstgärtner Theodor Froebel im Jahr 1857 um ihre Villa anlegen liess. Zu Gast war u.a. auch Richard Wagner, der hier zu seinem „Tristan und Isolde“ inspiriert wurde, sein Liebesverhältnis zu Mathilde Wesendonck, der Ehefrau seines Gönners, verewigte er in den „Wesendonck-Liedern“. Als Otto und Mathilde Wesendonck Zürich verliessen, verkauften sie das Anwesen an die Industriellenfamilie Rieter, die dem Park ihren Namen gab und ihn erweiterte. 1945 kaufte die Stadt Zürich den Rieterpark mit den Villen und präsentierte 1952 darin die Sammlung des Barons Eduard von der Heydt. Heute sind Museum Rietberg und Park für Freunde der Weltkunst ein inspirierendes und zugleich erholsames Erlebnis.

Botanischer Garten
Über Jahrhunderte wurden Heilkräuter in Klostergärten gezogen. Naturwissenschaftler waren es, die sich nach der Reformation um das Wissen kümmerten und botanische Gärten anlegten. Conrad Gessner (1516–1565), Universalgelehrter und Stadtarzt von Zürich, schuf den ersten kleinen botanischen Garten, der später von der Universität weitergeführt wurde. Die Pflanzen wurden immer mehr und 1976 wurde in Riesbach oberhalb des rechten Seeufers auf einem grösseren Gelände der neue Botanische Garten eröffnet. Das alte, denkmalgeschützte Palmenhaus dient heute als Veranstaltungsort, im ehemaligen Institut der Uni ist das Völkerkundemuseum eingezogen und 1997 wurde im Gedenken an Conrad Gessner ein historischer Kräutergarten eingerichtet.

Im neuen, 50.000 m² grossen Areal kann man tausende Pflanzen in ihren jeweiligen Lebensbereichen wie Frühlings-, Mittelmeer- oder Alpengarten bewundern.

Alter Botanischer Garten
Tram 2, 9 Sihlstrasse
Talstrasse 71
CH-8001 Zürich

Botanischer Garten
Tram 11 Hegibachplatz, Tram 2, 4 Höschgasse oder Bus 33 Botanischer Garten
Zollikerstrasse 107
CH-8008 Zürich

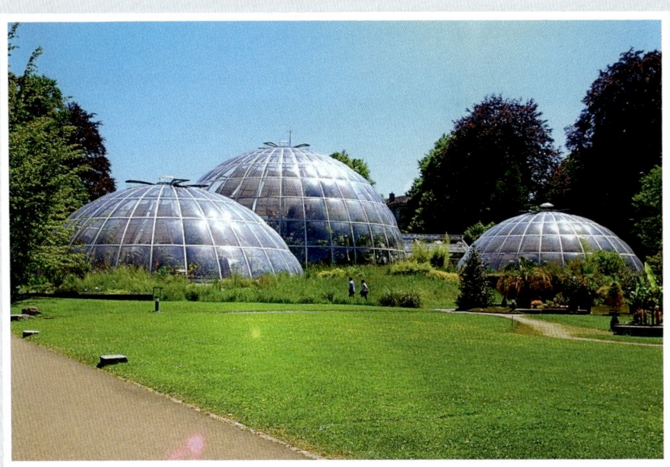

Botanischer Garten Zürich

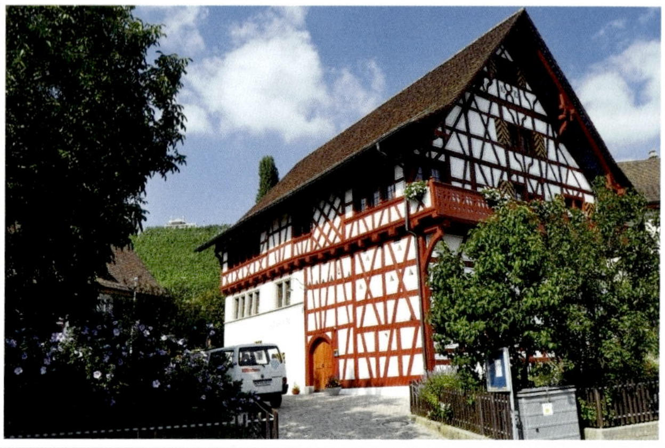

Winzerhaus in Eglisau

Sukkulentensammlung
Die Zürcher Sukkulentensammlung beherbergt seit 1931 eine der grössten und bedeutendsten Spezialsammlungen sukkulenter Pflanzen wie Kakteen, Agaven oder Aloen. In sieben öffentlichen Schauhäusern und einer Freilandanlage werden über 4500 verschiedene Arten präsentiert – ein faszinierender Blick auf die Vielfalt der sukkulenten Pflanzen!
Sukkulentensammlung Mo – So 9 – 16.30 Uhr
Tram 7: Brunaustrasse, Bus 161/165
Mythenquai 88
CH-8002 Zürich

... Tierfreunde

Zoo Züri
Auf dem Zürichberg befindet sich seit 1929 eine besondere Attraktion der Stadt, der parkähnliche Landschaftszoo, in dem über 400 Tierarten in naturgetreu nachgebauten und bepflanzten Lebensräumen zu beobachten sind. Ein Highlight ist der Masoala-Regenwald, auf verschlungenen Pfaden durchquert man eine Nachbildung der tropischen Tier- und Pflanzenwelt Madagaskars, in der sich Lemuren, Schildkröten, Geckos, Chamäleons oder Flughunde frei bewegen. Auch der 2014 eröffnete Elefantenpark mit seiner spektakulären Architektur entwickelte sich schnell zum Publikumsmagneten. Mo – So, Anfahrt: Tram 5, 6 bis Station Zoo
Zürichbergstrasse 221
CH-8044 Zürich
www.zoo.ch

Tierpark Langenberg
Im ältesten Schweizer Tierpark, 1869 von Ludwig von Orelli als „Wildgarten“ gegründet, können Sie auf verschiedenen Rundwegen durch den Wald Wölfe, Braunbären, Elche,

Wildschweine und zahlreiche andere Wildtiere in grosszügigen naturnahen Anlagen beobachten. Mo – So, Anfahrt mit Bus 240 von Thalwil.
Albisstrasse 4
CH-8135 Langnau am Albis
www.wildnispark.ch

Das Besucherzentrum mit Naturmuseum befindet sich in Sihlwald, Anfahrt S 4 stündlich.

... Weinliebhaber

Die **Grosskelterei Zweifel** hat in Zürich ein besonderes Angebot für Weinliebhaber: Neben der Weindegustation gibt's auch eine Führung durch die Kelterei und einen Spaziergang durch den Rebberg Chillesteig in Zürich-Höngg.
Kelterei Zweifel
Regensdorferstrasse 20
CH-8049 Zürich-Höngg
www.zuerich.com

Kloster Fahr
Eine besondere Atmosphäre bietet das Kloster Fahr: Das Benediktinerinnenkloster, eine aargauische Exklave im Kanton Zürich, wurde 1130 gegründet und bildet mit dem Kloster Einsiedeln ein Doppelkloster, der Abt von Einsiedeln ist auch der Abt des Klosters Fahr. Dies ist heute weltweit der einzige noch bestehende Koppelkonvent. Seit Jahrhunderten spielt der Weinbau für das Kloster eine wichtige Rolle, Anbau und Eigenkelterei gehören so heute zur geschichtsträchtigen Tradition des Klosters.

Das barocke Trottengebäude und der historische Weinkeller stammen aus dem Jahr 1740, die Trauben kommen aus den umliegenden Rebbergen in Weiningen, angebaut werden u.a. Riesling-Sylvaner, Pinot Noir, Pinot Gris, Regent und Dornfelder.

Verkauft werden die Weine im Klosterladen (Mo – Sa), im angeschlossenen Restaurant (Mi – So) oder direkt ab Keller jeden Samstag.
CH-8109 Kloster Fahr
Tel. +41 43 455 10 40
www.kloster-fahr.ch

Auf der folgenden Webseite finden Sie Informationen über Weinbaubetriebe in der gesamten Region.
www.offeneweinkeller.ch

... Velofahrer

Der Kanton Zürich hält auch für Velofahrer ein breites Angebot bereit – vom beschaulichen Flussradweg bis zu Bergstrecken im Voralpengelände. Unter www.schweizmobil.ch finden Sie alle regionalen, **rot** beschilderten Radwege, hier einige Beispiele:

- **Ostschweizer Wein-Route** (Nr. 26) von Schaffhausen durch das Weinland nach St. Gallen
- **Glatt-Route** (Nr. 29) von Glattfelden über den Greifensee nach Rapperswil
- **Töss – Jona-Route** (Nr. 53) vom Tösstal ins Tössbergland
- **Rheinfall – Zürcher Oberland-Route** (Nr. 86) von Schaffhausen nach Wattwil
- **Thur-Route** (Nr. 95): Der Thur entlang von der Mündung bis zur Quelle.

Der TCS hat im Zürcher Oberland beim Pfäffikersee drei Velorundwege unterschiedlicher Schwierigkeit ausgeschildert, Infos unter www.tcs-zo.ch (Angebote).

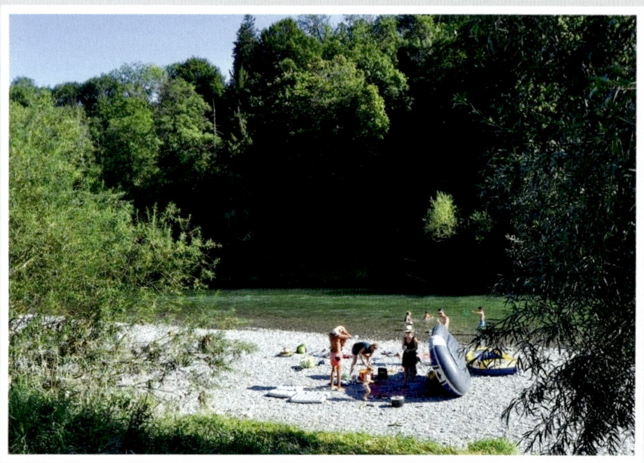

Badefreuden an der Thur

... Badehungrige

An den vielen Seen und Flüssen rund um Zürich hat sich eine der vielfältigsten und schönsten Fluss- und Seebäderlandschaften Europas entwickelt. Die Touren am Chatzensee, Pfäffikersee, Greifensee, Türlersee und Husemersee führen an idyllischen Badeplätzen vorbei, ebenso die Küstenwanderung am linken Seeufer des lang gestreckten Zürichsees. Am rechten Seeufer sind die Badeanlagen in Rapperswil oder Küsnacht sehr beliebt, in Zürich das Strandbad Tiefenbrunnen, das Seebad Utoquai, ein Jugendstilbad von 1889, oder das Strandbad Mythenquai, das einzige Sandstrandbad der Stadt.

Viel Publikum ziehen auch die Flussbäder Oberer und Unterer Letten an der Limmat an.

Am Stadthausquai liegt die legendäre Frauenbadi, im Schanzengraben die Männerbadi. Die Männerbadi ist die älteste Badeanstalt der Stadt, die schöne Holzkonstruktion wurde 1864 am Ufer des ehemaligen Befestigungskanals erbaut. Am Abend verwandeln sich Frauen- und Männerbadi in Outdoor-Bars für alle.

Schifffahrt

Bei einer Schifffahrt auf dem Zürichsee geniessen Sie die Landschaft aus einer neuen Perspektive. Seit 1834 gibt es eine kommerzielle Schifffahrt auf dem See, heute betrieben von der Zürichsee-Schifffahrtsgesellschaft, ZSG. Sie ist Teil des Zürcher Verkehrsverbundes, auf den Kursschiffen sind daher die üblichen ZVV-Zonenbilette gültig.
www.zsg.ch

TOURISTINFORMATIONEN

Touristinformation Zürich
im Hauptbahnhof
CH-8001 Zürich
Tel. +41 44 215 40 00
www.zuerich.com

Touristinformation Rapperswil
Fischmarktplatz 1
CH-8640 Rapperswil
Tel. +41 55 225 77 00
www.rapperswil-zuerichsee.ch

Touristinformation Zürcher Oberland
www.zuerioberland-tourismus.ch

Touristinformation Bauma
Bahnhofstrasse 13
CH-8494 Bauma
Tel. +41 52 396 50 99
www.bauma.ch

Touristinformation Winterthur
im Hauptbahnhof
CH-8401 Winterthur
Tel. +41 52 208 01 01
www.winterthur-tourismus.ch

Touristinformation Zürcher Unterland
www.zuercherunterland.ch
Touristinformation Bülach
Hans-Haller-Gasse 9
CH-8180 Bülach
Tel. +41 44 863 11 99
www.buelach.ch

Touristinformation Zürcher Weinland
www.zuercher-weinland.ch

Touristinformation Kleinandelfingen
Thurhaldenstrasse 14
CH-8451 Kleinandelfingen

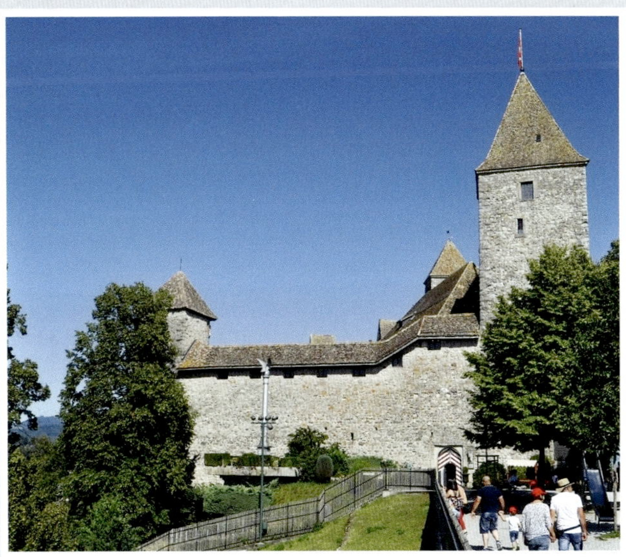

Rapperswil

ÜBERNACHTUNGSVERZEICHNIS

Zürich und Zürichsee
Hotel Englmatt, Englmattstrasse 14, Tel. +41 44 284 16 16, www.englmatt.ch
Hotel Splendid, Rosengasse 5, Tel. +41 44 252 58 50, www.hotelsplendid.ch
Wallhalla Hotel, Limmatstrasse 5, Tel. +41 44 446 54 00, www.wallhalla-hotel.ch
Gasthaus zum guten Glück, Stationsstrasse 7, Tel. +41 43 540 72 99, www.zumguetenglueck.ch
Camping Fischers Fritz, Seestrasse 559, Tel. +41 44 482 16 12, www.fischers-fritz.ch
House of Harmony, Harmoniestrasse 5, CH-8712 Stäfa, Tel. +41 78 763 71 91
Hotel Jakob, Hauptplatz 11, CH-8640 Rapperswil, Tel. +41 55 220 00 50, www.jakob-rapperswil.ch

Zürcher Oberland
Hotel Illuster, Zürichstrasse 14, CH-8610 Uster, Tel. +41 44 944 85 85, www.hotelilluster.ch
Hotel Tilia, Bahnstrasse 17, CH-8610 Uster, Tel. +41 43 399 33 93, www.hotel-tilia.ch
Hotel Adler, Dorfstrasse 20, CH-8494 Bauma, Tel. +41 52 386 14 05, www.adler-bauma.ch
Hotel Heimat, Stegstrasse 65, CH-8494 Bauma, Tel. +41 52 386 11 66, www.wp.hotelheimat.ch
Camping Saland, CH-8493 Saland, Tel. +41 52 386 21 18, www.camping-saland.ch
B&B Oberer Graben, Oberer Graben 8, CH-8400 Winterthur, Tel. +41 52 213 18 88
Camping am Schützenweiher, Eichliwaldstrasse 4, CH-8400 Winterthur, Tel. +41 52 212 52 60, www.camping-winterthur.ch

Zürcher Unterland und Weinland
Hotel Restaurant zum goldenen Kopf, Marktgasse 9, CH-8180 Bülach, Tel. +41 44 872 46 46, www.zum-goldenen-kopf.ch
Gasthaus Sternen, Märktgass 36, CH-8197 Rafz, Tel. +41 44 869 40 00, www.sternen-rafz.ch
B&B Rhii, Untergass 25, CH-8193 Eglisau, Tel. +41 76 304 68 83, www.rhii-bnb.com
B&B Wegmann, Landstrasse 29, CH-8450 Andelfingen, Tel. +41 52 317 37 92
TCS Camping Flaach, Stäublisallmend 760, CH-8416 Flaach, Tel. +41 52 318 14 13
TCS Camping Räsenwies, CH-8451 Kleinandelfingen, Tel. +41 79 238 35 35

Allgemeiner Notruf: 112

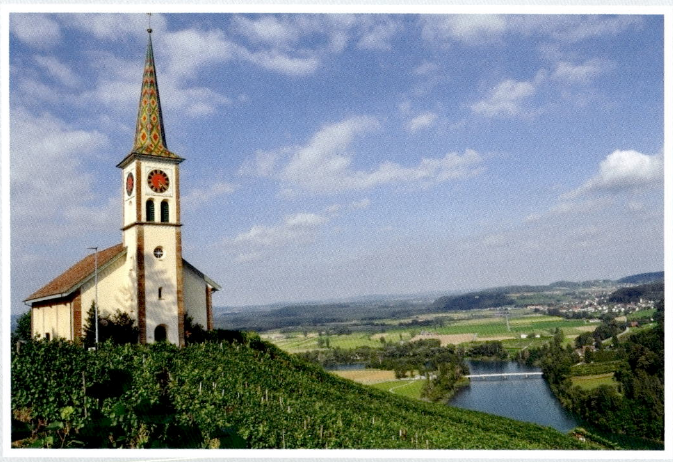

Kirche von Buchberg oberhalb der Rebhänge

REGISTER

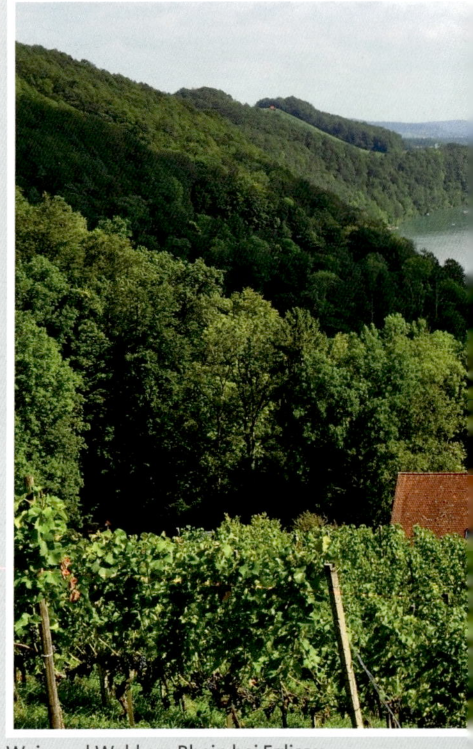

Wein und Wald am Rhein bei Eglisau

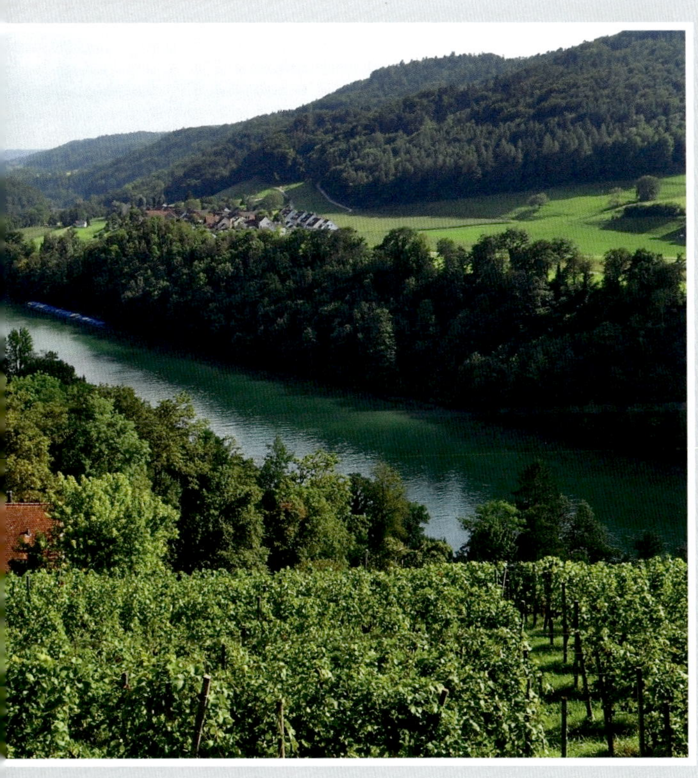

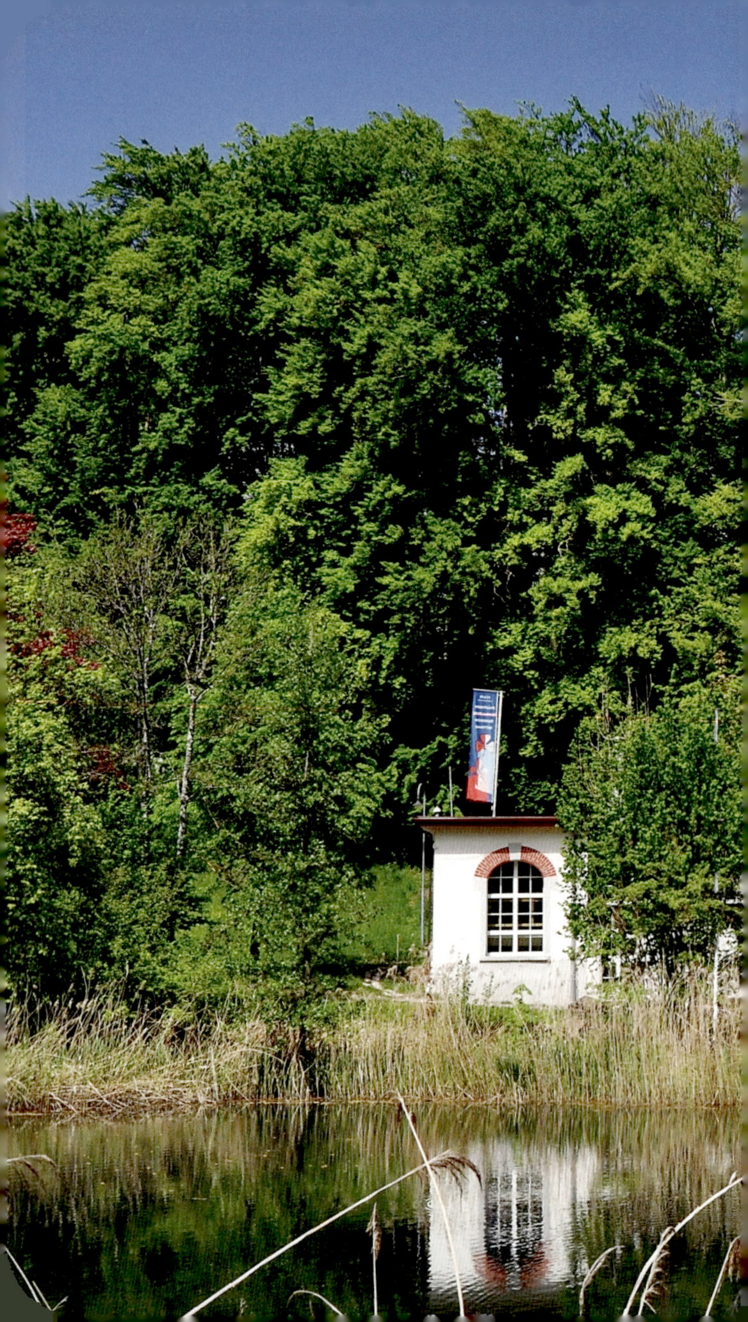

IMPRESSUM

© KOMPASS-Karten, A-6020 Innsbruck (20.01)
1. Auflage 2020 Verlagsnummer: 5918 ISBN 978-3-99044-775-8

Titelbild: Rapperswil (© Nando Lardi, stock.adobe.com)
S. 2–3: Wasserfall im Sagenraintobel
S. 230–231: Am Weiherholz

Text und Fotos: Franz Wille, mit Ausnahme der folgenden Bilder: Raphaela Moczynski: S. 25/4, 206, 210-211, Jörg Vieli auf Pixabay:: S. 29; Joujou/www.pixelio.de: S. 219; Stux_pixabay.com: S. 218, 220; Jonny_Joka_pixabay.com: S. 221.

Grafische Herstellung: Raphaela Moczynski, Wildermieming

Wanderkartenausschnitte: © Hallwag Kümmerly+Frey AG
Kartengrundlage für Gebietsübersichtskarte S. 12-13, U4:
© MairDumont, D-73751 Ostfildern 4

Benützung der Landeskarte der Schweiz mit Bewilligung von swisstopo (1527-U/111219)

Alle Angaben und Routenbeschreibungen wurden nach bestem Wissen gemäss unserer derzeitigen Informationslage gemacht. Die Wanderungen wurden sehr sorgfältig ausgewählt und beschrieben, Schwierigkeiten werden im Text kurz angegeben. Es können jedoch Änderungen an Wegen und im aktuellen Naturzustand eintreten. Wanderer und alle Kartenbenützer müssen darauf achten, dass aufgrund ständiger Veränderungen die Wegzustände bezüglich Begehbarkeit sich nicht mit den Angaben in der Karte decken müssen. Bei der grossen Fülle des bearbeiteten Materials sind daher vereinzelte Fehler und Unstimmigkeiten nicht vermeidbar. Die Verwendung dieses Führers erfolgt ausschliesslich auf eigenes Risiko und auf eigene Gefahr, somit eigenverantwortlich. Eine Haftung für etwaige Unfälle oder Schäden jeder Art wird daher nicht übernommen. Für Berichtigungen und Verbesserungsvorschläge ist die Redaktion stets dankbar. Korrekturhinweise bitte an folgende Anschrift:

KOMPASS-Karten GmbH
Karl-Kapferer-Straße 5, A-6020 Innsbruck
www.kompass.de/service/kontakt

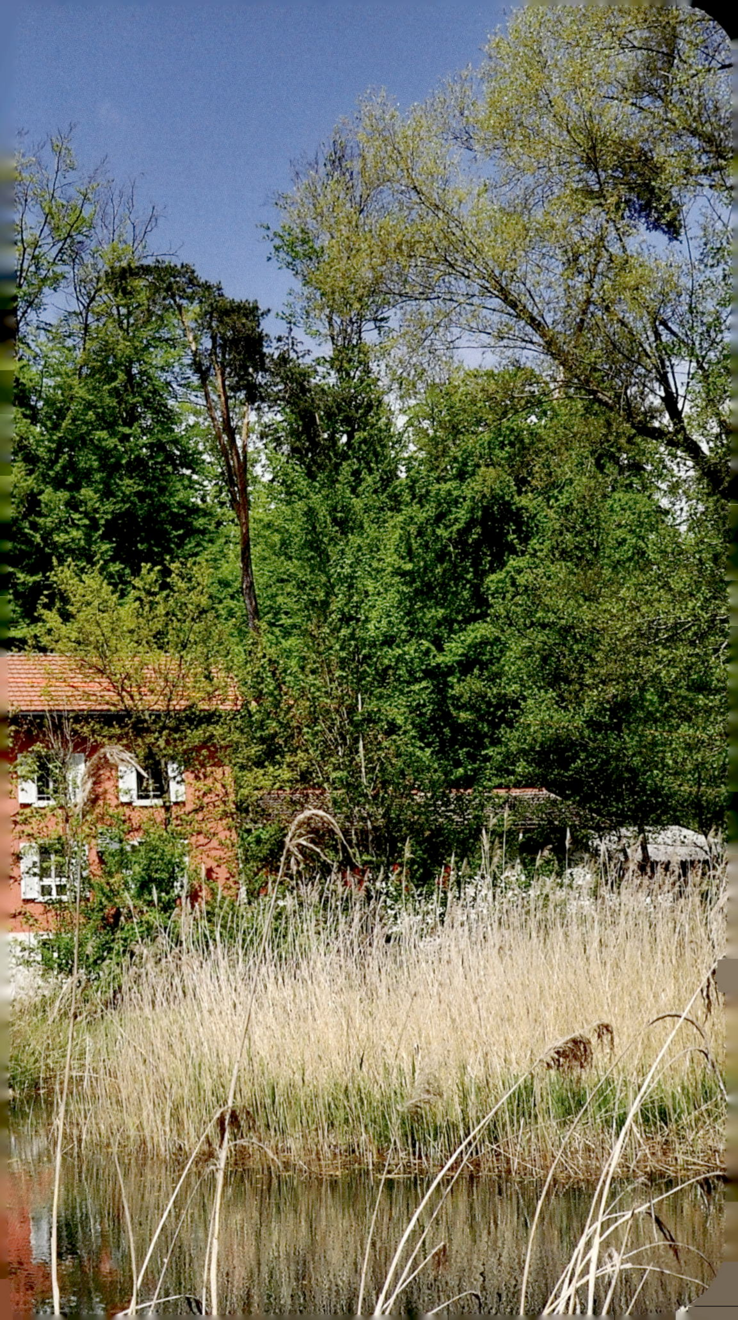